Allan Oslo
Der Kreuzzug der keiner war

Allan Oslo

Der Kreuzzug der keiner war

Die wahren Hintergründe
des Ersten Kreuzzugs 1096–1099

Artemis & Winkler

Für Elmar Höchsten

Die Deutsche Bibliothek — CIP- Einheitsaufnahme
Oslo, Allan:
Der Kreuzzug der keiner war/Allan Oslo. – Düsseldorf;
Zürich: Artemis und Winkler, 1999
ISBN 3-538-07095-4

Neuausgabe 1999
© 1999 Artemis & Winkler Verlag Düsseldorf/Zürich
Alle Rechte, einschließlich derjenigen des auszugsweisen
Abdrucks sowie der fotomechanischen und elektronischen
Wiedergabe, vorbehalten.
Umschlagmotiv: Belagerung von Antiochia
(Wilhelm v. Tyrus, Chr.; Buchmalerei des späten 13. Jh.)
Satz: Fotosatz Moers, Mönchengladbach
Druck und Verarbeitung: Friedrich Pustet, Regensburg
Printed in Germany
ISBN 3-538-07095-4

INHALT

Prolog

VORWORT

Es war die Tragik des Bischofs von Rom, daß Rom bereits bedeutungslos geworden war, als 313 der christliche Glaube zur geduldeten Religion avancierte. Gewiß, Rom war die leuchtende Kapitale des heidnischen Römischen Reiches, doch seit der Übernahme des östlichen Mittelmeerraumes durch Rom entwickelten sich die Hauptstadt der Seleukiden in Syrien (Antiochia) und die der Ptolemäer in Ägypten (Alexandria) ungebrochen weiter. Durch die Verlagerung des Zentrums des Römischen Reiches in den Osten wurde Ephesus zunächst zur provisorischen Kapitale, dann Nicomedia und schließlich und endgültig Konstantinopel.

Hatte Rom noch gehofft, im alten Glanz gegen die neue Hauptstadt des Westens (seit 286) Mailand bestehen zu können, so kam das Aus durch das Abdanken des letzten Kaisers im Westen (476), da es keinen Westen mehr gab. Die Versuche, sich bei den verschiedenen allgemeinen Konzilien, die stets durch den Kaiser im Osten einberufen wurden, Geltung zu verschaffen und mit den drei Metropolen im Osten gleichgesetzt zu werden, schlugen stets fehl. Selbst die Behauptung des Bischofs von Rom, Stellvertreter Petri (431), Stellvertreter Christi (493) und Stellvertreter Gottes (863) zu sein, änderte nichts daran.

Der Bischof von Rom machte vor nichts halt, nicht einmal vor Fälschungen, um seine Legitimität zu rechtfertigen. Die ersten 31 Bischöfe – beginnend mit dem Apostel Petrus, dem angeblich ersten Bischof von Rom, bis zu Eusebius († 309/310) – wurden allesamt zu Heiligen und Märtyrern erklärt, obwohl kaum jemand unter ihnen eines unnatürlichen Todes gestorben war. Selbst der Gegenpapst Hippolyt wurde zum Heiligen und Märtyrer! In dem Bemühen, Rom zum Himmlischen Jerusalem hochzustilisieren, wurde die Judenverfolgung unter Nero zur Christenverfolgung umfunktioniert, obwohl es damals noch keine Christen gegeben hatte. Die Bezeichnung *Christen* galt zunächst den Heiden in Kleinasien, die durch den selbsternannten Apostel Paulus zu Jesus Christus gefunden hatten.

Die Scheinunabhängigkeit des Papstes vom Kaiser im Osten nach dem Zerfall des Weströmischen Reiches fand 536 ein ernüchterndes Ende durch Justinians Eroberung Roms und die Anbindung Italiens an den Osten. Dadurch war der Papst in den Augen Konstantinopels nur noch ein kaiserlicher Beamter, dessen Machtbefugnisse auf den Dukat von Rom beschränkt bleiben sollten.

Aus dieser ewigen Abhängigkeit entstand bei den Päpsten eine Art Minderwertigkeitskomplex, der nur durch Größenwahn kompensiert werden konnte. Das Ziel des Papstes war seitdem, zum Stellvertreter Gottes auf Erden zu werden und als solcher den Rang und die Machtstellung des Kaisers womöglich zu überflügeln. Die Rolle des Königsmachers, die der Papst durch die Salbung des Hausmeiers Pippin 751 zum ersten Karolingerkönig – damals eher nolens volens – übernommen hatte, konnte nur eine Etappe auf diesem Weg sein. Fortan hatte der Papst einen Hauptfeind vor Augen: den christlichen Kaiser in Konstantinopel. Sein ganzes Sinnen und Trachten zielte darauf ab, Rechtsnachfolger dieses Kaisers zu werden. Stück für Stück entriß er ihm die verschiedenen Besitzungen in Mittel- und Süditalien, auf Sizilien, auf dem Balkan, ja in Kleinasien selbst. Der Höhepunkt der päpstlichen Politik war zweifelsohne der Kreuzzug gegen Konstantinopel von 1204, die Vertreibung des christlichen Kaisers und die Errichtung des lateinischen Kaisertums. Damit trat der Papst de jure die langersehnte Rechtsnachfolge an.

Diese Zielsetzung mag man sich bei der Lektüre unserer Darstellung des Kreuzzuges, der keiner war, vor Augen halten.

EINLEITUNG:
DEUS LE VOLT!

Das Konzil von Clermont tagte vom 18. bis 28. November 1095. Über dreihundert Kirchenmänner waren erschienen, und ihre Arbeit umfaßte ein weites Gebiet. Was allgemeine Fragen betraf, so wurden die Erlasse gegen die Laieninvestitur, den Ämterkauf (Simonie) und die Eheschließung der Geistlichen wiederholt und der Waffenstillstand Gottes, die *treuga Dei,* neuerlich befürwortet. Im einzelnen wurde König Philipp I. von Frankreich wegen Ehebruchs und der Bischof von Cambrai wegen Simonie in den Bann getan und das Primat des Bischofssitzes von Lyon über die Bistümer Sens und Reims festgestellt. Papst Urban II. jedoch wollte die Gelegenheit zu einem bedeutsameren Vorhaben nützen. Es wurde bekanntgegeben, daß er am Dienstag, dem 27. November, eine öffentliche Sitzung abhalten und auf ihr eine hochwichtige Ankündigung machen werde. Das geistliche und weltliche Volk, das sich einfand, war zu groß, um in der Kathedrale, wo das Konzil bisher getagt hatte, Platz zu finden. Also wurde der päpstliche Thronsessel auf einem Podium auf freiem Feld vor dem Osttor der Stadt aufgestellt; und hier erhob sich Urban inmitten der versammelten Massen, um zu ihnen zu sprechen.

Wir wissen nur in groben Zügen, was Urban sagte. Er begann seine Rede offenbar damit, daß er von der Notwendigkeit sprach, den Brüdern im Osten zu Hilfe zu kommen. Die Christenheit des Ostens hatte um Beistand gebeten, denn die Türken drangen ins Herz der christlichen Länder ein, mißhandelten ihre Bewohner und entweihten ihre heiligen Stätten. Aber Urban sprach nicht nur von *Romania,* d.h. Byzanz. Er betonte nachdrücklich die besondere Heiligkeit Jerusalems und schilderte die Leiden der Pilger, die dorthin reisten. Nachdem er solcherart ein düsteres Bild gezeichnet hatte, erließ er einen großen Aufruf. Die Christenheit des Westens möge aufbrechen, um den Osten zu retten. Reich und Arm solle sich auf den Weg machen. Sie sollten davon ablassen, einander zu erschlagen, und stattdessen einen gerechten Krieg führen; damit täten sie Gottes Werk, und Gott werde sie anführen. Jenen, die in der Schlacht ihr Leben ließen, werde Absolution und Vergebung ihrer Sünden gewährt. Das Leben hierzulande sei wahrhaft elendiglich und voller Schlechtigkeit; die Menschen plagten und rackerten sich ab, um sich an Leib und Seele zugrunde zu richten; dort hingegen harre ihrer als der wahren Freunde Gottes ein freudvolles und gedeihliches Leben. Es dürfe kein Zögern und Zaudern geben. Jedermann solle sich bereit machen, mit dem Anbruch des Sommers auszuziehen; und Gott werde sie führen und geleiten.

Urban sprach mit glühendem Eifer und der Kunst eines großen Volksredners. Der Widerhall erfolgte unverzüglich und war überwältigend. Der Ruf *Deus le volt!* – Gott will es! – unterbrach immer wieder seine Rede. Der Papst hatte kaum geendet, als der Bischof von Le Puy sich von seinem Sitz erhob, vor dem Thronsessel niederkniete und um Erlaubnis bat, sich dem heiligen Zug anschließen zu dürfen. Hunderte drängten sich alsbald heran, um seinem Beispiel zu folgen. Sodann fiel Kardinal Gregor in die Knie und wiederholte mit lauter Stimme das *Confiteor* (lateinisch ›ich bekenne‹, das allgemeine Sündenbekenntnis); und die riesige Menschenmenge rief es ihm nach. Als das Gebet vorüber war, erhob sich Urban nochmals, erteilte die Absolution und hieß seine Zuhörer, sich heimzubegeben.

Damit begann der erste Kreuzzug der abendländisch-christlichen Geschichte.

War es wirklich so?

Die Darstellung habe ich nach Steven Runciman zitiert, der als größter Kenner und ›objektiver‹ Darsteller der Geschichte der Kreuzzüge gilt. Es gibt kaum ein Werk über dieses Thema, das ihn nicht zitiert. Niemand zweifelt an seiner Integrität und seinen profunden Kenntnissen.

Dennoch frage ich mich, wieso der große Runciman den Stoff nach der Überlieferung der Chronisten derart unkritisch akzeptiert.

• Warum ausgerechnet Clermont und warum am 27. November 1095? Urban befand sich seit August in Frankreich. Wenn er die ganze Zeit geplant hatte, zum Kreuzzug aufzurufen, warum hatte er bis Clermont damit gewartet?

• Wie laut konnte der Papst reden, daß die gewaltige Menge ihn verstand, und das ohne Mikrophon oder Lautsprecher? Wenn die Aufgabe seines Kreuzzugs die Befreiung der Christenheit im Osten vom Joch der Türken war, dann benötigte er Ritter und Kämpfer, nicht Pilger und Arme. Eine Rede vor einem willkürlich zusammengesetzten Publikum konnte kaum das angestrebte Ergebnis bringen.

• Wie spontan war die Geste des Bischofs Adhémar von Le Puy? Immerhin begleitete er den Papst seit August, war selbst ehemaliger Ritter aus der Familie der Grafen von Valentinois und hatte neun Jahre zuvor eine Pilgerfahrt nach Jerusalem unternommen. Es liegt auf der Hand, daß Urban gerade diesen Mann zu seinem Legaten für den Kreuzzug auserkoren hatte. Spätere Erfahrungen zeigten, daß Adhémar auch ein hervorragender Prediger und taktvoller Diplomat war, aufgeschlossen, weitherzig, ruhig und gütig. Demnach lief die Veranstaltung nach einem geplanten Szenario ab, wenn sie überhaupt so ablief, wie die Chronisten uns berichten.

Vier zeitgenössische Chronisten haben uns die Worte des Papstes überliefert. Einer von ihnen, Robert der Mönch, behauptet, bei der Versammlung zugegen gewesen zu sein. Baudri von Bourgueil und Fulcher von Chartres schreiben so, als wären sie dabeigewesen. Der vierte, Guibert von Nogent, erhielt seine Darstellung vermutlich aus zweiter Hand. Keiner von ihnen nimmt jedoch eine wortwörtliche Wiedergabe für sich in Anspruch; alle schrieben ihre Chroniken erst einige Jahre später nieder und färbten ihre Schilderung im Lichte der nachfolgenden Ereignisse. Daher sind sie von vornherein als Quelle für die Ereignisse, die zum Ersten Kreuzzug führten, mit viel Vorsicht zu genießen.

Nach Baudri soll der Papst, als es ihm wieder gelang, sich verständlich zu machen, einen Befehl gegeben haben: Alle, die den Schwur zum Aufbruch leisten, müssen es kenntlich machen, indem sie das Kreuzzeichen Christi an die Brust heften. Im Augenblick des Aufbruchs werden sie sich dieses Zeichen auf den Rücken nähen, und zwar zwischen die Schultern, damit sich das Wort Christi erfülle: »Wer nicht das Kreuz nimmt, um mir zu folgen, ist meiner nicht wert.« Man brachte aus Stoff zugeschnittene Kreuze herbei. Der erste, der ein Kreuz aus der Hand des Papstes empfing, war Adhémar, der Bischof von Le Puy. Hinter ihm drängelte man, als gäbe es nicht genug Kreuze für alle.

Auch das spricht für eine Vorbereitung von langer Hand, denn die Stoffkreuze fanden reißenden Absatz.

● Welche Christenheit wurde im Osten bedrängt? Christen oder christliche Staaten? An christlichen Staaten gab es damals Armenien und Byzanz, und Armenien litt seit 1056 an den Überfällen der seldschukischen Türken. Warum hatte sich der Papst damals nicht gerührt? Der Kaiser von Byzanz kam den Armeniern zu Hilfe und siedelte sie nach Kilikien und Kappadokien ins Reichsinnere um. Armenien war es also nicht, das bedrängt wurde, denn das ursprüngliche Gebiet war Grenzland geworden und entvölkert. War es Byzanz, das nun bedrängt wurde?

Gewiß, viele Teile des Oströmischen Reiches gingen gerade an die Türken verloren: 1059 drangen die Türken erstmalig ins Herz des kaiserlichen Gebiets vor bis nach Sebastea, 1064 zerstörten sie Ani und Kars, seit 1065 griffen sie alljährlich die große Grenzfestung Edessa an, und 1066 besetzten sie die Pässe des Amanosgebirges. Im Frühjahr 1067 brandschatzten sie die kappadokische Hauptstadt Cäsarea, im Winter desselben Jahres schlugen sie die byzantinische Armee bei Melitene und Sebastea, ein Jahr später drangen sie bis Neocäsarea und Amorium vor, 1069 kamen sie bis Ikonion und Chonae nahe der ägäischen Küste.

1073 begannen ernsthafte Invasionen der Türken nach Kleinasien, wo sie bei inneren Unruhen die Rolle von Söldnern übernahmen. 1078 erhob sich Nikephoros Botaneiates, der Statthalter der großen Provinz Anatolikon im westlichen Binnenland von Kleinasien; er warb eine große Anzahl Türken unter seiner Standarte an und verwendete sie als Garnisonen in den Städten, die er auf seinem Weg zur Hauptstadt eroberte: Kyzikos, Nikaia, Nikomedeia, Chalkedon und Chrysopolis. Zum erstenmal in der Geschichte befanden sich türkische Truppenverbände innerhalb der großen Städte des westlichen Anatolien. Wohl mochten sie des neuen Kaisers Söldner sein; aber es würde ihm nicht leichtfallen, sie wieder hinauszuwerfen.

Zu Beginn des Fühjahrs 1080 empörte sich Nikephoros Melissenos, der führende Feldherr in Asien, und schloß ein Bündnis mit dem türkischen Sultan Suleiman; dies wiederum ermöglichte es Suleiman, nach Bithynien einzumarschieren, wo ihn die von Botaneiates zurückgelassenen türkischen Garnisonen willkommen hießen. Als es Melissenos nicht gelang, Konstantinopel einzunehmen, weigerte sich Suleiman, die von ihm besetzten Städte wieder herauszugeben. Stattdessen verlegte er seinen Sitz nach Nikaia, das zur ersten Hauptstadt des türkischen Sultanats wurde. Was tat damals der Papst? Warum hatte er nicht zu einem Kreuzzug aufgerufen, um die bedrängte Christenheit des Ostens zu retten?

• Welche Christenheit des Ostens hatte um Beistand gebeten? Etwa der Kaiser von Byzanz? 1054 war die lateinische Kirche von der griechischen deutlich abgerückt; seitdem bezeichnete sie die rechtgläubigen Christen des Ostens oft als Häretiker. Und Häretiker wurden bis aufs Blut bekämpft, auf daß sie zur *wahren* Kirche, nämlich der lateinischen, zurückkehrten. Ist es vorstellbar, daß gerade diese Häretiker ihren Verfolger um Hilfe baten?

Wer blieb übrig? Die Christen von Jerusalem? Wurden sie von den Türken mißhandelt, die obendrein ihre heiligen Stätten entweihten, wie Urban auf dem Konzil von Clermont behauptete? Er betonte nachdrücklich die besondere Heiligkeit Jerusalems und schilderte die Leiden der Pilger, die dorthin reisten.

Nach Darstellung abendländischer Chronisten soll der fatimidische Kalif in Kairo, al-Hâkim, der Sohn einer christlichen

Mutter, auf diese frühen Einflüsse plötzlich ablehnend reagiert haben. Zehn Jahre lang, von 1004 bis 1014, habe er trotz aller Ermahnungen des byzantinischen Kaisers eine Verordnung nach der anderen gegen die Christen erlassen; er habe angefangen, kirchliches Eigentum zu beschlagnahmen, Kreuze zu verbrennen und die Erbauung kleiner Moscheen auf den Dächern der Kirchen anzuordnen, schließlich die Kirchen selbst niederzubrennen. Im Jahr 1009 habe er die Zerstörung der Heiligen Grabeskirche selbst befohlen, mit der Begründung, das Wunder der Heiligen Flamme, das hier am Vorabend vor Ostern zelebriert wurde, sei unzweifelhaft eine gottlose Fälschung. Um das Jahr 1014 seien über dreißigtausend Kirchen geplündert oder eingeäschert worden, und zahlreiche Christen seien, um ihr nacktes Leben zu retten, der Form nach zum Islam übergetreten. Ähnliche Maßnahmen seien gegen Juden ergriffen worden.

Richtig ist, daß gerade die Muslime selbst der willkürlichen Verfolgung durch das Oberhaupt ihres Glaubens ausgesetzt waren, während al-Hâkim seinerseits christliche Minister beschäftigte. Ja, er begünstigte Christen und Juden, während er gegen die Muslime selbst losschlug, indem er das Ramadanfasten und die Pilgerfahrt nach Mekka verbot. Christen und Juden wurde volle Gewissensfreiheit gewährt, und zu seiner Regierungszeit stieg die Zahl der christlichen Einwohner Jerusalems beträchtlich. Viele Kirchen waren recht alt und baufällig; ein Vertrag mit Kaiser Konstantin VIII. im Jahr 1027 ermöglichte die Wiederherstellung und prächtige Ausgestaltung der Grabeskirche, was aber erst 1046 unter Konstantin IX. durchgeführt wurde. Zwecks Überwachung der Arbeiten reisten kaiserliche Beamte ungehindert nach Jerusalem, wo die Christen das Leben völlig zu beherrschen schienen. So zahlreich waren die Byzantiner, die man in den Straßen der Stadt erblickte, daß unter den Muslimen das Gerücht aufkam, der Kaiser selbst habe die Reise in die Heilige Stadt unternommen. Selten war das Los der Christen in Palästina so angenehm gewesen wie um die Mitte des 11. Jahrhunderts. Die muslimischen Behörden waren nachsichtig, und der Kaiser wachte über ihre Interessen. Der Handel mit den überseeischen christlichen Ländern blühte und breitete sich aus.

Warum wurden die Christen in Jerusalem zum Anlaß genommen, einen Kreuzzug zu rechtfertigen?

● Urban schilderte die Leiden der Pilger, die nach Jerusalem reisten. Welche Leiden? Die strapaziöse Reise? Das war gerade der Sinn der Pilgerfahrt, um für die eigenen Sünden Buße zu tun. Erst im 11. Jahrhundert nahm die Zahl der Pilger aus Frankreich und Lothringen zu. Bis dahin waren es die Normannen aus dem Herzogtum Normandie, die in größeren Reisegesellschaften, vom Herzog selbst geführt, ins Heilige Land zogen.

Die eigentlichen Leiden, auf die der Papst anspielte, war die Haltung der rechtgläubigen Kirche im Osten nach der vom Papsttum herbeigeführten Abspaltung der lateinischen Kirche. Die byzantinischen Beamten an der Grenze zum Vorderen Orient wiesen die abendländischen Pilger als unerwünscht zurück. Es sei gefährlich, so begründeten es die Beamten, die Grenze zum islamischen Gebiet zu überschreiten. Der Bischof Lietbert von Cambrai erhielt vom Statthalter von Latakia südlich von Antiochia in Syrien, keine *Aus*reiseerlaubnis und war gezwungen, sich nach Zypern zu begeben. Im Jahr 1056 wurde den Reisenden aus dem Westen verboten, das Heilige Grab zu betreten, und über dreihundert von ihnen wurden aus Jerusalem ausgewiesen. Sowohl Basileios II. als auch seine Nichte Theodora wiesen ihre Zollbeamten an, eine Steuer auf Pilger und ihre Pferde zu erheben. Papst Viktor II. schrieb im Dezember 1056 an die Kaiserin und bat sie, die Verordnung aufzuheben, und sein Brief läßt darauf schließen, daß die Beamten der Kaiserin sich in Jerusalem selbst befanden.

Daraus wird ersichtlich, daß die Leiden der westlichen Pilger nicht auf Bedrängnis durch die Muslime, sondern auf die rechtgläubige Kirche im Osten zurückzuführen sind. Denn nach dem Schisma von 1054 galt die lateinische (katholische) Kirche in den Augen der rechtgläubigen (orthodoxen) Kirche als häretisch. Und da die Christen im Heiligen Land unter dem Schutz des byzantinischen Kaisers als ihrem Schirmherrn standen, wollte man verhindern, daß der Papst irgendwelche Vertretungen des verhaßten lateinischen Ritus an den heiligen Stätten Jerusalems errichtete. Erst 1070 gelang es Kaufleuten aus Amalfi als erste Landsmannschaft aus dem Westen, in Jerusalem ein Hospiz für Pilger zu errichten, aus dem später der Johanniterorden hervorgehen sollte.

Hat der Papst demnach die Unwahrheit gesagt, um die Abendländer zu motivieren? Weder der byzantinische Kaiser noch die Christen des Heiligen Landes können sich an ihn gewandt haben, da sie weder bedrängt noch verfolgt wurden. Wenn eine Christenheit im Heiligen Land benachteiligt gewesen war, so waren es die Christen des lateinischen Ritus, die Christen des Papstes also. Und für diese wollte er die Lage im Osten ändern. Somit ist der Grund für einen heiligen Krieg oder Kreuzzug hinfällig, denn den gab es nicht. Es sei denn ein heiliger Krieg gegen den Kaiser von Byzanz und dessen Kirche!

War der Kriegszug überhaupt ein Kreuzzug? Warum wurde er in Frankreich propagiert und nicht in Süditalien bei den Normannen, die seit 1059 die Soldaten des Papstes waren? Warum nahmen keine Deutschen, Italiener oder gar Engländer daran teil? War Urban berechtigt, einen Kreuzzug auszurufen? Der 53jährige Mönch aus Cluny, Odo (französisch Eudes) von Lagery, wurde am 12. März 1088 in Terracina zum Papst gewählt und nahm den Namen Urban an. Heute gilt er als rechtmäßiger Papst, doch damals war er für viele ein Gegenpapst; der kaiserlichen Partei galt der 1084 gewählte Clemens III. als rechtmäßiges Oberhaupt der Kirche. Sowohl 1090 als auch 1092 bei den erfolgreichen Italienzügen Kaiser Heinrichs IV. suchte Urban bei den Normannen in Süditalien Zuflucht.

Waren Jerusalem und der Kampf gegen den Islam das Ziel dieses Kreuzzugs? Wir werden feststellen: Dies war nicht der Fall; nur einer wollte dorthin: Gottfried, der Herzog von Niederlothringen.

BYZANTINER, SARAZENEN, MAUREN UND DER HEILIGE KRIEG.

EINE RICHTIGSTELLUNG

Kreuzzug, Byzanz, Sarazenen, Mauren – das alles sind Begriffe, die einer wissenschaftlichen Überprüfung nicht standhalten. Sie sind jedoch ein Bestandteil unserer Darstellung. Deshalb sollten wir sie durchleuchten und richtigstellen.

Das erfundene Byzanz

Byzantinisches Reich, Byzantiner, Ostrom, Oströmisches Reich, Griechen, griechischer Kaiser – alles Ausdrücke, die in der vorangegangenen Einleitung immer wieder vorkamen. Dabei folgte ich den üblichen Formulierungen aller Historiker und Publikationen, obwohl ich weiß, daß dies falsch ist. Denn ein Byzantinisches Reich hat es nie gegeben.

Mit der Eroberung Konstantinopels durch die Türken im Jahre 1453 retteten sich die griechischen Gelehrten und Künstler nach Norditalien, wo sie eine progriechische gebildete Schicht vorfanden. Diesmal interessierte sich das päpstliche Rom unter den Päpsten Nikolaus V. und Julius II. für die mitgeführten Schätze der griechischen Antike, die man im abendländischen Mittelalter meist nur in Übersetzungen aus dem Arabischen kannte. Ein Zeitalter des *rinascimento* (französisch *renaissance* = Wiedergeburt, als Epochenbegriff erst im 19. Jahrhundert von Jakob Burckhardt geprägt) bestimmte die italienische Bildende Kunst, Literatur und Musik und fand um 1500 seinen Weg nach Nordeuropa.

Im Gefolge der Wiedererweckung des klassischen Altertums im Zeitalter des Humanismus entstand die Beschäftigung mit der Geschichte und Kultur des (Ost-)römischen Kaiserreichs aus sprachlichem (Humanisten) und theologisch-politischem (Reformatoren, Türkenkriege, Unionsverhandlungen) Interesse und wurde erstmals von dem deutschen Humanisten und Philologen Hieronymus Wolf (1516–1580) betrieben. Da Konstantinopel an der Stelle der 660 v. Z. gegründeten Stadt Byzantion erbaut worden war, gab Wolf in seinem Werk *Corpus byzantinae historiae* (›Von Konstantin dem Großen bis Konstantin dem Letzten‹) als erster die Bezeichnung *byzantinisch* für die (ost-)römische Zeit von 330 bis 1453.

Mit dieser Bezeichnung wollte er den östlichen Teil des Römischen Reiches ein für allemal vom westlichen trennen und die Verantwortung für dessen Weiterentwicklung zurückweisen. Nach der Renaissance und der Wiederbelebung des klassischen griechischen Schrifttums begann das Abendland, sich auf das lateinischsprachige Rom zu besinnen. Hier galt das klassische, vorchristliche Griechisch als Vorbild, während die Zeit von Konstantinopel ausgeklammert wurde. Die griechische Kultur der Römer, seitdem der Schwerpunkt des Reiches 330 nach Konstantinopel verlegt und 395 das Reich geteilt wurde, war für das christliche Abendland kein Vorbild mehr. Erst die Humanisten Frankreichs verselbständigten um 1650 diese Wissenschaft als **Byzantinistik** bzw. Byzantinologie. Der französische Geschichtsschreiber und Philologe Charles Du Fresne, Sieur Du Cange, schrieb 1657 *Histoire de l'empire de Constantinople sous les empereurs français* und 1680 *Historia Byzantina*.

So schmerzlich es für einen Abendländer auch ist, sein Weltbild muß ich leider korrigieren. Das Römische Reich war mehr griechisch und orientalisch als römisch. Und das von Anfang an. Als Rom anfing, die benachbarten sowie umliegenden Völker zu unterwerfen, war es von der etruskischen Kultur geprägt. Als es Süditalien eroberte, übernahm es bereits die fortgeschrittene griechische Kultur, die das römische Leben in vielerlei Hinsicht beeinflußte. Bis 266 v. Z. hatte Rom ganz Italien bis zur Poebene unter seine Herrschaft gebracht. Rom wurde vom griechischen Süditalien her gräzisiert, noch bevor der erste Römer 212 vor unserer Zeitrechnung das eigentliche Griechenland betreten konnte. 228 v. Z. griff es erstmals auf griechischem Gebiet ein, indem es an der Küste des heutigen Albanien landete. 197 v. Z.

eroberte es nach mehreren Kriegen Makedonien und erklärte sich zum Befreier der Griechen vom makedonischen Joch.

Doch damit trat Rom die Rechtsnachfolge Alexanders an und verfolgte von da an das Ziel, die ehemaligen Provinzen seines Großreichs in Besitz zu nehmen. Rom war dabei, ein orientalisch geprägtes Reich zu werden. 146 v. Z. wurden sowohl Makedonien als auch Griechenland selbst römische Provinzen; bis 103 v. Z. kamen wichtige Städte und Gebiete in Kleinasien (Pergamon, Ephesos und Phrygien) unter die römische Herrschaft; Bithynien folgte 74 v. Z. Bis 64 v. Z. waren ganz Kleinasien und Syrien zur römischen Provinz geworden.

Die Bewohner der 331 v. Z. gegründeten Weltstadt Alexandreia bestanden aus Griechen und Makedonen mit Bürgerrecht, daneben Juden aus dem zum griechisch-ptolemäischen Ägypten gehörenden Palästina sowie »farbige Eingeborene«, sprich Ägypter ohne Bürgerrecht. Auch die Bewohner des römischen Italien waren Römer mit und Italer ohne Bürgerrecht. Erst nachdem die »Bundesgenossen« *(foederati)* Roms im Bundesgenossenkrieg 90–88 v. Z. zu siegen drohten, erklärte sich Rom bereit, ihnen das römische Bürgerrecht zu gewähren. Von nun an waren die Bewohner Italiens bis zur Poebene Römer.

Bereits im Jahre 60 und erneut 56 v. Z. wurde das inzwischen unüberschaubar groß gewordene Reich mit Schwergewicht im Osten (Gallien, Spanien und Britannien waren noch nicht römisch) in drei Machtbereiche unter die *Triumviren* Caesar, Crassus und Pompeius aufgeteilt, wobei Crassus den Osten erhielt. Doch bestanden die althergebrachten politischen Institutionen der römischen Republik weiter: Vom 600köpfigen Senat in Rom wurden alljährlich zwei Konsuln gewählt, die Rom nicht verließen. Die Provinzen des Reiches wurden von ehemaligen Konsuln *(proconsul)* und Prätoren *(propraetor)* verwaltet, die Rom während ihrer Amtszeit nicht betraten.

Nach der Ermordung Caesars (44 v. Z.) kam es 43 und wieder 37 v. Z. zu einem neuen Triumvirat; Marcus Antonius, Octavianus und Lepidus teilten die Verwaltung des Reiches unter sich, wobei Marcus Antonius den Osten erhielt und in Ephesos residierte. Im Jahre 32, kurz bevor Octavianus (der spätere Augustus) dem Triumvirat ein gewaltsames Ende bereitete, zogen gar beide Konsuln zusammen mit der Hälfte des Senats von Rom nach Ephesos um. Doch auch nach Einverleibung Ägyptens als römische Provinz im Jahre 30 v. Z. galten nur die Römer und Italer aus Rom bzw. Mittel- und Unteritalien als römische Bürger.

117 nach unserer Zeitrechnung erreichte das Römische Reich, das seit Augustus unter der Herrschaft eines *princeps* (Kaisers) stand, seine größte Ausdehnung. Dennoch waren die zahlreichen Völker, die dieses Reich ausmachten, ohne Bürgerrecht. Erst 212 verlieh Kaiser Marcus Aurelius Antoninus (d. i. Caracalla) mit seiner *Constitutio Antoniniana de Civitate* allen Einwohnern des Römischen Reiches das römische Bürgerrecht. Das Wort Römer lautete auf griechisch *rhomaios* und in der Mehrzahlform *rhomaioi*, das Römische Reich hieß lateinisch *Imperium Romanum* oder *Romania* ähnlich der beiden Formen Deutsches Reich und Deutschland. Und die Bewohner der griechischsprachigen Osthälfte des Reiches hießen bis zum Untergang des Römischen Reiches (im Osten 1453) auf griechisch *rhomaioi* und auf arabisch *rûm*, also weder Hellenen noch Byzantiner noch Griechen.

Als alle Bewohner des ausgedehnten Reiches römische Bürger wurden, bestand (trotz der betonten Pflege mancher alter, an die Stadt Rom gebundener Traditionen und Rituale durch die Kaiser) auf längere Sicht kein Grund mehr dafür, daß Rom zwangsläufig Hauptstadt sein mußte. Rom war letztlich überall denkbar, wo immer sich der römische Kaiser aufhielt. Und dieser residierte vornehmlich in Ephesos/Ephesus an der Westküste Kleinasiens. Hier lag das wirtschaftliche, kulturelle und politische Schwergewicht des Römischen Reiches. Kultur-, Kult- und Verwaltungssprache blieben griechisch, nur die Amtssprache war Latein.

Ephesos/Ephesus blieb bis 253 Hauptstadt; nach einem Erdbeben verlegte man die Hauptstadt nach Nikomedeia/Nicomedia am Marmarameer mit Sommerresidenz in Nikaia/Nicaea unweit davon. Die Errichtung des »Zweiten Rom« Konstantineia/Constantinopolis 330 kann demnach nicht der Beginn der byzantinischen Zeit sein, da Rom schon lange vom Osten aus regiert wurde. Seit 357 kam kein Kaiser mehr nach Rom, nicht einmal besuchsweise (mit Ausnahme von Konstans II. im Jahre 663, also 306 Jahre später!).

Kaiser Diokletian reorganisierte 284 die Verwaltung des Reiches nachhaltig. Das große Reich rund um das Mittelmeer wurde in vier Bezirke eingeteilt: Oriens und Illyricum im Osten, Italia und Gallia im Westen. Jeder Bezirk wurde von einem *praefectus praetorio* regiert. Der Sitz des Kaisers sowie des Prätorianerpräfekten von Oriens (bestehend aus den vier Diözesen Oriens enschließlich Ägypten, Pontica, Asiana und Thracia) war Nikomedeia, der Sitz des Präfekten von Illyricum (das aus den Diözesen Illyricum [Moesiae] und Pannonia bestand) war Sirmium, der von Italia (Diözesen Italia und Africa) war Mailand, und von Gallia (bestehend aus den vier Diözesen Hispania, Britannia, Gallia und Viennensis) war Trier. Jede der zwölf Diözesen wurde von einem *vicarius* verwaltet. Von Rom sprach niemand!

285 ernannte der Basileus/Augustus Diokletian seinen Helfer Maximian zum Caesar des Westteils. Daß Maximian zunächst nur diesen Titel und nicht die höchste Würde eines Augustus erhielt, macht deutlich, wie sehr das Schwergewicht des Reiches im Osten lag. Auch nach der Beförderung zum Augustus des Westens (286) blieb Maximinian seinem Chef Diokletian als Vize unterstellt. Diokletian selbst residierte in Nikomedeia, sein Mitkaiser in Mailand; Rom war nicht mehr die Hauptstadt des Römischen Reiches und versank in Bedeutungslosigkeit. Dies geschah nach *heutiger* katholischer Zählung zur Zeit des 28. Bischofs von Rom, Cajus. Griechisch, die Sprache des Orients und die wichtigere der beiden Kultursprachen des Römischen Reiches, war ohnehin seit Beginn der christlichen Mission zur Sprache der Kirche geworden und hatte selbst in Italien erneut an Einfluß gewonnen.

Die verwaltungsmäßige Teilung des Reiches in eine griechischsprechende und eine lateinischsprechende Hälfte war bereits, wie oben erwähnt, in der vorkaiserlichen Zeit aufgekommen und stellte keine Ausnahme dar. Die »endgültige« Reichsteilung von 395 war nicht einmal als endgültig beabsichtigt. Die Vergöttlichung der Kaiser reichte bis zu den ersten christlichen Kaisern. Schließlich begnügte sich Konstantin mit der Funktion des *Pontifex maximus* als Stellvertreter Gottes, wenn auch noch nicht des christlichen, auf Erden.

Der Hauptkaiser saß im Osten, bis man im Westen 476 entschied, auf einen Zweitkaiser zu verzichten. Also blieb der römische Kaiser im Osten, und er allein war der Vikar Gottes. Der vom Papst zu Weihnachten des Jahres 800 (ohne Rücksicht auf den Basileus in Konstantinopel!) zum Kaiser gekrönte Karl der Große konnte, rechtlich gesehen, nur Vizekaiser (Caesar) des Westens sein. Nach schwierigen diplomatischen Verhandlungen zwischen Ost und West behielt 812 allein der Basileus/Augustus in Konstantinopel die Würde des *imperator Romanorum:* Karl stand der Titel Vikar Gottes nicht zu. Die Christenheit hatte nach wie vor nur *einen* Stellvertreter Gottes. Allen Verdrehungen und Verschleierungen zum Trotz war der Kaiser in Konstantinopel der einzige und rechtmäßige römische Kaiser. Er war weder der griechische noch der oströmische oder byzantinische Kaiser. Die Bestrebungen des Reformpapsttums, diesen zu entmachten und an seine Stelle zu treten, konnten keineswegs rechtens sein. Die politische Machtentfaltung des Papstes mit Hilfe seiner Soldaten Petri auf Kosten des römischen Kaisers in Konstantinopel kommt einer Machtergreifung gleich und stellt keineswegs den Beginn der abendländischen Geschichte dar.

Um den römischen Kaiser im Osten in unserer vorliegenden Arbeit vom römisch-deutschen Kaiser im Westen zu unterscheiden, ohne falsche Bezeichnungen zu verwenden oder den Leser vollends zu verwirren, bezeichnen wir ihn als *romanischen* Kaiser. Dies soll lediglich ein Hilfsmittel zur Verständlichmachung sein, denn er war und blieb der einzige christliche Kaiser der Römer und Stellvertreter Gottes auf Erden. Auf dem Konzil von Piacenza im März 1095 sprach Papst Urban II. von den bedrängten Christen im Osten und bezeichnete das römische Reich im Osten als *Romania*. Auch die Kreuzfahrer nannten die Untertanen Kaiser Alexios' *Romanen*.

Die erfundenen Sarazenen

Das Abendland bekam die neue Macht im Orient, die Araber, erst zu Gesicht, als sie in Nordafrika vom heutigen Libyen aus westlich eindrangen und das Gebiet des ehemaligen Weströmischen Reiches betraten. Der Westen lernte sie unter der Bezeichnung *Sarazenen* (aus lateinisch *saracenii,* wohl zu griechisch *scharkenoi* »die im Osten wohnenden«) kennen. Diese Bezeichnung geht auf den berühmten alexandrinischen Mathematiker, Astronomen, Astrologen, Geographen und Erkenntnistheoretiker Klaudios Ptolemaios zurück. In seinem um die Mitte des zweiten christlichen Jahrhunderts geschriebenen Werk *Almagest* berichtete er von einem Nomadenvolk, das gen Osten (arabisch *scharq* »Oriens, Osten«) lebte. Griechisch gab er es als *scharkenoi* wieder, was soviel wie Orientalen, Ostler, »Ossis« bedeutet. So wurden alle Araber zu Ossis. Ich verwende hier den korrekten Ausdruck, was den historischen Ereignissen gerechter wird.

Aus dem Mauren wird der Mohr

Die spanischen Araber werden im Abendland stets als Mauren bezeichnet, was irreführend ist. Während des Römischen Reiches hieß die Provinz Nordmarokko *Mauretania Tingitana* und Nordalgerien *Mauretania Caesariensis.* Daher kannten die Westgoten und Franken die Eindringlinge aus Nordafrika als Mauretanier, Mauren. Der Mohr von Venedig wird zwar stets schwarz dargestellt – der Sarotti-Mohr –, doch in Wirklichkeit war er Algerier, also Nord- und nicht Schwarzafrikaner. Ich verwende konsequenterweise die Bezeichnung Nordafrikaner statt Maure zur Unterscheidung von den Arabern aus dem Osten, was der historischen Wahrheit näher kommt.

Heiliger Krieg

Die Bezeichnung *Heiliger Krieg* stammt nicht aus dem Islam, sie findet sich nicht einmal im Koran. Was die Historiker gewöhnlich mit Heiligem Krieg im Islam meinen, ist der *Dschihâd,* und der kommt ausschließlich im Islam vor. Dschihâd kommt von dem Wortstamm dschuhd und bedeutet »Anspannung, Anstrengung, Pflichterfüllung bis zum Äußersten«. Darunter fällt beispielsweise die Bemühung, gerechte soziale Verhältnisse zu schaffen, sich brüderlich um die ärmeren Mitglieder der Gemeinde kümmern, aber auch die Bekämpfung der Heiden bis zum Äußersten, da der Islam den Missionsauftrag unter Heiden zur Pflicht gemacht hat. Als Heiden gelten alle Völker, die nicht Juden, Christen oder Muslime sind, womit klar wird, daß die Missionspflicht nicht gegen Juden oder Christen gerichtet ist. Demnach ist auch der Dschihâd kein Kampf gegen Juden oder Christen, womit die übliche Darstellung christlicher Historiker widerlegt wäre.

Die Bezeichnung *Heiliger Krieg* wurde von Papst Gregor I. (590–604) geprägt, noch bevor Mohammed als Prophet aufgetreten war. Der erste Benediktinermönch auf dem Apostolischen Stuhl lobte den romanischen Exarchen von Nordafrika, weil dieser viele Kriege führte und Völker unterwarf, denen dann das Christentum gepredigt werden konnte, und schuf die Begriffe *militia sancti Petri* und *Heiliger Krieg.* Doch als Bezeichnung eines Krieges, der durch den Papst gebilligt und von seinem Legaten begleitet wird, kam sie erstmals 1024 vor.

Heiliger Krieg
und
Petrus-Banner

GEGEN POLEN

Der 34jährige Konrad II. aus der rheinfränkischen Dynastie der Salier, der am 8. September 1024 von den Deutschen gewählte König, empfing bald als *rex Romanorum* und designierter Kaiser die Huldigungen der lombardischen Bischöfe. Der Papst und weltliche Herrscher in Italien fürchteten die Einmischung durch den deutschen König, der aus einem neuen Hause stammte und möglicherweise andere Absichten als sein Vorgänger verfolgte. Es war an der Zeit, den christlichen Eifer der römischen Kaiser aus Deutschland einzudämmen und sie von der Einsetzung der Päpste ein für allemal abzuhalten. So sandte er dem neuen König den Bischof von Portus und den Römer Berizo von der Marmorata mit dem Banner des heiligen Petrus und dem Auftrag, es gegen Polen zu tragen. Damit erklärte der Bischof von Rom den Kampf zum Heiligen Krieg, der im Namen Petri, dessen Vertreter er war, geführt wurde. Das eroberte Land würde dann als Papstlehen an den Sieger vergeben.

Warum ein Heiliger Krieg gegen Polen?

Bereits 732 wurde dem Versuch des Bischofs von Rom, seine kirchliche Zuständigkeit gen Osten über die ehemalige Trennungslinie zwischen dem Ost- und dem Weströmischen Reich auszudehnen, Einhalt geboten, indem Kaiser Leon III. entschied, diese Linie markiere die Grenze des griechischen bzw. lateinischen Einflußbereichs. Als die Ungarn von König Otto I. 955 auf dem Lechfeld bei Augsburg entscheidend geschlagen wurden, fielen diese noch nicht unter die Begrenzung. Deshalb bemühten sich beide Kirchen, die griechische und die lateinische, die heidnischen Ungarn zu bekehren. 973 schickte Fürst Géza von Ungarn eine Botschaft an Otto II. nach Quedlinburg, und 975 wurden er und seine Familie in die lateinische Kirche aufgenommen.

996 heiratete sein Sohn István (Stephan) die bayerische Prinzessin Gisela, Tochter des Herzogs Heinrich II. von Bayern, und zu Weihnachten 1000 wurde er vom Vertreter Ottos III. und der lateinischen Kirche zum König gekrönt, ohne Vasall des deutsch-römischen Reiches werden zu müssen. In diesem Jahr errichtete Herzog Boleslaw von Polen mit Kaiser Otto III. die Kirchenprovinz Gnesen. Unter Heinrichs II. Oberlehnshoheit unterwarf er Ostpommern, Böhmen und Mähren. Zur Missionierung von Böhmen und Mähren gründete Heinrich II. 1007 das Bistum Bamberg und weihte es 1012 ein.

1014 sorgte er bei seiner Kaiserkrönung dafür, daß die römische Kirche das im gesamten Westen geltende lateinische Glaubensbekenntnis (das *filioque*, die Lehre vom zweifachen Ausgang des Heiligen Geistes von Vater *und Sohn;* sowie das nicänisch-konstantinopolitanische Glaubensbekenntnis) annahm. 1018 nahm Boleslaw von Polen von Kaiser Heinrich II. die Lausitz als deutsches Lehen. 1020 besuchte Papst Benedikt VIII. den Kaiser in Bamberg und bat ihn, abermals nach Italien zu ziehen, um die Romanen im Süden zu bekämpfen und das Papsttum vor den lombardischen Fürsten zu schützen, was er 1021 auch erfolgreich tat. Am 13. Juli 1024 starb der Kaiser unerwartet.

Bislang ging die Missionierungsarbeit von den deutschen Königen/Kaisern aus und nicht vom Papsttum. Doch die Annahme des lateinischen Glaubensbekenntnisses, das die römische von der griechischen rechtgläubigen Kirche von nun an unterschied, stärkte dem Papst den Rücken, da es das Glaubensbekenntnis des gesamten Westens war; jetzt nahm das Papsttum offiziell den Kampf gegen die griechische Kirche auf, zunächst in Süditalien und dann auf dem Balkan. Mit anderen Worten: Das Papsttum begann auf Kosten der allgemeinen Kirche zu expandieren; es wollte aber auch dem deutschen Kaiser bei der Missionspolitik das Heft aus der Hand nehmen.

Deshalb nutzte es die Gelegenheit der Krönung des neuen deutschen Königs Konrad II. in Mainz am 8. September 1024, diesem durch einen päpstlichen Legaten das Petrus-Banner zu überreichen, auf daß es beim Einzug in Polen verwendet werde. Der Einzug war weder kriegerischer Natur, noch ging es hier um eine Rivalität zur griechischen Kirche, da das Erzbistum Gnesen lateinisch war. Nein, es ging darum, daß Herzog Boleslaw der Tapfere von Polen von seinem Lehnsherrn, dem deutschen König, zum König erhoben werden sollte, und der Papst wollte mit dem Banner demonstrieren, daß Polen dann als päpstliches Lehen anzusehen sei.

Im Schutze seiner Normannen hielt Papst Nikolaus II. am 13. April 1059 eine Synode im Lateran ab. In Gegenwart von 113 italienischen Bischöfen und unter Hildebrands Diktat verkündete er hier das Papstwahldekret *In nomine,* mit dem die Wahl des Papstes ausschließlich Sache der Kardinäle wurde, erst danach sollte die Zustimmung des übrigen Klerus und des Volkes eingeholt werden. Mit dem Verbot, Kirchenämter von Laien entgegenzunehmen, wurde der Sinn dieses Dekrets sichtbar – die Befreiung von der Investitur durch den Kaiser/Patricius. Die geheuchelte Ergebenheit gegenüber dem Kaiser in der Formulierung, die Wähler sollten »die Ehrerbietung und den Respekt« berücksichtigen, »auf die Heinrich – jetziger König und hoffentlich künftiger Kaiser – Anspruch hat« und die auch jenen seiner Nachfolger gebührten, die persönlich ähnliche Rechte *vom Apostolischen Stuhl* erlangt hätten, diente lediglich der Verschleierung. Das war bislang der Höhepunkt der Rebellion im Namen des Bischofs von Rom.

Der konsequente Schritt der ›Reformpartei‹ unter dem 39-jährigen Hildebrand war nun die Mobilisierung aller Normannen Unteritaliens als Soldaten Petri. Die Zusammenarbeit mit Richard von Capua bei Galeria und in Rom war lediglich der Auftakt. Hier steckte mehr Potential, als auf den ersten Blick ersichtlich war. Bereits der erste Benediktinermönch auf dem Heiligen Stuhl, Gregor I., hatte die Vorstellung des heiligen Augustinus vom *Gottestaat* wörtlich genommen und sie in die Tat umzusetzen versucht, womit er zum Vorläufer allen Unheils der Kreuzzüge wurde. Er war auch der erste Papst, der den Begriff vom *Heiligen Krieg* geprägt hatte, als er Gennadios, den byzantinischen Exarchen von Nordafrika, lobte, weil dieser viele Kriege führe und Völker unterwerfe, denen dann das Christentum gepredigt werden könne. Selbst die Bezeichnung *militia sancti*

Petri, Soldaten des heiligen Petrus, geht auf diesen Papst zurück.

Hildebrand wollte jedoch weiter gehen als der erste Gregor: Aus dem *patrimonium Petri,* das generell als Kirchenstaat verstanden wurde, sollte der Gottesstaat, und aus der *militia sancti Petri* sollten die Soldaten Christi werden. Erstmals nach der Wahl Konrads II. am 8. September 1024 hatte der Papst diesem das Banner des heiligen Petrus gesandt, um es gegen Polen zu tragen. Mit der Verleihung des Petrus-Banners in Begleitung eines päpstlichen Legaten erklärte der Bischof von Rom den Kampf zum *Heiligen Krieg* und zum *Kreuzzug.* Und Papst Leo IX. hatte 1051, nicht nach der Auffassung Hildebrands, den Zug gegen die Normannen in Süditalien zum *Heiligen Krieg* erklärt. Nun sollte damit ernst gemacht werden.

Am 23. August 1059 bestätigte Papst Nikolaus II. auf der Synode von Melfi Richard als Fürst von Capua und setzte sein politisches Anliegen mit Robert Guiskards zeremonieller Investitur fort, bei der dieser zuerst mit dem Herzogtum Apulien, dann mit Kalabrien und schließlich mit Sizilien belehnt wurde. Robert Guiskard und Richard von Capua schworen dem Papst nun einen Eid, der die Lage des Papsttums von Grund auf änderte. Roberts Eid hat sich im Vatikan durch einen glücklichen Zufall vollständig erhalten. Der erste Teil des Textes, der sich auf eine jährliche Zahlung von zwölf Pfennigen für jedes Joch Ochsen aus Roberts Gebiet bezieht, ist vergleichsweise unwichtig; aber der zweite ist wesentlich:

»Ich, Robert, durch Gottes und St. Peters Gnade Herzog von Apulien und Kalabrien und, so beide mir helfen, künftiger Herzog von Sizilien, werde von dieser Zeit an der Römischen Kirche und Euch, Papst Nikolaus, meinem Herrn, treu ergeben sein. Niemals werde ich teilhaben an einer Verschwörung oder einem Unternehmen, das Euch das Leben kosten, Euch körperlich verletzen oder Eure Freiheit beeinträchtigen könnte. Auch werde ich niemals ein Geheimnis verraten, das Ihr mir anvertraut und das zu bewahren Ihr mich verpflichtet habt, da Euch sonst Schaden daraus entstehen könnte. Soweit es in meiner Kraft steht, werde ich überall und gegen alle Feinde ein Verbündeter der Heiligen Römischen Kirche bleiben, damit sie die Einkünfte und Domänen von

St. Peter bewahre und neue hinzugewinne. Ich werde Euch alle notwendige Hilfe leisten, damit Ihr in allen Ehren und aller Sicherheit den päpstlichen Thron in Rom einnehmen könnt. Was die Territorien von St. Peter betrifft sowie diejenigen des Fürstentums (Benevent), so werde ich keinen Versuch machen, in sie einzudringen oder sie auch nur zu verwüsten ohne Eure oder Eurer Nachfolger ausdrückliche und mit dem Siegel des heiligen Petrus versehene Erlaubnis. Ich werde jedes Jahr gewissenhaft der Römischen Kirche die verabredete Pachtsumme für die Gebiete von St. Peter bezahlen, die ich besitze oder besitzen werde. Ich werde Euch die Kirchen, die sich eben in meiner Hand befinden, mit ihrem gesamten Eigentum übergeben und sie zum Gehorsam gegen die Heilige Römische Kirche anhalten. Solltet Ihr oder einer Eurer Nachfolger vor mir aus dem Leben scheiden, so werde ich, nachdem ich den Rat der vornehmsten Kardinäle und der Geistlichkeit und des Laienstandes von Rom eingeholt habe, darauf hinarbeiten, daß der neue Papst so gewählt und eingesetzt wird, wie es der Ehre St. Peters geziemt. Was die Römische Kirche und Euch betrifft, so werde ich getreulich die Verpflichtungen erfüllen, die ich übernommen habe, und ich werde gleichermaßen in Hinsicht auf Eure Nachfolger verfahren, die nach Euch zu den Ehren des heiligen Petrus aufsteigen und die mich in dem bestätigen werden, womit Ihr mich belehnt habt. So wahr mir Gott helfe und seine Heiligen Evangelien.«

Der Text bedarf keines Kommentars. Der Papst und die römische Kirche setzten an zur Welteroberung und unterhielten ein Söldnerheer, das mit erobertem Land bezahlt werden sollte. Mit dem Petrus-Banner ausgestattet, startete Robert Guiskard 1059 den ersten Heiligen Krieg gegen Süditalien.

Warum ein Heiliger Krieg gegen Süditalien?

Die ›Reformpartei‹ im Beraterstab Leos IX. war dafür, sich des Kaisers und der Normannen zu bedienen, die seit 1047 Reichsvasallen waren, um die Romanen endgültig aus Süditalien zu vertreiben. Sie sollten den lateinischen Ritus, die römische Lehrart in die ehemals griechischen Kirchen einführen und die Basilianerklöster der Regel des heiligen Benedikt unterwerfen. Leo ernannte Humbert im Frühjahr 1050 zum Erzbischof von Apulien, Kalabrien und Sizilien. Vorgeblich auf einer Wallfahrt nach Monte Gargano, hielt Leo eine Synode in Siponto im romanischen Italien ab. Auf dem Weg nach Salerno machte er in Benevent halt, wo die Bürger mit ihm über den Schutz des Heiligen Stuhles verhandelten. Als der Papst im März 1051 aus Deutschland nach Rom zurückkehrte, erwartete ihn eine Delegation aus Benevent mit der Nachricht, das Land stimme den Bedingungen Leos zu und unterwerfe sich ihm, vorausgesetzt, der Papst werde für den Schutz von Benevent sorgen. Noch im März ernannte Leo Friedrich von Lüttich zum Kanzler und Bibliothekar der römischen Kirche, bestellte Hildebrand zum Vermögensverwalter der römischen Kirche, machte Humbert zum Kardinalbischof von Silva Candida und wandelte seinen Beraterstab in ein Kardinalskollegium um. Am 5. Juli 1051 nahm das Fürstentum Benevent den Heiligen Stuhl als Landesherrn an.

Hildebrand fand 1053, daß die Zeit gekommen war, dem romanischen Kaiser ein Zeichen zu setzen: Der Papst solle in Bari, der Hauptstadt der Romanen in Süditalien, eine Synode abhalten. Als das bekannt wurde, reagierte der Patriarch von Konstantinopel mit Gegenmaßnahmen. Ihm war bereits zu Ohren gekommen, daß die Normannen mit Billigung des Papstes lateinische Bräuche in den griechischen Kirchen Süditaliens durchsetzten, insbesondere die Verwendung ungesäuerter Brote (»Azymen«) bei der Eucharistie. Gerade um diese Zeit war er selbst damit beschäftigt, griechische rechtgläubige Bräuche in den Kirchen des neu besetzten Armenien einzuführen, denn die »ketzerische« armenische Kirche hatte abweichende Bräuche, so auch die Verwendung ungesäuerten Brotes bei der Eucharistiefeier. Er befahl den lateinischen Kirchen in Konstantinopel, griechisches Brauchtum anzunehmen, und schloß jede Kirche, die sich weigerte, dies zu tun.

Das Haupt der bulgarischen Kirche, Metropolit Leon von Ochrid, schrieb an den rechtgläubigen Bischof Johannes von Trani in Apulien, griff bestimmte Praktiken der lateinischen Kirche scharf an und bezeichnete sie als sündig und »judaistisch«.

Dieser Brief, der die Aufforderung an Johannes enthielt, ihn an alle »Bischöfe der Franken, die Mönche, das Volk und den ehrwürdigen Papst« weiterzugeben, erreichte Trani im Sommer 1053, gerade als der wichtigste Berater des Papstes, Kardinalbischof Humbert von Silva Candida, durch Apulien reiste, um sich Papst Leo und seinem Kanzler Friedrich in Bari anzuschließen. Johannes übergab ihm den Brief.

Humbert nahm sich die Zeit, eine rohe und tendenziöse lateinische Übersetzung anzufertigen, und legte dem Papst nach Ankunft in Bari beide Dokumente vor. Leo reagierte wie beabsichtigt und willigte in Hildebrands Plan ein, ein für allemal die Suprematie des Papstes durchzusetzen. Im Namen des Heiligen Vaters arbeitete Humbert eine scharfe Erwiderung aus, vertrat die Sache des päpstlichen Primats mit ausführlichen Zitaten aus der (gefälschten) Konstantinischen Schenkung und berief sich ausgiebig auf die Pseudoisidorischen Fälschungen. Schon die gewählte Anrede »An die Bischöfe Michael von Konstantinopel und Leon von Ochrid« zielte darauf ab, den Patriarchen empfindlich zu treffen.

Anfang 1054 traf ein Sendschreiben des Patriarchen in Benevent ein. Darin redete er den Papst als »Bruder« an und schlug ein Gespräch vor, um den Bruch zwischen dem griechischen und lateinischen Ritus zu kitten. Doch Humbert setzte den Plan durch, päpstliche Legaten nach Konstantinopel zu entsenden, die dort die Frage abschließend durchsprechen und lösen sollten. Mit Leos Erlaubnis setzte Humbert im Namen des Papstes einen Brief an den Patriarchen Michael Kerullarios auf, der von den Legaten überbracht werden sollte. Darin redete er den Patriarchen mit »Erzbischof« an, also war er höflicher, sonst aber mindestens genauso aggressiv, da er weniger die lateinischen Bräuche verteidigte, als den Patriarchen wegen seiner Anmaßung angriff, sie überhaupt in Frage gestellt zu haben. Der Patriarch wurde beschuldigt, Ansprüche auf ökumenische Autorität erhoben zu haben, und es wurde angedeutet, seine Wahl sei unkanonisch gewesen.

Anfang März, noch bevor der kranke Papst selbst über Capua nach Rom zog, schickte er Humbert, Erzbischof von Apulien,

Kalabrien und Sizilien und Kardinalbischof von Silva Candida, sowie Friedrich, Kanzler der römischen Kirche, und Erzbischof Peter von Amalfi als Abordnung nach Konstantinopel. Am 12. März verließ der Papst Benevent, um nach Capua zu reisen, von wo aus er am 3. April nach Rom zurückkehrte. Früh im April erreichte die Abordnung die Hauptstadt des romanischen Kaisers und begab sich zum Patriarchen. Ohne die üblichen Höflichkeiten überreichten sie ihm den Brief des Papstes. Am 19. April 1054 starb Leo IX., der vierte deutsche Papst, 51jährig nach kurzer Krankheit. Ende des Monats erreichte Hildebrands Nachricht vom Ableben des Papstes die Abordnung in Konstantinopel.

Patriarch Michael Kerullarios betrachtete die Angelegenheit als erledigt, denn der Papst, der den Brief an ihn geschickt hatte, war nun tot. Die Abordnung war Leos persönliche Repräsentanz und verlor mit seinem Ableben jeden offiziellen Status. Mehr noch, es sollte ein ganzes Jahr verstreichen, bis ein Nachfolger gewählt wurde. Humbert sah die Sache jedoch anders: Die Reformpartei in Rom war unversehrt und hielt an dem eingeschlagenen Kurs fest. Daher veröffentlichte er in griechischer Übersetzung den vollen Text des ersten, nicht abgesandten Briefes, den der Papst an den Patriarchen und Leon von Ochrid gerichtet hatte, und fügte noch ein ins einzelne gehendes Memorandum über die umstrittenen Bräuche hinzu.

Die Veröffentlichung fand eine feste und schlagfertige Erwiderung durch einen Mönch des Studiou-Klosters namens Niketas Stethatos, der besonders die Verwendung ungesäuerten Brotes durch die Lateiner kritisierte, ferner ihre Gewohnheit, am Samstag zu fasten. Das Dokument, das inhaltlich unverblümt und gelegentlich ungeschickt abgefaßt war, zeichnete sich doch durch eine höfliche und respektvolle Sprache aus. Statt mit einer überlegten Antwort erwiderte Humbert mit einer fast hysterischen Schimpfkanonade, schmähte Stethatos als »aufdringlichen Zuhälter« und »Schüler des arglistigen Mohammed«, ließ durchblicken, daß er eher einem Theater oder Bordell als einem Kloster entstammen müsse, und belegte ihn und alle, die sich seiner »perversen Doktrin« anschlössen, im Namen des (bereits gestorbenen) Papstes mit dem Kirchenbann.

In diesem Sinne verfaßte Humbert ein Dokument und ließ es vom päpstlichen Kanzler mit päpstlichem Siegel als Bulle versehen. Um drei Uhr nachmittags am Samstag, dem 16. Juli 1054, in Gegenwart der gesamten Geistlichkeit, schritten die drei Exlegaten des römischen Bischofs im vollen Ornat in die Hagia Sophia zum Hochaltar, wo sie ihre Bannbulle feierlich niederlegten. Daraufhin machten sie kehrt und marschierten aus der Kirche, nicht ohne symbolisch den Staub von ihren Füßen zu schütteln. Zwei Tage später begaben sie sich auf den Rückweg nach Rom.

In Konstantinopel verbreitete sich die Nachricht von der Exkommunikation sehr rasch. Demonstrationen für den Patriarchen fanden überall statt und richteten sich gegen die Lateiner. Erst als die Bulle am 24. Juli öffentlich verbrannt und die drei Legaten selbst förmlich exkommuniziert worden waren, kehrte wieder Ruhe ein. Der Patriarch wußte, daß die Bannbulle nach kanonischem Recht, selbst wenn sie echt gewesen wäre, ungültig war. Daher richtete sich sein Kirchenbann lediglich gegen die Missetäter, nicht gegen die Lateiner.

Der Heilige Krieg richtete sich demnach nicht gegen muslimische Ungläubige, sondern gegen die für ketzerisch erklärten christlichen Romanen. Die Methode ist klar definiert: Alleinseligmachend ist die Heilige Römische Kirche, ihr steht alles Land zu, das erobert werden kann, der römisch-lateinische Ritus soll an die Stelle aller ›ketzerischen‹ Riten der Christenheit treten. Hier gab es weder für den deutsch-römischen Kaiser noch für den romanischen Kaiser Platz. Der Bischof von Rom war nicht mehr Bischof aller Bischöfe, sondern König aller Könige, kein Priester-König, sondern Gott-Kaiser.

In dem Bemühen, eine abendländisch plausible Erklärung für die Tat des Papstes zu finden, verrenkten sich die Historiker nicht nur den Hals. Soweit das Festland Italiens betroffen war, habe sich der Papst auf die Schenkung Karls des Großen gestützt, der zweieinhalb Jahrhunderte zuvor das Herzogtum Benevent dem Papsttum übereignet habe. Schon damals seien die Grenzen des Gebietes nicht genau definiert gewesen, und sie seien seitdem elastisch geblieben. Es habe einen Zeitpunkt gegeben, wo sie ungefähr die ganze Halbinsel südlich der Stadt Benevent umschlossen. Das war aber im 11. Jahrhundert keineswegs der Fall; und es war erst zwölf Jahre her, daß Heinrich III. in Gegenwart von Papst Clemens Capua an Pandulf zurückgegeben und damit klargestellt hatte, daß er das Fürstentum als kaiserliches Lehen betrachtete.

In bezug auf Sizilien befand sich Papst Nikolaus auf noch viel wackligerem Boden. Bis dahin hatte sich die Insel niemals unter päpstlicher Oberhoheit befunden. Die Historiker konstruierten daher, er habe seine Berechtigung aus einem Dokument hergeleitet, das von Ludwig dem Frommen, dem Sohn Karls des Großen, stamme, sowie aus der sogenannten Konstantinischen Schenkung, derzufolge Kaiser Konstantin I. Papst Silvester und seinen Nachfolgern die weltliche Gewalt über »Rom und alle Provinzen, Orte und Städte Italiens und der westlichen Regionen« *(quamque Romae urbis et omnes Italiae seu occidentalium regionum provincias loca et civitates)* übertragen haben soll. Dabei ist es seit dem 15. Jahrhundert erwiesen, daß es sich bei der Konstantinischen Schenkung um eine Totalfälschung handelt.

Nach der ersten Andeutung von 1024, als Papst Johannes XIX. dem neuen deutschen König das Petrus-Banner mit dem päpstlichen Legaten zuschickte, und dem ersten Versuch von 1027, als derselbe Papst Aversa dem Normannen Rainulf zum Lehen gab, demonstrierte nun der Papst seine Ansprüche durch die Übernahme des Amtes und der Aufgaben des christlichen Kaisers (im Osten) als Stellvertreter Gottes mit Anspruch auf Weltherrschaft. Aus der Rebellion der ›Reformpartei‹ wurde eine Revolution mit Machtergreifung. Das den Normannen verlehnte Gebiet gehörte rechtlich dem romanischen Kaiser und mußte erst den Romanen entrissen werden. Auch Sizilien mit griechischer Kirche und Basilianermönchen war rechtlich unter romanischer Herrschaft.

Nach Beendigung der Zeremonien kehrte Nikolaus II. nach Rom zurück. Robert eilte zu seinen Truppen nach Kalabrien, die die Stadt Cariati wochenlang erfolglos belagert hatten. Bei Ankunft Roberts ergab sich das belagerte Cariati beinahe sofort.

Auch Rossano und Gerace kapitulierten. Nunmehr war nur noch Reggio in romanischer Hand. Im Frühjahr 1060 erschien Robert Guiskard mit seinen Truppen vor den Mauern von Reggio, der Hauptstadt Kalabriens. Am Ende wurde die Stadt gezwungen, sich zu ergeben, und der Herzog von Apulien ritt im Triumphzug durch die Stadt. Damit endete die politische Herrschaft der Romanen in Kalabrien für alle Zeit. Robert Guiskard präsentierte sich seinen Untertanen absichtlich als Nachfolger des romanischen Kaisers, kopierte die kaiserlichen Insignien auf seinem eigenen Siegel und trug bei festlichen Gelegenheiten Kleider, die den kaiserlichen Staatsgewändern nachgebildet waren. Er legte sich den kaiserlichen Titel zu, übernahm das romanische Hofzeremoniell und den heiligen Georg der Romanen anstelle des Erzengels Michael. Bis 1065 war die letzte romanische Stadt Kalabriens in normannischer Hand. Apulien und Bari befanden sich noch immer in ›Feindeshand‹; Bari, die Hauptstadt des romanischen Apulien, kapitulierte erst 1071. Am Samstag vor Palmsonntag, dem 16. April 1071, ritt der Herzog von Apulien triumphierend durch die Straßen Baris. An diesem Tage wurde das Banner von Konstantinopel eingeholt; die seit den Zeiten Justinians bestehende Herrschaft der Romania über Süditalien ging zu Ende, auch wenn sich einzelne romanische Städte Apuliens noch bis 1086 hielten. Wie bei der Einnahme Reggios (1060) präsentierte sich Robert Guiskard seinen Untertanen absichtlich als Nachfolger des Kaisers.

GEGEN KASTILIEN

Durch Anstiftung Papst Alexanders II. und mit dessen Segen tat sich Sancho Wilhelm VIII. von der (wieder von Aquitanien unabhängigen) Gascogne mit König Sancho IV. von Navarra im Auftrag der Königin Felicia von Aragón zu einem Angriff gegen Ferdinand von Kastilien zusammen, um Ramiros Sohn Sancho Ramírez als König von Aragón einzusetzen; sie ermutigten Graf Raimund Berengar I. von Barcelona, sich ihnen anzuschließen. Der Papst verlieh dem Angriff 1063 das Petrus-Banner mit päpstlichem Legaten und demonstrierte so, daß die christlichen Königreiche Nordspaniens als päpstliches Lehen zu betrachten seien. Somit erklärte er aber den Kampf zu einem Heiligen Krieg.

Warum ein Heiliger Krieg gegen Kastilien?

Seit 1000 regierte in Pamplona (unterhalb der Pyrenäen) im nördlichen Spanien Sancho III. Garcés als König von Navarra und stellte eine Hegemonie über alle christlichen Reiche Nordspaniens her. Doch die Teilung dieser Gebiete unter den vier Söhnen führte nach seinem Tode (1035) unweigerlich zu Kriegen um die Oberhoheit. Die asturische Markgrafschaft Kastilien westlich von Navarra wurde unter Ferdinand I. zum Königreich Asturien. Ramiro I., erster König von Aragón, war der natürliche Sohn Sanchos III. von Navarra und seit 1035 nach dem Testament des Vaters König von Aragón. Bereits 1037 annektierte er das Gebiet Ribagorza östlich von Aragón. Ferdinand von Asturien hatte Sancha, Schwester und Erbin von König Bermudo III. von León, geheiratet; als Bermudo 1037 in Tamarón bei einem Kampf gegen Asturien fiel, bemächtigte sich Ferdinand des Thrones von León und vereinte beide Reiche als Königreich

Kastilien unter seiner Führung. 1039 ließ er sich in León zum Kaiser krönen. Nach dem Tode seines Bruders Gonzalo (1045) annektierte Ramiro auch dessen Gebiete. 1054 begann Ferdinand mit der Rückeroberung der kastilischen Gebiete, die Navarra von seinem Vater einverleibt worden waren. Als sein Bruder García V. von Navarra bei Atapuerca von Ferdinands Truppen 1054 getötet wurde, erkannte sein Nachfolger Sancho IV. die Oberhoheit Kaiser Ferdinands an. Dann fiel Ferdinand in die benachbarten maurischen Gebiete im Westen ein und eroberte Beira Alta in Portugal sowie Gormaz und Berlanga im Südosten. Währenddessen hatte ihm sein Bruder Ramiro Konkurrenz gemacht, indem er die Emire von Huesca, Saragossa und Lérida südlich von Aragón tributpflichtig machte. 1062 griff Kaiser Ferdinand das maurische Reich von Toledo an und machte seinen Emir, Yahya I., zum Vasallen. Als sein Bruder und Rivale Ramiro I. Anfang 1063 zu Grado ermordet wurde – offensichtlich auf Veranlassung des Kaisers selbst –, erkannten die Emire von Saragossa und Sevilla Ferdinands Oberhoheit an.

Hildebrand ging mit seinem Papst Alexander II. ans Werk, um den nächsten Schritt zur Ausdehnung der päpstlichen Gewalt zu unternehmen. Auf der Lateransynode erneuerten sie das Dekret Nikolaus' II. gegen die Simonie, untersagten die Teilnahme an Meßfeiern, die von verheirateten Priestern gelesen wurden, und die Anerkennung der Laieninvestitur ohne Genehmigung der Diözese und empfahlen dem jeweiligen Klerus eine gemeinsame Lebensführung. Von nun an beschleunigte sich das Tempo, und in Frankreich und Spanien hielten die Legaten des Papstes eine Reihe von Reformsynoden und Ketzergerichten ab.

Unter Sancho III. und seinen Nachfolgern hatte sich der cluniazensische Einfluß auf die spanische Kirche verstärkt und sie in die vorderste Reihe der Reformbewegung getragen. Doch die Machtentfaltung des ohne päpstliche Mitwirkung zum Kaiser gekrönten Ferdinand I. von Kastilien, der sich selbst als ›der Große‹ bezeichnete, und sein Mordanschlag gegen den eigenen Bruder ließen den Papst handeln. Sein Heiliger Krieg sollte gegen den ›unrechtmäßigen‹ Kaiser Ferdinand geführt werden.

GEGEN SIZILIEN

Robert Guiskard beeilte sich daraufhin, den Papst an das Versprechen von 1059 zu erinnern, ihn mit Sizilien zu belehnen. Schließlich habe er bereits mit der Eroberung der Insel begonnen. Daraufhin machte der Papst Robert Guiskard zum Herzog von Sizilien und verlieh ihm das Petrus-Banner samt päpstlichen Legaten, womit er den Schauplatz ebenfalls zum Heiligen Krieg gegen die ›irrgläubigen Romanen‹ auf der Insel erklärte. Er erteilte all denen Absolution, die sich den Brüdern Robert und Roger anschlossen, um die heilige Aufgabe zu erfüllen. Nicht nur in den Herzen der Normannen, sondern auch in den Augen der abendländischen Christenheit war von da an die Eroberung Siziliens nichts anderes als ein Kreuzzug.

Mit vielen Pferden und großen Vorräten, aber nur mit sehr kleinem Gefolge, kehrte Roger schon bald zurück. Während des Frühjahrs 1063 verwickelten er und sein junger Neffe Serlo die Araber von Butera im Süden bis Caltavuturo im Norden in viele kleine Scharmützel. Die Beute war groß, und die Vorratskammern in Troina füllten sich wieder. Pisa schickte im August 1063 eine Flotte nach Sizilien und schlug Roger einen kombinierten Angriff auf Palermo vor, gleichzeitig zu Lande und von See her. Roger war die Unterstützung willkommen, und er willigte ein.

Doch das Unternehmen kam nicht zustande. Das Hauptheer der Araber, verstärkt durch die frisch hinzugekommenen nordafrikanischen Truppen, hatte im Hochsommer Palermo verlassen und marschierte bereits ostwärts auf die Festungen der Normannen zu. Vor Cerami kam es zur Schlacht, bei der St. Georg zum ersten Mal als Schutzpatron den Normannen beistand. Die Pisaner griffen von der See her Palermo an, konnten aber ohne Roger nichts ausrichten und waren froh, verhältnismäßig unversehrt zu entkommen. Ihre Beute bestand in der großen Kette, mit der die Einfahrt zum Hafen von Palermo gesichert gewesen war. Roger selbst kehrte nach Kalabrien zurück. Palermo fiel erst im Januar 1072.

Spät im Herbst 1071 erschien eine vereinigte sizilianische und nordafrikanische Flotte vor Palermo. Sofort gab Robert Befehl, daß all seine Leute – Normannen, Kalabrier, Barioten und gefangene Romanen – die heilige Kommunion durch den päpstlichen Legaten erhielten. Dann segelten sie dem Feind entgegen. Nach langer Seeschlacht gewannen die Normannen langsam die Oberhand, und gegen Abend flohen die Reste der Araberflotte nach Palermo. Robert setzte ihnen nach, und innerhalb des Hafens von Palermo vollendeten die von seiner Mannschaft geschleuderten Feuerbrände die Vernichtung der sizilianischen Flotte. Und nun begann die Belagerung.

Die Festung im Herzen der Altstadt hatte eine eigene Umwallung mit neuen Toren. Hier griff Rogers Fußvolk am 5. Januar 1072 an. Ein erbitterter und blutiger Kampf mit wechselndem Glück folgte, und es wurde Nacht, ehe die letzten Verteidiger sich durch die engen Straßen zur Festung zurückzogen. In dieser Nacht wußten die Verteidiger von Palermo, daß sie verloren hatten, es galt nur noch, die Stadt vor der Plünderung und Einäscherung zu bewahren. Früh am nächsten Morgen begab sich eine Abordnung der Notablen zum Herzog von Sizilien, um die Bedingungen für die Übergabe der Stadt auszuhandeln.

Robert versprach, daß es keine Repressalien und keine Plünderungen geben werde. Leben und Eigentum der Araber würden geschont werden. Er wünsche ihre Freundschaft und verlange nur ihre Ergebenheit und eine jährliche Tributzahlung. Als Gegenleistung dafür würden die Normannen sich weder in die Religionsausübung der Muslime noch in die islamische Rechtsprechung einmischen. Die Rechte also, die er nun den muslimischen Arabern einräumte, waren genau die gleichen, die sie in der Vergangenheit den christlichen und jüdischen Gemeinden in ihren Gebieten eingeräumt hatten. Nach einigen weiteren Tagen des Verhandelns – wodurch ihr Gesicht gewahrt werden und dem Anstand Genüge geschehen sollte – gaben die Araber ihre Einwilligung zu den normannischen Bedingungen.

Am 10. Januar 1072 hielt der 55jährige Herzog von Sizilien seinen offiziellen Einzug in die Stadt Palermo. Er wurde begleitet vom 40jährigen Roger, seiner Gemahlin Sichelgaita und allen normannischen Heerführern, die den Feldzug mitgemacht hatten. Sie ritten durch die Stadt zur alten Basilika S. Maria, wo der Metropolit von Palermo nach griechischem Ritus und der päpstliche Legat nach römisch-lateinischem Ritus den Dankgottesdienst abhielten. Der Herzog von Sizilien behielt als eigenen Lehensbesitz nur Palermo, die Hälfte von Messina und die Hälfte des Val Demone, der nordöstlichen gebirgigen Gegend, an deren Eroberung er persönlich mitgewirkt hatte. Der Rest sollte seinem Hauptlehnsträger Roger gehören, jetzt Graf von Sizilien, der auch alles, was er persönlich in Zukunft erwarb, besitzen sollte. Roger war endlich am Ziel. Mit dem Fall von Syrakus 1091 war die normannische Eroberung der Insel abgeschlossen.

GEGEN ARAGÓN

Da die erste Expedition in Nordspanien von Erfolg gekrönt war, versprach Papst Alexander II. 1064 allen, die für das Kreuz in Spanien kämpften, allgemeine Vergebung ihrer Sünden und begann mit der Aufstellung eines Heeres, um Sancho Wilhelms Werk fortzuführen. Wilhelm von Montreuil, ein normannischer Krieger Richards von Capua in päpstlichen Diensten, warb Truppen in Norditalien an. In Nordfrankreich stellte Graf Ebles (Ebolus) von Roucy, der Bruder der Königin Felicia von Aragón, ein Heer auf; und das größte Kontingent wurde vom Grafen Guido Gottfried von Aquitanien gestellt, der den Oberbefehl über die Expedition erhielt. Der 22jährige Raimund von Saint-Gilles, der spätere Graf von Toulouse, nahm daran teil. Der päpstliche Legat hatte strikte Anweisungen bezüglich der Juden erteilt. Nach dem Tode des letzten Kalifen 1031 in Córdoba hatten sich fanatische Berber der Stadt bemächtigt. Die angesehene jüdische Philosophengemeinde rettete sich vor der befürchteten Intoleranz nach Saragossa im Norden, wo der zum Islam übergetretene Jude Abu'l Fadl ibn Hasdaj und später sein Sohn Minister waren. Eine wohlhabende, gebildete und angesehene Schicht von jüdischen Theologen, Literaten und Kaufleuten hatte sich hier etabliert. Der Papst schrieb an die spanischen Bischöfe, um sie daran zu erinnern, daß Juden unversöhnliche Feinde der Christen seien.

Man erreichte nur wenig. Die Stadt Barbastro auf halbem Wege zwischen Huesca und Lérida wurde mit reicher Beute erobert, ging aber bald wieder an Ferdinand verloren. Erst nach dem Tode Ferdinands am 27. Dezember 1065 und der Teilung seines Großreichs unter seinen Söhnen Sancho II. (Kastilien und Tribut – *paria* – Saragossas), Alfons VI. (León und Tribut Toledos) und García (Galicien) änderte sich die politische Lage. Keiner von ihnen schien an einem Kaisertitel interessiert zu sein, und der Papst stellte den Heiligen Krieg ein. Dennoch strömten von nun an französische Ritter unablässig über die Pyrenäen, um das Unternehmen fortzuführen. 1068 wurde es schließlich von Erfolg gekrönt, als König Sancho V. Ramírez von Aragón sein Land der Lehnshoheit des Papstes unterstellte.

Warum Heiliger Krieg gegen Aragón?

Im Vandalenreich Nordafrikas, das 533 von den Truppen Kaiser Justinians dem Romanischen Reich einverleibt worden war, hatte das arianische Dogma (Wesensähnlichkeit *[homoiousios]* Christi mit Gott dem Vater) neben dem Dogma der einheimischen Bevölkerung bestanden. Als der Monophysitismus (Lehre von der einen Natur *[mone physis]*, nach der das menschliche Wesen Christi vollständig in dem göttlichen aufgegangen sei) 451 zum neuen Dogma des Römerreiches wurde, konnte er in den von germanischen Arianern beherrschten Gebieten des Westens nicht durchgesetzt werden.

Mit der Übernahme des Vandalenreichs durch die Romanen unter Justinian kamen Vertreter der dyophysitischen »Zwei-Naturen-Lehre« (die zwei Naturen Christi *[dyo physis]* seien völlig getrennt, ja die menschliche Natur Christi sei auf Kosten der göttlichen zu betonen) und der monophysitischen Doktrin nach Südspanien. Diese beiden Richtungen zeigten sich gegenüber dem im Romanenreich überwundenen Arianismus intolerant, so daß es um 570 im romanischen Südspanien zu ernsten Konflikten zwischen den Anhängern der verschiedenen christlichen Lehren kam. Die Westgoten, die das restliche Spanien regierten, waren arianische Christen, und ihre Könige beriefen von 516 bis 572 neun Synoden ein. Aber auch die Langobarden, die seit 568 Norditalien von Pavia aus beherrschten, waren Arianer, und der romanische Kaiser in Konstantinopel sah seine Besitzungen in Südspanien und Italien von diesen bedroht. Hier war die Konfession ein sichtbarer Ausdruck der Unterschiede in den politischen Interessen. Und beide Seiten bemühten sich um die Franken als Verbündete.

Der Westgotenkönig Leovigild verheiratete 579 seinen Sohn Hermenegild mit Ingunde, Tochter des austrasischen (Ostreich der Franken mit den Hauptstädten Reims und Metz) Königs Sigibert und gab ihm Hispalis (Sevilla) am unteren Guadalquivir als Königreich. Dort wirkte ein Bischof aus dem vandalischen Nordafrika namens Leander, und sowohl er als auch Hermenegilds Gemahlin waren rechtgläubig. Der Mönch und Missionar Leander nahm die günstige Gelegenheit wahr. Er veranlaßte den Thronfolger, sich gegen den Vater aufzulehnen, denn der Radikalismus der rechtgläubigen Bischöfe wünschte nicht die traditionelle gotische Toleranz, sondern die Bekehrung Spaniens zur Rechtgläubigkeit. Hier vermittelte Bischof Leander als Diplomat eine politische Annäherung und gegenseitige Zusicherung der Unantastbarkeit der Besitzungen zwischen Kaiser Tiberios in Konstantinopel und König Hermenegild in Sevilla. Als äußeres Zeichen dieser Verbindung nahm der Westgote das rechtgläubige Glaubensbekenntnis an. Als König Leovigild von dem Verrat seines Thronfolgers erfuhr, kam er einer Verschärfung des Kampfes der Konfessionen zuvor, indem er auf einer Synode der arianischen Bischöfe den Verzicht auf die zweite Taufe bestimmte, die den wichtigsten Streitpunkt zwischen den Konfessionen bildete.

Nach dem Tode Leovigilds im Mai 586 bekannte sich sein Sohn und Nachfolger Rekkared zur Rechtgläubigkeit und ließ sich 587 von Leander, dem Bischof von Sevilla, taufen. Auf der 3. Synode von Toledo, die 589 vom König einberufen wurde, entstand ein Kompromiß im Glaubensbekenntnis, der geeignet war, alle Konfessionen im Lande zu vereinen. In den Passus des Glaubensbekenntnisses *in spiritum sanctum Dominum et vivificantem, qui ex patre procedit* fügte man hinter »patre« den Zusatz »filioque«, d.h. den Ausgang des Heiligen Geistes von Vater *und Sohn.* Somit unterschied sich die rechtgläubige Kirche Spaniens in ihrem Credo von allen übrigen Kirchen der Christenheit. 767 übernahm Pippin auf der Synode von Gentilly dieses Glaubensbekenntnis für die Kirche des Frankenreichs.

350 Jahre arabischer Herrschaft unter einer orientalischen Weltkultur (der Islam nahm weder am Judentum noch am Chri-

stentum Anstoß) konnten nicht ohne Wirkung auf das Christentum in Spanien bleiben. Nach all den amtlich verordneten christlichen Lehren auf den allgemeinen Konzilien wimmelte es unter den christlichen Untertanen des Kalifen von arianischen, nestorianischen, monophysitischen, monenergetischen, monotheletischen, melkitischen und koptischen »Sekten«, die nun innerhalb des Großreichs der Araber ungehindert von Ort zu Ort wechseln konnten. Und jede von ihnen hatte in Córdoba als Hauptstadt des arabischen Spanien ein Oberhaupt.

Im Laufe der Jahre entwickelte sich das spanische zu einem orientalischen Christentum; die Bibel wurde ins Arabische übersetzt, die romanische Sprache der Christen, wie auch die hebräische der Juden, wurde mit arabischem Alphabet geschrieben, die Liturgie übernahm zahlreiche orientalische Elemente. Im Abendland nannte man sie mozarabische Liturgie, eine Verballhornung der arabischen Bezeichnung für arabisierte Gruppen: al-ʿarab al-mustaʿribah (die arabisierten Araber) im Gegensatz zu den al-ʿarab al-ʿâribah (die arabisierenden [nomadisierenden] Araber), da das Wort *ʿarab* ursprünglich »Vollnomaden« bedeutete. Mustaʿrib/Mozarab war demnach auch der seßhafte Araber Arabiens und nicht nur der arabisierte Christ in Spanien. Und obwohl das Credo dieser Christen sich nicht von dem der lateinischen Kirche, wie es vom Papst 1014 nachträglich übernommen worden war, unterschied, galt die Mozarabische Kirche als irrgläubig, da sie sich dem Papst als »Stellvertreter Gottes und Pontifex maximus der Universalkirche« nicht unterstellt hatte. Deshalb galt der Heilige Krieg gegen Aragón der Unterwerfung der (mozarabischen) Kirche. Und 1071 wurde die mozarabische Liturgie durch die römische ersetzt.

GEGEN ENGLAND

Wilhelm wurde 1028 als ältestes von zwei Kindern des Herzogs Robert I. des Prächtigen von der Normandie mit seiner Konkubine Herleva/Arlette, einer Bürgerlichen aus Falaise, geboren. Robert verheiratete seine Konkubine mit einem normannischen Edelmann, Herluin von Conteville, bei dem Wilhelm nun aufwuchs. Als König Robert II. der Fromme von Frankreich am 20. Juli 1031 starb, stritten sich seine Söhne um den Thron. Der Herzog unterstützte den älteren Sohn Heinrich I. gegen die Partei seines jüngeren Bruders und erhielt als Dank dafür das Gebiet des Vexin Français nördlich von Paris. 1034 machte sich Herzog Robert I. mit einer großen Reisegesellschaft zu einer Pilgerfahrt ins Heilige Land auf. Vor seiner Abreise, so hieß es später, soll er den knapp siebenjährigen Wilhelm, seinen einzigen Sohn, zum Nachfolger ernannt haben. Im Heiligen Land traf Robert I. zufällig mit dem Norweger Harald Haardraada zusammen, der seit 1030 als Flüchtling im Dienste des Fürsten von Kiew, Jaroslav I. des Weisen, stand, dessen Tochter Elisabeth er geheiratet hatte. Auf der Rückreise von der Pilgerfahrt starb Robert I. im Juli 1035 in Nikaia, und Harald Haardraada trat in den Militärdienst des römischen Kaisers Michael IV. ein.

Als Knut der Große, der König von England, Dänemark und Norwegen, am 12. November 1035 in Shaftesbury starb, versuchte seine Witwe Emma mit Hilfe des Earl Godwine von Essex und Kent, ihren Sohn Hardeknut zum König von England wählen zu lassen, doch Earl Leofric von Mercia setzte mit den Londonern und den nördlichen Thingen (Volks- und Gerichtsversammlungen) die Wahl von Knuts unehelichem Sohn Harald als Regenten durch, während Emma und das Gefolge ihres Sohnes in Winchester blieben, um Haardeknuts Interessen zu wahren, der durch Staatsgeschäfte in Dänemark verhindert war. Dafür landete ein anderer Thronanwärter, von der Normandie kommend, auf der Insel: Emmas ältester Sohn mit König Aethelred II., Alfred der Aetheling. Doch Harald sorgte 1036 dafür, daß dieser brutal ermordet wurde. Daraufhin erklärte sich Harald als Harald I. (Harold Harefoot) zum König der Angelsachsen und verbannte Hardeknuts Mutter Emma vom Hofe.

Der achtjährige Wilhelm wurde von den normannischen Magnaten und dem französischen Oberlehnsherrn König Heinrich I. als Herzog der Normandie anerkannt. Seine Jugend verlief mehr als turbulent: Seine uneheliche Geburt (er wurde stets von seinen Gegnern als »der Bastard« bezeichnet) war der Grund für Erhebungen gegen ihn; drei seiner Vormünder erlitten einen gewaltsamen Tod, und sein Tutor wurde ermordet. Seine väterlichen Verwandten waren keine Hilfe, denn sie glaubten, durch den Tod des Jungen mehr zu gewinnen. Seiner Mutter, unterstützt von treuen Vasallen und Dienern sowie dem Wohlwollen des französischen Königs, gelang es jedoch, ihn zu schützen.

1038 oder 1039 einigten sich der Norwegerkönig Magnus I. Olafsson und der Dänenkönig Hardeknut darauf, daß, wenn einer von ihnen ohne Erben sterben sollte, sein Reich an den Überlebenden zu fallen habe. Zwischenzeitlich verteidigte König Harald sein Reich gegen Waliser und Scoten und starb am 17. März 1040. Daraufhin bestieg Hardeknut als letzter Dänenkönig den englischen Thron. 1041 ließ er seinen Halbbruder Eduard aus der Normandie nach London kommen und machte ihn zu seinem Nachfolger. Als Eduard von seinem Vetter Wilhelm Abschied nahm, war er 38 und Wilhelm 13. Am 8. Juni 1042 starb König Hardeknut, und Eduard bestieg als Eduard der Bekenner den Thron von England. Als erste Amtshandlung zog er die Besitzungen seiner Mutter ein, da sie für seinen Halbbruder Hardeknut und nicht für seinen Bruder Alfred gekämpft hatte. In diesem Jahr wurde Wilhelm für mündig erklärt und zum Ritter geschlagen. Als erstes begrüßte er fremde Gelehrte und Benediktinermönche aus Italien, die bereits 1039 mit Lanfranc von Pavia den neuen römischen Ritus in die Normandie gebracht hatten, nachdem die Normannen 911 zum lateinischen Ritus des Christentums bekehrt worden waren. Lanfranc hatte von 1039 bis 1042 an der von ihm selbst gegründeten Schule in Avranches (Normandie) gelehrt, bevor er jetzt in das Benediktinerkloster von Le Bec-Hellouin eintrat.

Während der ersten elf Jahre seiner Herrschaft wurde England vom mächtigen Earl Godwine von Wessex und Kent regiert, der 1044 seinem 22jährigen Sohn Harold die Grafschaft Ostanglia sicherte. 1045 heiratete König Eduard Godwines Tochter Edith. In diesem Jahr kehrte der 30jährige Harald Haardraada nach Norwegen zurück und teilte dort den Thron mit seinem Neffen Magnus I. Olafsson. Von 1046 bis 1055 mußte Herzog Wilhelm gegen zahlreiche Rebellionen in der Normandie kämpfen, die zumeist von Verwandten angeführt wurden. Manchmal geriet er so sehr in Bedrängnis, daß er König Heinrich I. von Frankreich um Beistand bitten mußte. 1047 schlug der 19jährige gemeinsam mit dem König eine Koalition von normannischen Rebellen bei Val-ès-Dunes südöstlich von Caen.

Als König Magnus am 25. Oktober 1047 in Dänemark während einer militärischen Expedition fiel, die er mit seinem Mitkönig geführt hatte, wurde Harald III. Haardraada Alleinherrscher. Gerade um diese Zeit begann Herzog Wilhelm, sich in politische Ereignisse außerhalb seines Herzogtums einzuschalten. Zur Unterstützung seines Souveräns, König Heinrich I., und mit dem Ziel, die Südgrenze des Herzogtums zu sichern und nach Maine hinein auszudehnen, führte er eine Reihe von Kriegszügen gegen Gottfried Martel, den Grafen von Anjou. 1049 machte er seinen Halbbruder, den 16jährigen Odo, zum Bischof von Bayeux und verhandelte mit Graf Balduin V. von Flandern um die Hand seiner Tochter Matilde. Balduin war Vasall des Kaiserreichs und vornehmster Abkunft, stand jedoch im Kampf gegen Kaiser Heinrich III. und brauchte dringend Verbündete. Die angebahnte Eheschließung wurde jedoch auf dem Konzil von Reims in Oktober 1049 durch den Freund des Kaisers, Papst Leo IX., als inzestuös verdammt (Wilhelm und Matilde waren um drei Ecken herum miteinander verwandt). In diesem Jahr entzweiten sich König Eduard und Earl Godwine. 1051 besuchte Wilhelm König Eduard in London, gerade als dieser Godwine und seine Söhne für vogelfrei erklärte, weil sie der königlichen Autorität getrotzt hatten. Vielleicht machte sich Wilhelm Hoffnungen auf die Nachfolge seines Vetters; später wurde behauptet, Eduard habe sie Wilhelm 1051 versprochen. Jedenfalls machte sich Eduard in England unbeliebt, indem er Schlüsselpositionen an Normannen vergab.

1052 schloß König Heinrich I. von Frankreich mit dem Grafen von Anjou einen Frieden, und Harold Godwinson selbst führte die Kräfte an, die in England einfielen, um die Familie Godwines zu restaurieren. Wilhelm sah beide Chancen – in Maine und in England – schwinden, und ein Aufstand im östlichen Teil der Normandie brachte ihn in ernste Schwierigkeiten. Nur eine gemeinsame Aktion von Rouen und von Flandern konnte die Lage zu seinen Gunsten ändern. Daher beschloß er, an der Allianz mit Balduin V. von Flandern festzuhalten und trotz päpstlicher Bedenken Matilde von Flandern zu ehelichen, was Ende 1052 auch erfolgte. Papst Leo IX. verhängte daraufhin den Kirchenbann über ihn.

Eduard von England unterstützte Kaiser Heinrich III., deshalb war das geächtete Haus Godwine ein natürlicher Verbündeter Balduins. Tostig, der zweite Sohn von Earl Godwine, ehelichte Balduins Halbschwester. Mit vereinten Kräften gelang es Godwine 1053, den König zu zwingen, seine Familie in ihren alten Besitzungen wiedereinzusetzen. Danach verbannte Godwine einen Großteil der Normannen, Eduards fremde Günstlinge, aus England. Nach dem Tode Godwines 1053 wurde Harold sein Erbe und der mächtigste Mann Englands. Und bis 1054 war die Gefahr der Rebellion in der Normandie gebannt, um zwischen 1054 und 1060 mit einer Allianz zwischen König Heinrich I. und dem Grafen Gottfried Martel von Anjou konfrontiert zu werden.

Bis 1057 versorgte Harold seine drei Brüder Tostig, Gyrth und Leofwine mit eigenen Grafschaften. Sein einziger Rivale war nur noch das Haus von Leofric von Mercia. 1059 versöhnte sich Wilhelm mit Hilfe von Lanfranc von Le Bec mit dem Papsttum, und das Ehepaar gründete als Sühne zwei große Klöster in Caen. Vier Söhne wurden dem Ehepaar Wilhelm und Matilde geboren: Robert (der künftige Herzog der Normandie), Richard (starb jung), Wilhelm Rufus (Wilhelms Nachfolger als König von England) und Heinrich (Rufus' Nachfolger).

Nach der Niederlage des Königs Svein II. von Dänemark 1062 durch Harald III. von Norwegen (seit 1045 war dieser bemüht, Dänemark zu erobern) erkannten die beiden Könige einander als Souverän an; damit war der norwegisch-dänische Krieg beendet, nicht jedoch der Streit mit Adalbert, dem Erzbischof von Hamburg-Bremen, und Papst Alexander II. Adalbert war bereits 1053 von Papst Leo IX. zu seinem Vikar für die nordischen Länder ernannt worden, mußte jedoch 1056 – nach dem Tode Kaiser Heinrichs III. und der Verwüstung seiner erzbischöflichen Besitzungen durch den Sachsenherzog Bernhard II. Billung – nach Goslar fliehen. Adalberts Ziel, aus seinem Erzbistum ein Patriarchat für Skandinavien zu machen, stieß sowohl beim Reformpapst als auch bei König Harald III. auf Ablehnung. Der Papst wollte keine Verselbständigung des Nordens, und der König behauptete die Selbständigkeit seiner Kirche sowohl dem Papst als auch Adalbert gegenüber.

Sowohl König Heinrich als auch der Graf von Anjou starben 1060 und hinterließen schwache Nachfolger, so daß Wilhelm 1063 in der Lage war, Maine zu erobern. Daraufhin machte er Lanfranc von Le Bec zum Abt von Caen. Als Leofrics geächteter Sohn Aelfgar mit Hilfe der Waliser in Mercia einfiel, unterwarfen Harold und Tostig im Gegenzug Wales. Um 1064 schickte Eduard seinen Schwager Harold, Earl von Wessex und Kent, mit einer Botschaft in die Normandie, und Wilhelm nahm ihn auf einem Feldzug gegen die Bretagne mit. In Verbindung damit soll Harold auf die Reliquien entweder von Bonneville-sur-Touques oder Bayeux einen Eid geschworen haben, durch den er Eduards Thronerbversprechen erneuerte, und dabei seine eigene Hilfe versprochen haben. 1065 rebellierten die Northumbrier gegen ihren Earl Tostig; Harold gab nach und übertrug Northumbria an Morcar aus dem Hause von Mercia. Damit machte er seinen Bruder Tostig zum erbittersten Feind. Dennoch blieb Harolds Macht unerschüttert, und als Eduard Ende 1065 auf dem Sterbebett lag, soll er Harold zu seinem Nachfolger designiert haben. Jedenfalls meldeten nach dem Tode Eduards am

5. Januar 1066 drei Kandidaten ihren Anspruch auf den Thron an: Harold, Wilhelm und Harald III. Haardraada.

Von allen dreien hatte Harald III. den glaubwürdigsten Anspruch: Er konnte sich auf die Vereinbarung von 1038 oder 1039 zwischen dem Norwegerkönig, seinem Neffen Magnus I. und dem Dänenkönig Hardeknut berufen. Sollte einer von ihnen ohne Erben sterben, würde sein Reich an den Überlebenden fallen. Damals war Hardeknut nur König von Dänemark, doch 1040 war er dazu auch König von England geworden bis zu seinem Tode 1042. Der norwegisch-dänische Krieg 1045–1062 resultierte aus dem Erbfolgerecht des norwegischen Königs aus dieser Vereinbarung. Nun nahm Harald III. das Erbfolgerecht seines Neffen in England für sich in Anspruch. Doch Harald III. war dem Reformpapst Alexander II. nicht recht, da er die Universalherrschaft des Papsttums ablehnte. Seine Kirche wurde bereits vom Reformpapsttum für irrgläubig erklärt, und es war eine Frage der Zeit, wann ein Normannen-Wikinger-Krieg sie bezwingen würde. Das Reformpapsttum hatte auch in England keinen Einfluß. Doch deshalb mußte noch lange nicht das Land Harald III. in den Rachen geworfen werden.

Unmittelbar nach dem Tode Eduards des Bekenners schuf Harold feste Tatsachen, indem er als Harold II. den englischen Thron bestieg. Vom Papst konnte diese Usurpation des Thrones auf keinen Fall gutgeheißen werden, da Harold durch keine Erbfolge wie auch immer dazu berechtigt gewesen wäre. Blieb nur noch der Herzog der Normandie, und der war unehelich, wenn auch väterlicherseits Vetter des verstorbenen Königs. Den Ausschlag gab Abt Lanfranc von Caen: Unterstütze man die Ansprüche des Herzogs, erhalte man Zugang und Einfluß in England gegen die keltische Kirche der Culdei wie gegen die selbständige Kirche des Erzbischofs von Canterbury. Und geschickt zimmerte Lanfranc die Legitimation durch Zusammenfassung aller möglichen Gelegenheiten, bei denen König Eduard an Wilhelm ein Erbfolgeversprechen gegeben haben könnte – 1041, 1051, 1053 und 1064 durch Harold selbst. Doch da dieser nun selbst König geworden war, wurde er als Eidbrecher hingestellt; ja, es wurde behauptet, er sei 1064 nach einem Schiffbruch vor der französischen Küste in Wilhelms Hand gefallen und habe diesen feierlich als seinen Herrn anerkannt und versprochen, ihm zum englischen Thron zu verhelfen. Somit habe Wilhelm das Recht, seinen Anspruch mit Gewalt durchzusetzen.

Warum Heiliger Krieg gegen England?

Aus der Verbindung des Christentums mit den Glaubensvorstellungen der Kelten Irlands entstand das keltisch-druidische Christentum der *Culdei* (die mittelalterliche Bezeichnung für irische bzw. schottische Mönche; neulateinisch in der Bedeutung von *cultores Dei* »Anbeter Gottes«; aus mittellateinisch *keldei, keledei* zu altirisch *céle Dê* »Gefährte Gottes« aus *céle* »Gefährte« und *Dé,* dem Genitiv von *Dia* »Gott«). Hier entwickelte sich ein Mönchtum und ein Christentum eigener Prägung, das das Abendland nachhaltig beeinflussen sollte. Da Irland niemals zum Römischen Reich gehört hatte, gab es hier keine Aufteilung in Provinzen, Diözesen und Bistümer. Sprengelrecht existierte nicht, und die Missionsbischöfe konnten ungehindert im ganzen Land tätig werden. Das irische Mönchtum, im Unterschied zum Mönchswesen in Ägypten, Syrien, Kleinasien und dem Abendland, war esoterisch-gnostisch-druidisch. Es faßte die christliche Mission als göttlichen Auftrag auf und betrieb sie auch seit der Mitte des fünften Jahrhunderts. Nicht Weltflucht, sondern Verchristlichung der Welt war ihr Ziel.

Die Mönchsmissionare gründeten etliche Missionszentren auf der Grünen Insel: Bangor, Clonard, Clonmacnoise, Derry, Kells und Lismore. Jeder der Missionare trug einen kleinen Sack oder Beutel bei sich, in dem er seinen Schatz, das Evangelium aus der Werkstatt der Schreiber, verwahrte. Zunächst wurden die Kelten Nordirlands bekehrt, dann gründete 563 der heilige Columban I. der Ältere mit zwölf Mönchen eine Kirche und ein Kloster auf der Insel Iona vor der Westküste Schottlands als Sprungbrett zur Missionierung der dortigen Scoten und Picten. 568 begann man auch mit der Missionierung der Kelten in Wales.

585 kam der heilige Columban II. mit zwölf Mönchen (darun-

ter Attala, Gallus und Columban III. der Jüngere) in die Vogesen und führte das gnostische Mönchtum keltischer Prägung in Burgund ein. Columban, selbst ein Druide, wurde im Kloster Bangor von Druiden erzogen, was damals nicht ungewöhnlich war.

Als die irischen Mönche ins Frankenreich kamen, gab es dort bereits 200 Klöster nach den Regeln von Martin, Cassian und Caesarius. Von Anegray in den Vogesen wechselte Columban nach Gallien, nachdem er das Kloster Iona im Trierer Raum gestiftet hatte. Für die zahlreichen Schüler, die er gewonnen hatte, gründete er die Klöster Luxeuil und Fontaines im Burgundischen nach seiner streng asketischen Regel, die keltisch verfaßt war. Seine Klöster wurden zum Mittelpunkt der Gelehrsamkeit und dem Streben nach Erkenntnis Gottes (Gnosis). Hier wurde das Wissen von der oberen Welt, das aus dem Bewußtsein der Menschen völlig verdrängt worden war, gehütet und gepflegt.

Im Jahre 590 wurde der Benediktinermönch Gregor zum Bischof von Rom gewählt und die Wahl von Kaiser Maurikios bestätigt. Er war der erste Mönchsbischof der Papstgeschichte, er ordnete die Verwaltung des Dukats von Rom neu und schuf das Patrimonium St. Petri, den Vorläufer des Kirchenstaates, der im folgenden Jahrhundert begründet wurde. Außerdem war er der erste Papst, der eine leistungsfähige Registratur einführte. Die Laien im päpstlichen Hauswesen ersetzte er durch Mönche des von ihm gestifteten Klosters San Andrea. Von größter Bedeutung erwies sich sein Entschluß, das benediktinische Mönchtum zu fördern und es praktisch zum Hauptverbündeten und Werkzeug der Papstkirche zu machen.

Damals waren die Benediktiner ausschließlich im Einflußbereich der lateinischen Kirche beheimatet, nämlich in Mittelitalien; ihre erste Missionstätigkeit ergab sich daraus, daß König Aethelberht von Kent ein Gegengewicht zur Keltenmission in seinem Reich schaffen wollte und deshalb den Papst um Entsendung solcher Missionare gebeten hatte. 596 sandte der erste Mönchspapst, Gregor I. (der Große), den Prior des Benediktinerklosters San Andrea mit 40 Mönchen aus, den lateinischen Ritus in Kent zu verbreiten.

Die erste Gelegenheit hierzu bot eine Mischehe: Der Jüte Aethelberht, König von Kent, hatte Bertha, Tochter des Königs Charibert von Paris, geheiratet, eine fränkische Christin. Auf Bitten Aethelberhts sandte Gregor im Jahre 596 den Prior des benediktinischen Klosters San Andrea, Augustinus, mit 40 Mönchen aus, um im Königreich Kent zu missionieren. Das war die erste Tätigkeit der Benediktiner und des lateinischen Ritus außerhalb des Einflußbereichs des Bischofs von Rom in Italien. Im Frühjahr 597 landete Augustinus mit seinen Mönchen auf der Insel Thanet vor der Küste von Kent. Die gesamte Ostseite Englands bestand damals aus den sieben Königreichen der germanischen Jüten (Kent), Sachsen (Wessex, Sussex, Essex) und Angeln (Mercia, Ostanglia, Northumbria bestehend aus Bernicia, Deira und Lindsey). Die Britonen waren nach Nord- und Südwales abgedrängt worden. König Aethelberht von Kent empfing die Benediktiner freundlich, wies ihnen eine Stelle in Canterbury zu, wo sie ein Kloster errichten konnten, und gestattete ihnen, in der alten Kirche des heiligen Martin zu predigen. Im Herbst desselben Jahres weihte der Metropolit von Arelate Augustinus zum Bischof der Angeln. Zu Weihnachten 597 fand eine Massentaufe in Canterbury statt, nachdem der König sich selbst hatte taufen lassen.

601 gründete Augustinus das Kloster der Heiligen Peter und Paul, das erste Benediktinerkloster außerhalb Italiens, das ebenso berühmt wurde wie das Mutterkloster Montecassino. Nach anfänglichen Schwierigkeiten wurden 604 die Bistümer London und Rochester eingerichtet, die Kent und Essex missionierten. Mit dem Tode Aethelberhts im Jahre 616 jedoch gewann das Heidnische wieder die Oberhand, und die Missionare mußten nach Gallien fliehen. Die Konfrontation mit der Kirche der unteren Welt, der exoterischen Reichskirche, ließ sich auf Dauer nicht vermeiden. Eine Synode der fränkischen Bischöfe verurteilte 603 Columban wegen Einhaltung des Osterfestes nach keltischem Brauch, verbannte ihn aus dem Lande und entfernte ihn 610 gewaltsam aus seinem Kloster Luxeuil. Er bat Agilulf, König der arianisch-christlichen Langobarden, um Genehmigung seiner Missionstätigkeit in dessen Königreich Oberitalien

und erhielt die Erlaubnis, bei Bobbio, sechzig Kilometer nordöstlich von Genua, ein Kloster als Missionszentrum zu gründen (614), das erste Kloster nach seiner esoterischen Mönchsregel vor der Haustür des Papstes.

Zu der Zeit hatte es drei verschiedene Kirchen auf italienischem Boden gegeben: den griechischen Ritus in den Provinzen unter Herrschaft des Exarchen (Statthalter des christlichen Kaisers in Konstantinopel und *patricius Romanorum* sowie gleichzeitig Obermetropolit und Oberbischof der Amtskirche mit Sitz in Ravenna), den lateinischen Ritus in den Kirchen unter Führung des Papstes mit Sitz in Rom und den arianischen Ritus bei den Langobarden mit Hauptsitz in Pavia. Hinzu kamen nun drei verschiedene Ordensregeln: Die Klöster im griechischen Einflußbereich folgten der Ordensregel des heiligen Basileios (Basilianer), die im lateinischen Einflußbereich der Ordensregel des heiligen Benedictus (Benediktiner) und die im langobardischen Königreich der Ordensregel des heiligen Columban (Culdei). Hier übersetzten die esoterischen Mönche der Keltenmission ihren Namen ins Griechische: *Katharer* (zu griechisch *katharos* »rein«; langobardisch *gazzari).*

Um 664 gelang den Benediktinern in England der erste Schlag gegen die esoterische Culdeimission. Und ab 678 suchten sie die keltischen Missionare auf dem Kontinent durch eigene Missionstätigkeit bei den Friesen (Willibrord) zu verdrängen. Bis zur Trullanischen Synode 692 hatte man Christus nie als Person abgebildet; neben dem Kreuz wurde er als Lamm Gottes symbolisiert. Auf der genannten Synode unter der Leitung Justinians II. wurde beschlossen, Jesus Christus selbst an Stelle seines Symbols darzustellen; der Kaiser machte den Anfang, indem er Münzen mit dem Bildnis Christi prägen ließ, auf denen er sich selbst als »Knecht Gottes« bezeichnete.

Mit der Benediktinermission auf dem Kontinent verdrängte und bekämpfte die römische Kirche die esoterische Lehrart des Christentums, so weit dies im Machtbereich des Bischofs von Rom lag. Durch die Annahme des lateinischen Glaubensbekenntnisses (1014) zog der Papst mit dem übrigen Westeuropa gleich und betrachtete den gesamten Westen als seinen Machtbereich. Der keltischen Kirche Englands galt nun sein Heiliger Krieg durch Wilhelm von der Normandie.

Harold mußte seine Flotte und das Heer im Mai mobilisieren, um der erwarteten Invasion Wilhelms zu begegnen. Doch er mußte seine Streitkräfte zur Zurückschlagung der Landung seines Bruders Tostig an der Süd- und Ostküste Englands verwenden. Im August 1066 erhielt Wilhelm in Anerkennung seines »gerechten« Kampfes gegen die für ketzerisch erklärte Kirche von England das Petrus-Banner und Lanfranc als päpstlichen Legaten und künftiges Oberhaupt der Kirche in England. Somit wurde der Kampf zum Heiligen Krieg erklärt und England dem Sieger als päpstliches Lehen versprochen. Daraufhin rekrutierte Wilhelm ein Heer, stellte eine Flotte zusammen und sammelte sie an der Mündung des Dives. Wegen der damaligen Wetterverhältnisse beabsichtigte er, gen Norden zu segeln und England von der Insel Wight (Southampton Water) her anzugreifen. Doch ungünstige Winde zwangen ihn, einen Monat lang an der Mündung zu verharren. Anfang September mußte König Harold II. seine Truppen entlassen, weil er für sie keine Versorgung mehr hatte.

Als Wilhelm im September aus der Flußmündung in den Ärmelkanal segelte, trieb der Wind sie den Kanal hoch; nur mit Mühe und unter kostspieliger Verspätung und einigen Verlusten sammelte er seine Flotte erneut bei Saint-Valéry an der Somme. Zwischenzeitlich kam ihm König Harald III. von Norwegen zuvor: Er landete, mit dem abtrünnigen Bruder König Harolds II., Tostig, vereint, in Nordengland und zwang am Donnerstag, dem 20. September 1066 ein lokales Truppenaufgebot in einer siegreichen Schlacht nieder. Als er sich dann auf den Zug nach Süden vorbereitete, sah er seine Pläne durch das völlig überraschende Auftauchen des englischen Königs durchkreuzt. Dieser war auf einem Gewaltmarsch wahrscheinlich aus dem Süden Englands herbeigeeilt, zwang die Norweger ohne langes Zögern zum Kampf und schlug sie am 25. September bei Stamford Bridge in Yorkshire, wobei sowohl Harold III. als auch Tostig den Tod fanden.

Drei Tage später landete Wilhelm an der Südostküste Englands, nahm die Ortschaften Pevensey und Hastings kampflos ein und verschanzte sich auf dem Küstenstreifen. Am 13. Oktober erschien König Harold II. überraschenderweise aus dem angrenzenden Wald und ging in Verteidigungsstellung. Am nächsten Tag fand die Schlacht von Hastings statt, bei der zunächst Harolds Brüder Gyrth und Leofwine und dann er selbst fielen; da gaben die Engländer auf. Zu Weihnachten 1066 wurde Herzog Wilhelm von der Normandie in der Westminster Abbey zu London von Lanfranc persönlich als Wilhelm I. von England zum König gekrönt. Stigand von Winton, Erzbischof von Canterbury, wurde abgesetzt, und Lanfranc von Caen übernahm 1070 für den Papst die Kirche von England als neuer Metropolit von Canterbury und Primas von England.

Das war der vierte Heilige Krieg unter dem fünften Petrus-Banner des Papsttums nach dem von 1024 (Polen), 1059 (Apulien und Kalabrien), 1063 (Sizilien) und 1063 (Aragón). Und jedesmal ging es um Christen gegen Christen – Christen des Papsttums gegen für ketzerisch erklärte Christen:

● 1024 ging es darum, daß die Krönung des ersten Königs von Polen – nicht wie beim ersten König von Ungarn im Jahre 1000 – Sache des Papstes als Stellvertreter Gottes auf Erden sollte, zumal es damals – nicht wie im Jahr 1000 – keinen römischen Kaiser gab;

● 1059 sollte unter dem päpstlichen Legaten und Erzbischof für Apulien und Kalabrien, Humbert, dieses Gebiet dem romanischen Kaiser entrissen werden;

● 1063 sollte Sizilien in konsequenter Rechtsfolge vom romanischen Kaiser und seiner griechischen Kirche auf den Papst übergehen, selbst der heilige Georg der griechischen Kirche wurde anstelle des Erzengels Michael übernommen;

● 1063 sollte ›Kaiser‹ Ferdinand von Kastilien bekämpft und das

Land Aragón zum päpstlichen Lehen erklärt werden, was 1068 auch gelang;

● 1066 sollte England dem Papsttum unterworfen und die keltische Kirche beseitigt werden, was 1070 vollendet werden konnte.

GEGEN KLEINASIEN

1055 hatte es in Bagdad einen Machtwechsel gegeben. Von dem Wesir des Kalifen al-Kâ'im herbeigerufen, um die trostlosen Verhältnisse in der Reichshauptstadt unter den letzten Buyiden zu steuern, zog der 65jährige Seldschuke Toghril-Beg im Jahre 1055 in Bagdad ein. Der buyidische Reichskanzler wurde festgenommen und der Herrschaft der Buyiden ein Ende bereitet. Ein Bündnis zwischen dem Kalifen und Toghril-Beg wurde durch die Heirat des Kalifen mit einer seldschukischen Prinzessin besiegelt. Dem Toghril-Beg wurde vom Kalifen der Titel Sultan als »König des Ostens und des Westens« verliehen, womit ausgedrückt war, daß er nunmehr die legitime ausführende Regierungsgewalt im islamischen Weltreich innehatte. Mit ihm löste die türkische Herrschaft die persische im Reich ab; die Araber hatten damit auch weiterhin nichts zu tun.

Der Kalif beauftragte seinen neuen Reichskanzler damit, die Besetzung der Grenzprovinzen des Reiches im Norden durch die Romanen zu beenden und diese von den Kaisern Nikephoros II., Johannes I. und Basileios II. eroberten Gebiete dem Kalifat wieder zuzuführen. Somit hatten die Seldschuken den »amtlichen« Auftrag, gegen die Romanen vorzugehen. Es handelte sich also weder um Raubzüge marodierender Nomaden noch um Einfälle landhungriger Scharen, die sich ein Reich schaffen wollten. Toghril war wegen der Bedrohung durch innere und äußere Gefahren nicht in der Lage, diesen Auftrag durchzuführen. In seinem Namen zerstörte 1055 der Statthalter von Dwin die Umgebung von Ani. Ein Jahr später fielen die Türken erneut in Armenien ein, plünderten Melitene und äscherten es ein.

Am 4. September 1063 starb der Reichskanzler Sultan Toghril etwa 73jährig in Rai. Zu seinem Nachfolger ernannte er seinen 33jährigen Neffen Alp-Arslan, den Sohn seines Bruders Tschagar-Beg. Dieser erhielt als Reichskanzler den Herrschernamen Diâ'-al-Dîn und als Reichsfürst den Titel 'Adud-al-Daula. Dennoch beharren alle abendländischen Historiker darauf, ihn mit seinem Geburtsnamen zu bezeichnen, obwohl sie Saladin (Salâh-al-Dîn) stets mit dem Herrschernamen erwähnen! In der gleichen Verstümmelung seines Namens zu Saladin müßte man Alp-Arslan in abendländischen Quellen konsequenterweise ›Diadin‹ nennen. Um sein Amt und die Beweggründe seiner Kriege neutral darstellen und verständlich machen zu können, werde ich zu diesem Mittel greifen und zur Verständlichmachung den Geburtsnamen in Klammern daneben setzen. Als erste Amtshandlung entließ er den Wesir seines Onkels 'Amid-al-Mulk und ersetzte ihn durch den eigenen Wesir Nizâm-al-Mulk.

Nach der Konsolidierung des Kalifats begann der neue Reichskanzler mit der Rückeroberung der vom Romanenkaiser annektierten Gebiete im Norden (Armenien) und Nordwesten. Die Einnahme von Ani, die Bezwingung des iberischen (georgischen) Königs Gurken, dessen Tochter die Frau des türkischen Siegers wurde, die Eroberung zahlreicher transkaukasischer Burgen und endlich die Unterwerfung des Fürsten Kadschik von Kars gehören in das zweite Regierungsjahr Diadins (1064). Der armenische Fürst von Kars trat den Anspruch auf sein Fürstentum dem romanischen Kaiser ab gegen die Schenkung einiger kleinasiatischer Gebiete in den Taurusbergen (Kappadokien). Von 1065 an wurde die große Grenzfestung Edessa (seit 1031 romanisch) alljährlich angegriffen; aber vorerst besaßen die Türken im Belagerungskrieg noch keine Erfahrung. Im Jahr 1066 besetzten sie die Pässe des Amanosgebirges in Kilikien nördlich von Aleppo, und vom eroberten Ani aus brachen sie im Frühjahr 1067 in die eigentlichen Reichsprovinzen Kleinasiens ein und erstürmten die kappadokische Hauptstadt Kaisareia/Caesarea.

Die katastrophale Lage in Kleinasien und der dortige Mangel an ausgebildeten Soldaten mußten über kurz oder lang zur Anwerbung von Söldnertruppen führen. Deshalb wurden mit Bedacht Normannen Richards von Capua ausgesucht, die sich unter der Führung des Roussel von Bailleul nach Konstantinopel begaben und sich dort in den Dienst der Regentschaft stellen sollten. Die Anregung hierzu hatten die Normannen selbst dem ›Reformpapsttum‹ gegeben: Im April 1064 nutzten die Romanen die Abwesenheit des Herzogs von Apulien, um seine Vasallen gegen ihn aufzuwiegeln. Durch Vermittlung von Perenos, dem romanischen Herzog von Dyrrhachion/Dyrrhachium (Durazzo/Durrës im heutigen Albanien) und mit Geld und Nachschub von jenseits des Adriatischen Meeres sowie unter der Führung des Joscelin, des Herrn von Molfetta, brach die Revolte aus. Als Robert bei seiner Rückkehr die rebellischen Vasallen bezwang, suchte Joscelin Zuflucht in den kaiserlichen Gebieten und wurde von Kaiser Konstantin X. zum Herzog von Korinth ernannt. Roussel von Bailleul könnte es also auch zu einer eigenen Herrschaft im Romanenreich bringen, jedoch als heimlicher Lehnsmann des Papstes.

Unter den Söldnertruppen des Romanenreichs stellten die kumanischen Türken unter Führung des gebürtigen Türken Joseph Tarchaniotes das größte Kontingent. Die Elitetruppe war die fränkische und normannische schwere Reiterei, die inzwischen dem Normannen Roussel von Bailleul unterstand. Er hatte es nämlich hervorragend verstanden, die vormaligen fränkischen Befehlshaber dieser Truppe, Hervé und Crispin, nacheinander wegen angeblichen offenen Verrats absetzen zu lassen. Somit erfüllte Roussel den ersten Teil des päpstlichen Planes, indem er sich für den Kaiser unentbehrlich machte.

Die Schlacht von Mantzikert

Nun marschierte Kaiser Romanos IV. Diogenes an der Spitze seiner Truppen im Frühjahr 1071 gen Osten, um dem Vordringen der Türken in die Ostprovinzen des Reiches Einhalt zu gebieten. Romanos überschritt den Sangariosfluß, dann den Halys, zog an den Trümmern von Kaisareia/Caesarea vorüber und erreichte in schnellen Märschen das von armenischen Machthabern befehligte Sebasteia (heute Sivas). Von hier nahm er den Weg nach Iberien, drang entlang des Südarms des oberen

Euphrat in Armenien ein, schlug sein Lager in der Nähe von Theodosiopolis (heute Erzurum, etwa 150 km nordwestlich von Mantzikert) auf und teilte dort das Heer in zwei Teile auf. Den größeren Teil, aus Franken, Normannen und Kumanen bestehend, sandte er unter Leitung seines Befehlshabers Joseph Tarchaniotes nach Khelat (heute Ahlat an der Nordküste des Van-Sees, 50 km südlich von Mantzikert), eine gut bewehrte, türkisch besetzte Festung. Er selbst brach mit seinem anderen Oberbefehlshaber, Nikephoros Bryennios, zur kleinen Festungsstadt Mantzikert (heute Malazgirt) auf, von der er annahm, sie würde keinen großen Widerstand leisten. Tatsächlich kapitulierte die Garnison von Mantzikert kampflos, um die Stadt vor Plünderung und Schlimmerem zu bewahren.

Was jedoch bei Khelat mit den Truppen des Tarchaniotes geschah, wissen wir nicht. Spätere arabische Chroniken berichten von einer offenen Feldschlacht, in welcher der Reichskanzler des Kalifats Diadin (Alp-Arslan) den entscheidenden Sieg davontrug; in den romanischen Quellen wird jedoch nichts dergleichen erwähnt. Attaleiates, der vertrauenswürdigste Chronist, schreibt lediglich, die Nachricht von der Ankunft des Sultans (Alp-Arslan) mit seinem neuen Heer habe genügt, um den »Halunken« Tarchaniotes samt Franken und Normannen Hals über Kopf flüchten zu lassen, seine Männer dicht hinter ihm. Sie hätten bis Melitene am Euphrat nicht angehalten und während des ganzen Feldzugs nicht mehr in das Geschehen eingegriffen.

Am Tag nach der Einnahme der Festung Mantzikert durch Kaiser Romanos wurden ein paar seiner Männer auf einem Erkundungsstreifzug von berittenen türkischen Bogenschützen überfallen und erlitten schwere Verluste. In der Annahme, er habe es nur mit einer Handvoll Plünderer zu tun, entsandte der Kaiser eine kleine Abordnung unter Bryennios, doch ein oder zwei Stunden später traf die Bitte um Verstärkung ein. Nach einigem Zögern sandte er eine um etliches größere Einheit unter der Führung des Armeniers Basilakios, des Oberbefehlshabers (Dux) von Theodosiopolis, zu Hilfe. Sie versuchten, die Bogenschützen zu verfolgen, wurden jedoch in eine Falle gelockt und umzingelt. Basilakios geriet in Gefangenschaft; nur wenige aus seinem Gefolge kamen mit dem Leben davon. Bryennios ritt mit dem gesamten rechten Flügel des Heeres erneut los, um seine Retter zu retten, und sah sich einem offenbar beträchtlichen Teil des türkischen Heeres gegenüber. Der Rückzug ins Lager erfolgte zwar geordnet, jedoch erlitt Bryennios dabei nicht weniger als drei Wunden, zwei von Pfeilen im Rücken und eine von einer Lanze in der Brust. Am nächsten Morgen erfuhren sie, daß ein großes Kontingent von türkischen Söldnern (Uzen) zum türkischen Feind übergelaufen war.

Ein, zwei Tage später traf eine Delegation ein, die einen Waffenstillstand vorschlug. Die romanischen Chroniken sprechen davon, offiziell habe es geheißen, sie komme vom Kalifen in Bagdad, aber in Tat und Wahrheit offensichtlich von Diadin (Alp-Arslan), der sie in der Hoffnung geschickt habe, man werde sie gnädiger empfangen, als wenn es hieße, sie komme von ihm. Der Grund für diese Verwirrung liegt in der Unkenntnis der Chroniken über die Entwicklung im Kalifenreich: Just zu Beginn der Initiative im Frühjahr 1071 hatte der Kalif in seiner Eigenschaft als *amîr-al-mu'minîn* (Beherrscher der Gläubigen, geistliches Oberhaupt des Gottesstaates) seinem Reichskanzler das neugeschaffene Amt des *amîr-al-muslimîn* (Beherrscher der Untertanen [des Gottesstaates], weltliches Oberhaupt der Bürger des Gottesstaates) übertragen. Der Titel Sultan, den er bislang benutzt hatte, entsprach etwa dem eines Kaisers, der obersten Gewalt, war jedoch nur von den Türken getragen worden. Der neue Titel machte ihn zum »arabischen« Herrscher. Die späteren Herrscher der Osmanen in Istanbul trugen beide Titel gleichzeitig: Sultan und Kalif. Damit vereinten sie die geistliche und weltliche Macht und errichteten erneut den Gottesstaat. Die Delegation sprach in seinem Namen/Amt, wenn auch der Kaiser dieses Amt noch gar nicht kannte. Jedenfalls entließ er die Gesandtschaft mit einem Minimum an Höflichkeit und machte sich zur Schlacht bereit. Von dem Verbleib der Heereshälfte, die er gegen Khelat gesandt hatte, wußte er nichts, mußte jedoch davon ausgehen, daß sie sich rechtzeitig zur Schlacht einfinden würde.

Romanos ritt mit seinen Truppen in Richtung Südwesten, um

die beiden Teile seines Heeres zu vereinigen, ehe die Türken zur Stelle waren. Aber er vergaß den obersten Grundsatz der romanischen Taktik: Er sandte keine Späher aus. Am Freitagnachmittag, dem 26. August 1071, als er in einem Tal nahe der Straße nach Khelat lag, fiel Diadin (Alp-Arslan) über ihn her. Der Ausgang war nicht zu bezweifeln. Romanos selbst kämpfte heldenhaft; aber Andronikos Dukas, der erkannte, daß die Sache verloren war, und voraussah, daß sich der folgende Akt des Dramas in Konstantinopel abspielen werde, zog die unter seinem Befehl stehenden Reservetruppen vom Schlachtfeld ab und überließ den Kaiser seinem Schicksal. Als der Abend kam, war das römische Heer vernichtet, Romanos verwundet und in Gefangenschaft geraten.

Als Diadin (Alp-Arslan) sich durch Zeugnis des Gefangenen Basilakios vergewisserte, daß der erschöpfte Gefangene, den man ihm zu Füßen warf, tatsächlich der romanische Kaiser war, befahl er diesem, ihm zu huldigen: den Boden vor seinen Füßen zu küssen, um sodann den Fuß des Siegers auf seinen Nacken zu setzen. Danach half er Romanos sogleich auf die Beine, forderte ihn auf, sich neben ihn zu setzen, und versicherte ihm, daß er mit allem seinem Rang gebührenden Respekt behandelt werde. Während der nächsten Woche blieb der Kaiser Gast im türkischen Lager und speiste an des »arabischen« Herrschers Tafel. Am Ende der vorgeschriebenen Ritterlichkeit stellte Diadin (Alp-Arslan) seine Bedingungen für die Freilassung des Kaisers: die Aufgabe von Mantzikert, Antiocheia, Edessa und Hierapolis sowie eine Tochter des Kaisers als Braut für seinen Sohn. Blieb nur noch die Frage des Lösegelds. Zuerst schlug Diadin zehn Millionen Goldstücke vor. Als Romanos einwandte, die Staatskasse verfüge bei weitem nicht über eine solche Summe, kürzte der Sultan seine Forderung bereitwillig auf anderthalb Millionen und einen jährlichen Tribut von 360.000 Goldstücken. Er bestand außerdem darauf, daß Romanos unverzüglich nach Konstantinopel zurückkehre, weil sonst die Gefahr bestand, daß er während seiner Abwesenheit abgesetzt würde und sein Nachfolger die Gültigkeit ihrer Übereinkunft höchstwahrscheinlich nicht anerkannte. So geschah es, daß sich Romanos nur eine Woche nach der Schlacht Anfang September auf die Heimreise machte. Diadin (Alp-Arslan) begleitete ihn auf dem ersten Abschnitt und gab ihm für den Rest des Weges zwei Emire und hundert Mamluken als Eskorte mit.

Diadin (Alp-Arslan) hatte sein Ziel erreicht. Seine Flanke war geschützt, und er hatte die Gefahr eines romanisch-fatimidischen Bündnisses abgewendet. Alles, was er vom gefangenen Kaiser verlangte, war die Räumung Armeniens und ein hohes Lösegeld für seine eigene Person. Diadin (Alp-Arslan) hielt die Herrschaft über die verschiedenen, oft verfeindeten Stämme seines türkischen Volkes im Osten nur lose in der Hand, und nur zeitweilig, nach Niederwerfung und Bestrafung einer ausgebrochenen Rebellion, war er wirklicher Herr über diese oder jene Provinz. Es galt, überall als Oberherr anerkannt zu werden, die Gaben der verschiedenen Fürsten und den Tribut der eingeschüchterten Nachbarn des Kalifats zu empfangen und nach Bagdad weiterzuleiten.

Andronikos Dukas erreichte mit seinen Reservetruppen Konstantinopel, auch die ›Frankopolen‹, die fränkischen und normannischen Söldner unter Roussel von Bailleul, erreichten unversehrt die Hauptstadt. Eine Atmosphäre der Ungewißheit und Unentschlossenheit herrschte nun am Hof. Der rechtmäßige Thronfolger Michael war zwölf Jahre alt und benötigte weiterhin einen Vormund, seine Mutter Kaiserin Eudokia. Der Caesar Johannes Dukas kehrte eiligst aus Bithynien zurück und wußte die Warägergarde hinter sich. Er teilte die Wache in zwei Gruppen; die eine Hälfte stürmte unter dem Befehl seines Sohnes Andronikos den Palast und rief Michael zum Kaiser aus; die andere marschierte direkt zu den Gemächern der Kaiserin und nahm sie fest. Eudokias Sohn wurde für mündig erklärt und am 24. Oktober 1071 in aller Feierlichkeit vom Patriarchen in der Hagia Sophia als Kaiser Michael VII. Dukas gekrönt.

In der Provinz Zem wurde ein gefangener Charezmerführer vor Diadin (Alp-Arslan) gebracht. Als der Reichskanzler ihm Vorwürfe machte und mit Bestrafung drohte, durchbohrte ihm der Gefangene am 18. September 1072 die Brust mit einem Dolch. Ohne irgendeiner Schwierigkeit zu begegnen, erbte der

17jährige Malik-Schah die seldschukische Macht und das Reichs-kanzleramt. Der Kalif al-Kâ'im verlieh ihm Ende des Jahres neben dem Rang eines Amîr-el-muslimîn den Herrschernamen Dschelâl-al-Dîn und als Reichsfürst den Titel Dschelâl-al-Daula. Wir sollten ihn deshalb von nun an konsequenterweise ›Dscheladin‹ nennen und nicht mit seinem Geburtsnamen bezeichnen. Der eigentliche Herrscher des Kalifats war jedoch der 53jährige Großwesier Nizâm-al-Mulk (mit Geburtsnamen Hassan ibn Ali). Dscheladin (Malik-Schah) übertrug 1073 die Rückeroberung der von den romanischen Kaisern annektierten Gebiete des Kalifats seinem Vetter Suleiman ibn Kutulmisch.

Hildebrand als Papst Gregor VII.

Am 21. April 1073 starb Papst Alexander II. in Rom. Von der ›Reformpartei‹ war nur noch deren Initiator und Architekt übriggeblieben, der 52jährige Kanzler der Kirche, Hildebrand.

Der 1020 Geborene entstammte einem langobardischen Elternhaus in Soana (Tuszien). Er war als Kind nach Rom zu einem Oheim, dem Abt von S. Maria auf dem Aventin, in die Obhut gekommen, wo er seine Erziehung erhielt. Das Kloster wirkte im Geiste Romualds von Ravenna, des Gründers der Kamaldulenser, der Eremitentum und Zönobitentum vereint hatte. Anschließend setzte er seine Studien an der Schola Cantorum im Lateran fort. Einer seiner dortigen Lehrer war Johannes Gratian, der spätere Papst Gregor VI., ebenfalls Schüler des Romuald von Ravenna. Nach dem Empfang der niederen Weihen 1045 war er Kaplan Gregors VI. geworden, den er 1046 ins Exil nach Köln begleitete. Nach dem Tode Gregors VI. trat er in ein Kamaldulenserkloster ein, das im Geiste des Romuald von Ravenna arbeitete. Somit vereinte Hildebrand die Reformbewegungen Clunys und Camaldolis und übernahm als ›Reformpartei‹ die päpstliche Politik. Endziel war

● die Ausschaltung der Befugnisse des Kaisers, als Patricius die Papstwahl zu bestätigen,

- Rückführung des Patriziats nach Rom in die Familie der Tuskulaner, vertreten in der Person Hildebrands,

- die Behauptung des Primats des Papstes gegen die Ostkirche und den romanischen Kaiser.

Seitdem lenkte Hildebrand die Geschicke des Papsttums und nacheinander die Päpste Leo IX., Viktor II., Stephan IX. (X.), Nikolaus II. und Alexander II.

Am 22. April 1073 riefen enthusiastische Stimmen Hildebrand zum Papst aus; er wurde von den Kardinälen unter den Jubelrufen einer Volksmenge nach St. Peter in Vincoli geführt und dort zum Papst gewählt oder ernannt. Die Kardinäle verlasen das schon vorher verfertigte Wahldekret, und die dicht gescharte Volksmenge konnte dem Lobe beistimmen, welches die Tugenden des Gewählten pries. Hildebrand brauchte nun keine Rücksichten mehr zu nehmen. Es war an der Zeit, die von ihm angestrebten Ziele der ›Reformpartei‹ zu verwirklichen: den jahrhundertealten Caesaro-Papismus in einen Papo-Caesarismus zu verwandeln. War Heinrich III. der *Rex Sacerdos* gewesen, so wollte Hildebrand zum *Sacerdos Rex,* sogar *Imperator* werden. Kaum war er als Papst gewählt, als er den Kardinal Hugo als päpstlichen Legaten nach Spanien sandte. Aragón, Kastilien, León und Galicien waren nun päpstliche Lehen geworden, doch gab es noch weitere christliche Reiche in Nordspanien. Alfons wurde mit der Rioja- und der Baskenprovinz sowie Navarra päpstlich belehnt und beauftragt, diese der Oberherrlichkeit der Kirche von Rom zuzuführen. Er forderte die Fürsten der Christenheit auf, sich dem Heiligen Krieg in Nordspanien anzuschließen. Wiewohl er die Welt daran erinnerte, daß das spanische Königreich dem Patrimonium Petri gehöre, erklärte Gregor VII. doch, die christlichen Ritter dürften sich des Genusses aller jener Ländereien erfreuen, die sie eroberten. Er beanspruchte die Lehnshoheit über Böhmen, weil Alexander II. dem Herzog Wratislaw den Gebrauch einer Mitra zugestanden hatte; über Rußland, weil der flüchtige Fürst von Nowgorod das Grab Petri besucht und ihm sein Land zu Lehen aufgetragen habe; über Ungarn, weil Heinrich III. die eroberte Reichslanze und Krone jenes Landes als Weihegeschenk St. Peter gestiftet habe. Er stellte dieselben Forderungen an Korsika und Sardinien, an Dalmatien und Kroatien, an Polen, an Skandinavien und England. Selbst in Dänemark und in Frankreich forderte er die jeweiligen Herrscher auf, ihm den Vasalleneid zu leisten. Europa sollte zu einem Kirchenstaat, ja Gottesstaat werden unter Führung des Papstes als einzigem Stellvertreter Gottes auf Erden. Aber vor allem gab er dem Führer der Frankopolen, dem Normannen Roussel von Bailleul, grünes Licht für die zweite Phase der Operation gegen den romanischen Kaiser.

Gegen die Türkeninvasion ernannte der 14jährige Kaiser Michael den Komnenen Isaak zum Verteidiger der bedrohten östlichen Grenze und verlieh ihm den Titel eines selbständigen Domestikos der Heerscharen des Ostens. Ihm gab der Kaiser auch das fränkisch-normannische Regiment unter der Führung des Normannen Roussel von Bailleul nebst einem kleinen eingeborenen Heer. Begleitet wurde Isaak von seinem 25jährigen Bruder Alexios, der seit 1068 militärische Erfahrungen gesammelt hatte. Bei Kaisareia/Caesarea in Kappadokien rastete das Heer, während Roussel mit seinen Frankopolen auf Melitene zustrebte. Jetzt enthüllte Roussel seine wahren Absichten. Er hatte dreitausend Mann um sich; sie waren ihm unverbrüchlich ergeben, wohlgerüstet und gut ausgebildet. Mit ihnen eroberte Roussel die Provinz Galatien, bestehend aus Lykaonien und Paphlagonien in Kleinasien. Dort machte er sich als päpstlicher Vasall selbständig.

Dem Kaiser erschien Roussel von Bailleul nun gefährlicher als die Türken. Denn ein regelrechter Kriegszustand mit dem Kalifat bestand nicht; ausdrücklich erklärte General Nikephoros Bryennios, daß zwischen dem Reich und dem großen *Basileùs Persôn* (Kalifen), der jenseits der armenischen Höhen und des breiten Euphrat regierte, noch Friede bestand. Roussel jedoch riegelte mit seinem für selbständig erklärten Gebiet Mittelanatolien ab. In dem Raum östlich davon hatte bereits 1072 der Armenier Vahram (die Griechen nennen ihn Philaretos), Statthalter von Germanikeia, sich als selbständig erklärt; nun machte er sich daran, die wichtigsten Städte Kilikiens, Tarsos, Mamistra und Anazarbos, zu erobern. Der Kaiser kratzte alle Truppen zusammen, die er auftreiben konnte, und schickte sie unter Führung seines Onkels, des Caesars Johannes Dukas, ins Feld. Kaum hatten diese den Sangaris überschritten, trat ihnen Roussel bei Amorium entgegen, schlug sie ohne Mühe in die Flucht und nahm den Caesar gefangen. Um diese Zeit befand sich der päpstliche Legat Dominicus von Grado mit dem Doppelauftrag bei Roussel, diesem das Petrus-Banner zu überbringen und sich nach der politischen Lage auf der Pilgerroute ins Heilige Land zu erkundigen. Hier reifte die Idee, den besiegten Prinzen zum Gegenkaiser von Papstes Gnaden auszurufen und ihm zum Thron von Konstantinopel zu verhelfen. Der Caesar Johannes Dukas war fern davon, sich dem Schicksalswechsel zu widersetzen, wenn er nicht gar Roussels Vorschlag herausgefordert hatte.

Roussel marschierte im Herbst 1073 mit seinem Gegenkaiser auf Konstantinopel zu und gelangte ungehindert zur asiatischen Küste des Bosporus, als der 14jährige Kaiser Michael VII. gerade mit Maria von Alania in der Hagia Sophia vermählt wurde. Papst Gregor VII. kehrte nach Rom zurück und fand dort seinen Legaten Dominicus von Grado vor. Sein Bericht war präzise und zeugte von wachem politischen Verstand. Der Pilgerverkehr, eine Domäne der Benediktiner, war noch immer ungestört und das Heilige Land den Pilgern nicht verschlossen. Zwar waren die Romanen ›Irrgläubige‹, dennoch behandelten sie die Pilger mit Nachsicht und Wohlwollen, wurde berichtet. Roussel habe mit seinem päpstlichen Lehen Galatia Mittelanatolien für den Westen gesichert. Doch der ›ketzerische‹ Armenier Vahram/ Philaretos in Germanikeia könne ein ernsthaftes Problem werden, da er die Kilikische Pforte beherrsche und jederzeit den Pilgerverkehr untersagen könne. Zumal er separatistische Patriarchate des armenischen Ritus im Reich begründet hatte, nämlich in Honi und Germanikeia. Roussel benötige entsprechende Unterstützung, um diesen Weg durch Beseitigung des möglichen Rivalen zu sichern.

GEGEN ROBERT GUISKARD

Anfang 1074 waren päpstliche Boten zu Beatrix von Tuszien unterwegs in den Norden, die den Aufruf an ihren Schwiegersohn Gottfried III. den Bucklichen von Niederlothringen weiterleiten sollte, ebenso zu Azzo, Markgraf von Este, zu Wilhelm, Graf von Burgund, und von diesem an Raimund, Markgraf der Provence, und Amadeus, Graf von Savoyen. Der Papst ließ keinen Zweifel an seinen Absichten und legte auch die Reihenfolge fest, in der sie verwirklicht werden sollten. Wie er sorgfältig betonte, rief er dieses große Heer nicht zusammen, um christliches Blut zu vergießen, im Gegenteil, er hoffe, so schrieb er, das Vorhandensein dieses Heeres werde die Feinde abschrecken. »Außerdem«, fügte er hinzu, »hoffen Wir, daß weiter Gutes daraus erwächst, indem, wenn erst die Normannen besiegt sind, Wir jenen Christen in Konstantinopel zu Hilfe kommen können, die, durch sehr häufige Sarazenenangriffe bedrängt, Unsere Hilfe flehentlich erbitten.«

Warum ein Heiliger Krieg gegen Guiskard?

Den Sommer 1072 verbrachte Robert Guiskard in Palermo und ließ sich in die arabische Verwaltung einführen. Er fand eine fortschrittlich organisierte Gemeinde vor und behielt deren Verwaltung unter seiner Herrschaft bei. Selbst das von ihm eingesetzte normannische Oberhaupt, das Palermo in seinem Namen regieren sollte, erhielt den Titel Emir. Gegen Ende des Sommers berief der Herzog eine Versammlung aller arabischen Notabeln der Stadt ein. Er erinnerte sie daran, daß die Stadt geschont und nicht geplündert bzw. gebrandschatzt worden sei, daß jedoch die Belagerung und Einnahme eine kostspielige Sache gewesen sei. Seine Zuhörer verstanden ihn. Es war nicht nötig, mit Härte gegen sie vorzugehen, zumal sie dem neuen Herrscher gehuldigt und den Treueid geleistet hatten. Als Robert Palermo im Herbst verließ, waren seine Truppen durch sizilianische Araber verstärkt und seine Schatztruhen wieder gefüllt. Er ritt geradewegs nach Melfi, der Hauptstadt der normannischen Grafschaft Apulien, wohin alle Vasallen einberufen worden waren.

Zu Beginn des Jahres 1073 führte Robert sein Heer gegen die rebellischen Vasallen in Apulien zur adriatischen Küste. Trani fiel am 2. Februar, Corato, Giovinazzo, Bisceglie und Andria wurden in schneller Folge erobert, die Rebellenführer Hermann und Peter von Trani gefangengenommen und eingekerkert. Hier erreichte ihn ein Bote des 14jährigen romanischen Kaisers Michael VII. Dukas. Dieser hatte die Nachricht von der Eroberung Palermos erhalten und begriffen, daß Robert Guiskard ein ernstzunehmender Gegner war. Nach dem Prinzip, wen man nicht besiegen kann, mit dem verbünde man sich, schlug der Kaiser dem Normannen eine militärische Allianz gegen die Slawen von Zeta (heute Montenegro) vor; als Gegenleistung bot er die Vermählung seines in Purpur geborenen Bruders (Andronikos oder Konstantin) mit einer Tochter Roberts (er hatte davon wenigstens sieben) an. Aus der Erfahrung, man solle nicht das erste Angebot annehmen, ließ Guiskard den kaiserlichen Brief unbeantwortet und wandte im März seine Aufmerksamkeit der kleinen Stadt Cisternino zu. Mit ihrer Einnahme war die apulische Erhebung – in weniger als drei Monaten – niedergeschlagen. Canosa, wo Richard von Capua einige Zeit zuvor eine Garnison stationiert hatte, ergab sich fast widerstandslos. Guiskard kehrte im Triumph nach Trani zurück.

Hier erkrankte der 56jährige Robert Guiskard plötzlich aufs schwerste. In der Hoffnung, daß ein Klimawechsel ihm helfen werde, ließ er sich nach Bari tragen. Aber sein Zustand verschlechterte sich. Eilig rief seine Gattin, Sichelgaita, seine Vasallen und so viele normannische Ritter zusammen, wie sie auftreiben konnte, und veranlaßte sie, ihren 13jährigen ältesten Sohn Roger zum Nachfolger ihres Mannes zu wählen. Mit nur einer Neinstimme wurde er gewählt. Als die Vasallen nach der Erfüllung ihrer Pflicht von ihrem mächtigen Anführer Abschied nahmen, schienen seine Stunden gezählt zu sein. Doch zuvor starb am 21. April 1073 Papst Alexander II. in Rom. Am 22. April wurde Hildebrand zum Papst gewählt.

Die Nachricht von Robert Guiskards Tod erreichte Rom Ende April, und Hildebrand empfand dabei heimliche Erleichterung. Er hatte dem Vasallen schon lange mißtraut, insbesondere nach den Berichten über die Toleranz des Normannenfürsten gegenüber Andersgläubigen in Sizilien. Der Papst hatte den Heiligen Krieg nicht ausgerufen, um Abweichler und Irrgläubige in ihrem falschen Glauben zu bestärken, sondern sie zum wahren Glauben zu führen. Jetzt galt es, den Nachfolger Guiskards fest an die Kandare zu nehmen. Eine der ersten Amtshandlungen des gewählten Papstes war, Anfang Mai einen Kondolenzbrief an Roberts Witwe Sichelgaita zu schreiben, in dem er sie aufforderte, ihr Sohn möge der Kirche den Lehnseid leisten, damit er »alle die Dinge aus ihrer Hand (empfange), die sein Vater von dem Papst, der Unser Vorgänger war, zu Lehen erhalten hat«, ebenfalls bekomme. Zwei Wochen später erhielt Hildebrand eine Antwort auf seinen Brief an Sichelgaita, nicht von der trauernden Witwe, sondern von Robert Guiskard persönlich, der sich nunmehr auf dem Wege der völligen Wiederherstellung seiner Gesundheit befand.

Außenpolitisch war die romanische Herrschaft auf der Balkanhalbinsel ins Wanken geraten. Im Gebiet des ehemaligen Zarenreiches Samuels war 1072 ein neuer Aufstand ausgebrochen, der bei dem unabhängigen Fürstentum von Zeta einen starken Rückhalt fand. Konstantin Bodin, der Sohn des Fürsten Michael von Zeta, wurde in Prizren zum Zaren ausgerufen. An der Adriaküste büßte Romania seine Position immer weiter ein. Die Anerkennung der romanischen Oberhoheit, zu der sich Kroatien gegenüber Basileios II. verpflichten mußte, dauerte nicht lange, denn Peter Krešimir IV. erweiterte die Grenzen seines Reiches. Und hinter allen antiromanischen Entwicklungen auf dem Balkan war die Handschrift des Papstes erkennbar. Das war auch der Grund, warum der Kaiser dem Normannen Robert Guiskard ein Bündnis vorgeschlagen hatte. Da dieser auf das kaiserliche Schreiben nicht reagiert hatte, griff Michael zu einem besonderen Schachzug, um Zeit zu gewinnen, bis das Bündnis mit dem Normannen zustande kommen konnte: Der Kaiser sandte dem neuen Papst ein Glückwunschschreiben, worin er seinen Wunsch nach engerer Verbindung andeutete. Dann eroberte Roussel von Bailleul die Provinz Galatien und machte sich dort selbständig.

Heinrich IV. hatte aus dem Osten die Kunde vernommen, daß Boleslaw von Polen in Böhmen eingefallen sei, und der 22jährige König rief zur Heerfahrt gegen den Unruhestifter auf. Gerade jetzt wollte König Heinrich keinen Zwei-Fronten-Krieg führen. Wie sollte er einen neuen Papst bestellen und durchsetzen, wenn er im eigenen Deutschland kein unumstrittener Herr war? So schickte er den Grafen Eberhard nach Rom, den Wahlvorgang zu untersuchen. Die Gegenpartei hatte keinen Vorschlag für die Wahl des Papstes gemacht und sich lediglich mit der Beanstandung der Wahl Hildebrands begnügt. Dem Patricius der Römer blieb die Bestätigung oder Ablehnung des inzwischen gewählten Papstes. So wichtig war ihm das gute Einvernehmen mit der Kurie, um dem rebellischen deutschen Adel keinen Verbündeten hinter seinem Rücken zu bieten, daß er sogar in der Mailänder Angelegenheit nachgab und den Papst bat, das Problem zu regeln. Hildebrand betrachtete dies als Verzicht Heinrichs auf das Recht zur Investitur, was der vollständige Sieg des Papsttums über den deutschen König als Patrizier der Römer bedeutete.

Am 29. Juni wurde die Wahl bestätigt und am 30. Juni 1073 Hildebrand als Gregor VII. in der Basilika des heiligen Petrus geweiht und inthronisiert, im Beisein des kaiserlichen Kanzlers Italiens, in Gegenwart der Markgräfin Beatrix von Tuszien und der Kaiserin Agnes. (Später behaupteten die Chronisten, Gregor sei per Akklamation am 22. April vom Volk gewählt, seine Weihe habe er aus Ehrfurcht vor den Aposteln Peter und Paul bis nach deren Festtag am 29. Juni verschoben.) Im Juli 1073 erreichte das geheime und dringende Schreiben Kaiser Michaels VII. den Papst in Rom. Darin sah Gregor ein göttliches Zeichen, daß er auf dem rechten Weg war, die Kirchenunion auf der Basis der römischen Weltherrschaft zu erzielen. Der größte Widersacher des

Papsttums, der romanische Kaiser, streckte seine Hand aus und deutete eine Revision seiner bisherigen Einstellung an! Jetzt galt es erst recht, die Schwäche des Gegners auszunutzen. Der Kroatenkönig machte diesem als Verbündeter des Papstes den Balkan streitig und Roussel von Bailleul müßte bald Erfolgsmeldungen bringen. Nur Robert Guiskard in Apulien bereitete dem Papst Kopfzerbrechen, denn Gregor hatte von dem Schreiben des Kaisers an diesen Vasallen des Papstes durch eigene Spione in der Gefolgschaft des Herzogs Kenntnis erhalten und beschlossen, diesem zu mißtrauen. Was wäre, wenn der Normanne sich mit den ehemaligen romanischen Besitzungen in Süditalien vom Kaiser belehnen ließe? Um sich mit dem Kaiser zu besprechen, entsandte er Dominicus von Grado als Legaten nach Konstantinopel, dies war jedoch eine Tarnung für den Auftrag des Legaten an Roussel, die Übergabe des Petrus-Banners und die Belehnung des Normannen mit Galatien als päpstliches Lehen.

Durch die neue Gefahr des rebellischen Roussel von Bailleul besorgt, versuchte Kaiser Michael VII. ein zweites Mal, durch ein Bündnis mit Robert Guiskard den Rücken im Westen frei zu bekommen. Sein Benehmen war diesmal viel weniger gönnerhaft, er nahm sogar Zuflucht zur Schmeichelei und ging so weit, sich selbst mit dem Herzog von Apulien zu vergleichen. Dann folgte eine lange Lobrede auf seinen Bruder, der anscheinend ein Ausbund an Weisheit und Tugend war »und so schön, wenn man schon von solchen Eigenschaften sprechen muß, daß er als Statue das Kaiserreich personifizieren könnte«, im Purpur geboren und daher in jeder Hinsicht der ideale Gatte für eine – und zwar die schönste, wie er nun sorgfältig vermerkte – von Roberts Töchtern. Als Brief betrachtet, war dieser ergötzlicher als der vorige, dennoch beantwortete Guiskard ihn nicht.

Die Nachricht von der erneuten Annäherung zwischen dem romanischen Kaiser und dem päpstlichen Vasallen beunruhigte Papst Gregor VII., und er beschloß, dem einen Riegel vorzuschieben. Über seinen Legaten für das normannische Süditalien, Abt Desiderius von Monte Cairo (heute Monte Cassino), wurde der normannische Vasall zu einer Zusammenkunft für den 10. August 1073 nach Benevent bestellt. Robert wußte wohl, worum es ging, aber er wollte die beiden Mächte – Papst und Kaiser – reizen, um Vorteile auszuhandeln. Gregor wünschte Robert in seinem Palast in Benevent zu empfangen. Das war dem Herzog zu riskant, denn er fürchtete einen Mordanschlag; daher weigerte er sich, seinen Fuß in die Stadt zu setzen, und schlug vor, daß die Zusammenkunft außerhalb der Mauern stattfinden solle. Zwischenzeitlich empfing der Papst den Dienstmanneneid des Langobarden Landulf IV. von Benevent.

Der Papst weigerte sich, Robert Guiskard vor der Stadt zu treffen; er war der Herr der Welt und einziger rechtmäßiger Stellvertreter Gottes auf Erden und ließ sich deshalb nichts von einem Söldnerhäuptling vorschreiben. Danach reiste der Papst im September nach Capua weiter, wo er die Huldigung des Fürsten Richard von Capua entgegennahm und diesen in allen seinen Lehen bestätigte. Richard verpflichtete sich, den Kirchenstaat und das Wahldekret zu schützen. Gregor sah sich auf dem Zenit seiner Macht, denn sowohl der romanische Kaiser als auch der deutsche König wandten sich an ihn.

Papst Gregor VII. kehrte nach Rom zurück und fand dort seinen Legaten Dominicus von Grado vor. Just zu dieser Zeit erhielt der Papst die Nachricht, daß sich Amalfi nach dem Tode Herzog Sergius', der nur ein Kind hinterließ, freiwillig dem Herzog von Apulien unterstellt hatte. Und da dieser seinen Schwager Gisulf von Salerno, den einzigen sonstigen Vasallen des Papstes im Süden neben Richard von Capua, haßte und verachtete, war es Gregor VII. völlig klar, daß Salerno das nächste Ziel des machthungrigen Rebellen Robert Guiskard war. Er mußte unverzüglich gestoppt werden.

So rief Gregor VII. zu einem großen Heereszug auf, um die Normannen zu besiegen, die bislang die Soldaten Christi des Heiligen Stuhls waren, also gegen wahre Christen im Sinne der römisch-lateinischen Kirche. Alle Heiligen Kriege, die vom Papsttum bisher ausgerufen worden waren, betrafen Christen, die als Ketzer deklariert worden waren. Um diesen Krieg »ohne christliches Blut zu vergießen« zu führen, müßten die Normannen für

Ketzer erklärt werden, erst dann wäre der Heilige Krieg gegen sie legitimiert. Und das holte der Papst unverzüglich nach, indem er im Februar 1074 den Herzog von Apulien exkommunizierte. Da fand der Papst, wie 1064 Papst Alexander II., einen neuen Feind, den zu bekämpfen die Pflicht des Christen sei: die Juden. Aus der Offenbarung des Johannes 2,9, holte er das furchtbare Schlagwort von der »Synagoge Satans« hervor und dogmatisierte es geradezu.

Der Hof zu Konstantinopel, der zunächst den erlauchten Gefangenen Caesar Johannes Dukas zu befreien und gegebenenfalls auszulösen suchte, sah sich nun mit dem Militäraufstand eines Usurpators konfrontiert, der sich die Unterstützung des fränkisch-normannischen Regiments gesichert hatte. Langsam erkannten die Romanen das Muster der päpstlichen Politik. Erst wurden die romanischen Besitzungen des Reiches in Süditalien und Sizilien durch die Normannen für den Papst gewonnen, dann gründete ein weiterer Normanne einen unabhängigen Staat auf dem Boden des romanischen Reiches selbst, und nun schickte sich der Papst an, einen ihm hörigen Kaiser in Konstantinopel zu installieren. Weder der Westen noch der Papst waren die richtige Adresse für einen Hilferuf des Kaisers gegen Roussel. Es blieb nur eine Richtung offen: das Kalifat. Also schickte der Kaiser eine Gesandtschaft an Sultan Suleiman. Mit Zustimmung seines obersten Herrn, des Reichskanzlers Dscheladin (Malik-Schah) versprach Suleiman, Hilfe zu leisten, verlangte jedoch als Entgelt die förmliche Abtretung der anatolischen Provinzen, die er bereits besetzt hielt.

Roussel kehrte von der asiatischen Küste des Bosporus um, um sich Suleimans Truppen entgegenzustellen. Zwar siegte der Normanne in dem neuen Kampf, wurde jedoch letztendlich gefangengenommen. Aber er kaufte sich einfach los. Und bald stießen türkische Truppen und Frankonormannen in diesen Gegenden aufs neue zusammen. Diesmal wurden Roussels Truppen am Berg Sophon in Kappadokien von den Türken umzingelt. Ihm selbst gelang es, mit einer Handvoll Leuten zu entkommen. Er setzte sich weiter nordöstlich, in Amasea, fest. Die dortige armenische Bevölkerung, die nicht der rechtgläubigen Kirche Konstantinopels angehörte, sah in ihm den Befreier und hielt treu zu ihm.

Am 1. März 1074 konnte der 53jährige Papst Gregor VII. der Welt verkünden, daß er den von ihm ausgerufenen Kriegszug selbst führen werde. Am 9. März eröffnete er die Fastensynode, auch hier erklärte er, daß sein Heer sich im kommenden Juni nahe Viterbo sammeln und von dort aus gegen den Herzog von Apulien und seine Anhänger zu Felde ziehen werde. Daraufhin weigerte sich der Metropolit Wibert von Ravenna, seine Vasallen zum beabsichtigten Normannenkrieg abzustellen, noch wollte er sie aufbieten, den rebellischen Grafen von Bagnorea zu züchtigen, da es sich bei beiden Aktionen um rechtgläubige Christen im Sinne der Kirche von Rom handelte. Enttäuscht über diese Reaktion aus Italien suchte der Papst neue Verbündete und richtete ein Schreiben an den König von Dänemark, in dem er ihn aufforderte, zur Unterstützung der Kirche herbeizukommen, wofür er ihm den Besitz einer Provinz in Süditalien versprach.

Nun entsandte der 15jährige Kaiser Michael VII. den 26jährigen Alexios Komnenos gegen Roussel. Zwischen Roussel und dem neuen türkischen Häuptling in der Nachbarschaft, Tutusch, dem Bruder Dscheladins (Malik-Schah), begannen lange Verhandlungen. Dem romanischen General gelang es, Roussel bei der Erlangung der Unterstützung Tutuschs zu überbieten. Von Alexios erhielt Tutusch den Lohn für den ausgelieferten Normannen. Doch die Bürger von Amasea gaben die Versuche zu seiner Rettung erst auf, als sie von seiner Blendung hörten. In Wahrheit jedoch konnte sich Alexios nicht dazu entschließen, ihn zu verstümmeln, sondern führte den teuer bezahlten Roussel nach Konstantinopel.

Als die Armenier erfuhren, daß der Papst zu einem Heereszug gegen die Sarazenen im Osten aufgerufen hatte, reiste ein Bischof der armenischen Kirche nach Rom, um den Papst für die armenische Sache zu gewinnen. Anfang Juni konnte Papst Gregor VII. am ciminischen Bergwald bei Viterbo mit Gisulf von Salerno und Richard von Capua die zahlreichen Truppen aus Italien und dem Gebiet nördlich der Alpen mustern. Diese bezeichnete er nun als *Militia Sancti Petri*, nannte sich selbst

Dux und modelte Petrus zum himmlischen Feldmarschall um. In pathetischer Siegesgewißheit schrieb er Briefe »aus dem Feldlager«. Wie er bei seinem Aufruf versichert hatte, wollte er tunlichst vermeiden, christliches Blut zu vergießen, und forderte deshalb Robert Guiskard aus einer Position der Stärke heraus auf, ihn in Benevent zu einer letzten Aussprache aufzusuchen. Roberts Antwort an den Papst war überschwenglich demütig. Sein Gewissen sei rein, er habe dem Papst niemals eine Beleidigung zugefügt oder sich ihm gegenüber ungehorsam gezeigt, und er werde sich selbstverständlich geehrt fühlen, sich, wo und wann es Seiner Heiligkeit gefalle, bei ihm einzufinden. Begleitet von einem großen bewaffneten Gefolge ritt er sodann nach Benevent.

Drei Tage wartete er an den Toren der Stadt, aber der Papst erschien nicht. Als die Pläne schon feststanden und das Heer für den von Gregor geplanten Angriff bereitstand, brach Uneinigkeit in seinen Rängen aus. Wieder einmal war das die Schuld Gisulfs von Salerno. In den vergangenen Jahren war das Verhalten seiner Schiffe auf See der Piraterie gefährlich nahegekommen. Den Einwohnern von Amalfi war es dabei wahrscheinlich am schlechtesten ergangen, aber auch viele Pisaner Schiffe hatten gelitten. Als sich daher das Pisaner Kontingent unter den Truppen des Papstes, das von den Markgräfinnen Beatrix und Mathilde gestellt worden war, urplötzlich Gisulf in Person gegenüber sah, ließ es keinen Zweifel an seiner Einstellung. Gregor beorderte den Fürsten von Salerno eiligst nach Rom, aber es war zu spät. Man hatte Partei ergriffen, und das Heer war entzweit. Innerhalb von Tagen war es zerfallen.

Für den Papst bedeutete das eine Katastrophe und, soweit es Guiskard betraf, eine schwere persönliche Demütigung. Alles schien sich gegen ihn verschworen zu haben. Das Heer, auf das er vertraut hatte, war auseinandergelaufen, ohne auch nur einen Fuß auf normannisches Gebiet gesetzt zu haben; der Kriegszug, den er Roussel von Bailleul so gut wie versprochen und für den er sein Ansehen eingesetzt hatte, war in weite Ferne gerückt. Durch die Ereignisse in Romania war der ganze Feldzug ohnehin längst überflüssig geworden: Sowohl sein Normanne als sein

Thronprätendent von Papstes Gnaden schmachteten inzwischen im Kerker.

Ferdinand Gregorovius behauptete 1890 in seiner *Geschichte der Stadt Rom im Mittelalter:* »Er (Gregor VII.) faßte den Plan, an der Spitze eines europäischen Heerbanns erst Normannen, Griechen und Sarazenen aus Italien zu jagen, dann Byzanz vor den Islamiten zu retten, der römischen Kirche zu unterwerfen und endlich das Kreuz in Jerusalem aufzupflanzen. Er schrieb an die Fürsten Italiens, an Wilhelm von Burgund, noch im Dezember 1074 an Heinrich, welchem er sagte, er selbst wolle der Führer des Kreuzzuges sein, ihm aber den Schutz der römischen Kirche überlassen.« Ihm folgt Aulo Engler 1988 in seinem *Canossa – Die große Täuschung* mit den Worten: »Und Gregor spann neue – eigentlich ganz alte – Pläne: die Befreiung Konstantinopels vom Druck der Heiden, von der Gefährdung durch den vorrückenden Islam. Natürlich standen da auch noch andere Gedanken im Hintergrund: die Überwindung des Schismas, die Überführung der Ostkirche in die Abhängigkeit von Rom, die ein wichtiger Schritt zur Durchsetzung des Primats des Bischofs von Rom und seiner Anerkennung als Oberhaupt der gesamten Christenheit gewesen wäre. Das ging aber nur auf militärischem Wege. Und hier wurde der Kaiser gebraucht, die militärische Kraft des Reiches. An der Spitze des Heeres wollte Gregor selbst nach Osten ziehen. Ein früher Kreuzzug also. Während seiner Abwesenheit sollte Heinrich IV. die westliche Christenheit führen, aber Statthalter sein, nicht wie bisher als selbständiger Kaiser, als weltlicher Herr, als Priesterkönig, sondern eben als Statthalter, als Beauftragter, als Vertreter des Papstes.«

An diesen beiden Beispielen kann der Leser erkennen, wie Geschichte manipuliert dargestellt werden kann, um bestimmte Tendenzen und Absichten zu untermauern. Kein Wort von einem Brief an Heinrich oder einem Zug gegen die Normannen bei Engler; Gregorovius will von einem Zug gegen Normannen, Griechen und Sarazenen in Italien wissen (dabei gab es keine Sarazenen oder Griechen [mehr] in Italien, und Richard von Capua war Normannenfürst des Papstes), von einem Aufpflanzen des Kreuzes in Jerusalem (dann müßte Jerusalem das Ziel der Kriegszuges gewesen sein!), von der Rettung Byzanz' vor den Islamiten. Dabei hatte gerade der Kaiser von Byzanz die ›Islamiten‹ zu Hilfe gerufen gegen einen Normannen des Papstes. Obendrein soll das päpstliche Schreiben an Heinrich im Dezember 1074 erfolgt sein, dabei war der Kriegszug bereits im Juni 1074 abgeblasen worden! Sollte sich der große Gregorovius mit dem Datum vertan und 1073 gemeint haben? Da war noch kein Aufruf zum Kriegszug ergangen, und der entmachtete 23jährige Heinrich lag todsterbenskrank in der Nähe von Ladenburg. Engler macht aus Heinrich einen Kaiser zu einer Zeit, als es nicht einmal feststand, ob er als König überleben würde.

Seit Jahrhunderten trug Unteritalien bereits den Namen Magna Graecia (Großgriechenland), und während der hier behandelten Periode war es noch immer weit stärker von griechischem als von italienischem Geist geprägt. Die große Mehrheit der Bevölkerung sprach Griechisch als Muttersprache, was sogar heute noch in wenigen abgelegenen Dörfern der Fall ist. In beinahe allen Kirchen und in den meisten Klöstern wurde die Messe nach griechischem Ritus gelesen. Apulien und Kalabrien bezeichnete man wie in den Tagen der romanischen Herrschaft immer noch als ›Themen‹. In vielen größeren Gemeinden behielten die Regierenden alte romanische Titel bei, wie Strategos, Exarch und Katapan. Robert Guiskard förderte diese Entwicklung bewußt, da er sich als Nachfolger des romanischen Kaisers sah. Die zwei Annäherungsversuche des romanischen Kaisers im Jahr 1073 deutete er auch als Anerkennung seiner Nachfolge, was allmählich dazu führte, auf den romanischen Thron Ansprüche zu hegen.

Und nun schickte Kaiser Michael VII. den Philosophen Johannes Italos, der lateinisch sprechen konnte, Ende 1074 nach Melfi mit dem dritten Angebot an Robert Guiskard. Diesmal bot der Kaiser als Gegenleistung für eine militärische Allianz seinen eben von Maria von Alania geborenen Sohn Konstantin als künftigen Bräutigam an und vierundvierzig hohe romanische Ehrentitel obendrein, die Robert an Familienmitglieder und Bekannte verteilen könne und mit denen eine jährliche Zahlung von zweihundert Pfund Gold verbunden war.

Es hatte sich doch gelohnt, den Kaiser zappeln zu lassen! Nun zögerte Robert nicht länger. Die Thronfolge war zwar immer eine kitzlige Angelegenheit in Konstantinopel; es bestand jedoch kein Zweifel, daß der in Purpur geborene Sohn des Kaisers die besten Aussichten hatte, und die Gelegenheit, seine Tochter auf dem Thron von Romania zu sehen, wollte er keineswegs verpassen. Das Angebot der Ehrenposten war ihm auch willkommen, denn damit dokumentierte er, daß er der Rechtsnachfolger des romanischen Kaisers war. Vergessen wir nicht, daß Robert Guiskard sowohl in Süditalien als auch auf Sizilien den romanischen Jahresanfang vom 1. September beibehalten hatte, während das Jahr in Mittel- und Oberitalien am 25. März und in Deutschland am 25. Dezember begann. Er nahm Michaels Angebot an, und kurz darauf wurde die künftige Ehefrau nach Konstantinopel geschickt, wo sie am kaiserlichen *gynaikaion* weitergebildet werden sollte, bis ihr Bräutigam das heiratsfähige Alter erreichte. Kurz nach ihrem Eintreffen wurde sie in die rechtgläubige griechische Kirche aufgenommen und erhielt den griechischen Namen Helena.

Von den aufgeführten Heiligen Kriegen mit Petrus-Banner war kein einziger gegen Sarazenen oder Muslime gerichtet gewesen. Auch letzterer nicht, selbst wenn er später in Richtung Konstantinopel gerichtet werden sollte; denn er sollte Roussel von Bailleul unterstützen im Kampf gegen einen Christen, der als Ketzer galt. Die Erwähnung der Sarazenenangriffe war ein absolutes Novum, um die wahren Absichten gegenüber Konstantinopel zu verschleiern.

*Die Reise
nach
Jerusalem*

SOHN DAVIDS

Im Sommer 1089 hielt sich der 29jährige Gottfried IV., Herzog von Niederlothringen, in seiner Stammherrschaft Bouillon auf, als man ihm einen Besucher meldete. Kurz darauf erschien ein etwa 40jähriger Mönch namens Petrus aus der Abtei Orval, 25 Kilometer südöstlich von Bouillon. Und was er zu sagen hatte, war als Geflecht von Tatsachen und Legenden selbst für das Mittelalter schier unglaublich:

Jesus in Frankreich

Alle Berichte des Neuen Testaments zählen Jesus zur Linie Davids, das heißt, er war Angehöriger des Stammes Juda. Doch sowohl der erste König Israels, der vom Propheten Samuel gesalbte Saul, als auch sein erstes Königshaus waren aus dem Stamme Benjamin hervorgegangen. Saul wurde jedoch von David entthront. David beraubte die Benjaminiter nicht nur ihres Anspruchs auf den Thron, indem er Jerusalem zu seiner Hauptstadt machte, er nahm ihnen sogar ihr rechtmäßiges Erbe. Viele Benjaminiten wanderten daraufhin aus und ließen sich in Arkadien, im Herzen Griechenlands, nieder. Zu Beginn der christlichen Zeitrechnung sollen sie dann die Donau entlang und rheinabwärts gewandert sein, in bestimmte germanische Stämme eingeheiratet und schließlich die sugambrischen Franken, die direkten Vorfahren der Merowinger, hervorgebracht haben.

Aus benjaminitischer Sicht könnte diese Tatsache Jesus in gewissem Sinne zum Usurpator gestempelt haben, doch dieser Vorbehalt hätte sich durch eine eheliche Verbindung mit einer Frau benjaminitischer Herkunft leicht ausräumen lassen. Und Maria Magdalena gehörte dem Stamm Benjamin an. Jesus war ein Priesterkönig aus dem Hause David, der einen legitimen Anspruch auf den Thron hatte. Durch Eheschließung mit einer Benjaminitin festigte er seine Position, um in der Lage zu sein, das Land zu einen, das Volk zu mobilisieren, die Unterdrücker zu verjagen, den von ihnen eingesetzten König zu entthronen und den Glanz des Hauses Salomon wiederherzustellen.

Frühkirchlichen Autoren zufolge floh Maria Magdalena mit den gemeinsamen Kindern Jesu außer Landes. Lazarus, Maria Magdalena, Martha, Joseph von Arimathia und mehrere andere wurden mit dem Schiff in die Nähe von Marseille gebracht. Von dort aus soll Joseph nach England weitergereist sein, wo er in Glastonbury eine Kirche errichtete, während Lazarus und Maria Magdalena in Gallien blieben. Der Überlieferung zufolge starb Maria Magdalena in einer Grotte bei Aix-en-Provence, die seitdem Sainte-Baume genannt wird. Lazarus soll in Marseille gestorben sein, nachdem er dort die erste Diözese begründet hatte.

Die Familie Jesu lebte im Exil in einer Gemeinde namens Rhedae am Fuße der Pyrenäen inmitten zahlreicher anderer Juden und hoffte auf eine Wiedereinsetzung in den königlichen Stand. Im Jahre 418 wurden die Westgoten als *foederati* in Aquitanien angesiedelt, so daß sie die Oberherren der Familie Jesu wurden. Und die Westgoten waren arianische Christen, Anhänger der von Areios in Alexandreia verkündeten Lehre, deshalb waren sie dem Judentum gegenüber nicht feindlich gesonnen. So war die Familie Jesu unter den Westgoten hochgeschätzt und hatte in den westgotischen Adel eingeheiratet. Zudem war sie unter der Schirmherrschaft der Westgoten vor allen Drohungen Roms sicher gewesen.

Der erste König aller Franken, der monophysitische Christ Chlodwig I., zog wiederholt gegen das Reich der Westgoten zu Felde, bis er es 507 in der Schlacht von Vouillé (bei Poitiers) endgültig und entscheidend schlagen konnte. Bald darauf fielen Aquitanien und Toulouse den Franken in die Hände. Das Westgotenreich nördlich der Pyrenäen brach unter dem fränkischen Ansturm vollkommen zusammen. Aus Toulouse vertrieben, zogen sich die Westgoten nach Carcassonne in Septimanien (dem Landstrich an der Mittelmeerküste zwischen den Pyrenäen und

Marseille) zurück. Schließlich machten sie Rhedae zur Hauptstadt und letzten Bastion. Und dort lebten nach wie vor die Nachkommen Jesu. Seitdem war Gallien zwischen Franken und Burgundern aufgeteilt, die jeweils ihre eigene Reichskirche hatten und 550 den Anspruch des Bischofs von Rom, Papst und alleiniger Vertreter des apostolischen Auftrags zu sein, ablehnten, was aus seiner Sicht ein Schisma darstellte. Die davidische Linie lebte so in Tulca 1., Graf von Razès (Rhedae) und König der Westgoten († 642), weiter.

Die benjaminitischen Merowinger

Die Ehe Sigiberts III., Königs von Austrien (Ostteil des Frankenreichs beiderseits des Rheins), mit Hymnegilde war kinderlos geblieben. Da setzte der Hausmeier Grimoald die Adoption seines Sohnes als Thronfolger durch. Doch kurz darauf gebar die Königin ihrem Gemahl eine Tochter und 651 einen Sohn, Dagobert. Nach dem Tode des Königs im Jahre 656 entführte der Hausmeier den fünfjährigen Kronprinzen und ließ ihn mit Hilfe des Bischofs von Poitiers in ein Kloster auf die Insel Irland bringen. Im Kloster Slane, unweit von Dublin, wuchs Dagobert zum Mann heran und erhielt darüber hinaus eine Erziehung, wie er sie zu Hause nie hätte genießen können.

Vor allem lernte er die keltische Art des Christentums kennen, die asketisch-monastisch und esoterisch zugleich war. In dieser Zeit soll er die Bekanntschaft dreier northumbrischer Prinzen gemacht haben, die ebenfalls in Slane erzogen wurden. Denn 635 hatte der heilige Aidan das keltische Missionskloster Lindisfarne an der Ostküste Northumbriens nahe der schottischen Grenze gegründet, von wo aus 653 die keltischen Mönche begannen, den christlichen Glauben unter den Mittelangeln und Merciern zu verbreiten.

Im Alter von fünfzehn Jahren heiratete Dagobert im Jahre 666 in Irland die keltische Prinzessin Mechtilde. 670 starb sie bei der Geburt ihrer dritten Tochter. Nur ein Jahr später heiratete der 20jährige Exilprinz in Rhedae die 18jährige Gisela, Tochter

Béras II., Graf von Razès, und Enkelin Tulcas, des Königs der Westgoten. Gisela war zugleich arianische Christin und Nachfahrin Jesu. Von 671 bis 674 wartete Dagobert in Rhedae den richtigen Augenblick ab, um sein Königreich wieder in Besitz zu nehmen. Im Jahre 674 bot sich ihm diese Chance. Mit Unterstützung seiner Mutter und deren Ratgeber zog der so lange Verbannte nach Norden, forderte sein Reich zurück und wurde offiziell zum König von Austrien ausgerufen. Gisela schenkte Dagobert weitere zwei Töchter, bevor sie ihm 676 einen Thronerben gebar, Sigibert IV. Kurz danach starb sie.

Am 23. Dezember 679 wurde König Dagobert II. auf der Jagd in der Umgebung von Stenay, in den Ausläufern der Ardennen, von einem gedungenen Mörder heimtückisch mit einer Lanze erstochen. Als man daranging, die übrigen Mitglieder der Königsfamilie ebenfalls zu ermorden, wurde der dreijährige Sigibert von seiner Schwester gerettet und nach Süden in die Stammlande seiner Mutter in Sicherheit gebracht. Er soll im Jahre 681 im Languedoc eingetroffen sein und kurz danach den Titel seines Onkels, Herzog von Razès und Graf von Rhedae, geerbt haben. Sigibert war der erste abendländische Fürst, der das »heilige Blut« beider Geschlechter, der Merowinger (Benjamin) und Davids (Juda), in sich vereinigt hatte. Und die Juden von Razès erkannten ihn vorbehaltlos als ihren Fürsten an. Zur Verschleierung vor unerbittlichen Verfolgern, wurde er mit dem Decknamen *Plant-Ard* – eine Anspielung auf die Bezeichnung des Merowingerstammes als *rejeton ardent* (feuriger Sprößling) – genannt. Im Razès, dem Gebiet rund um Rhedae (das heutige Rennes-le-Château), hielt er sich verborgen.

Im Schutze des Islams

Als Rechtsnachfolger der Wandalen überquerten die Araber 711 die Straße von Gibraltar, um den spanischen Teil des Wandalenreichs im Süden der Halbinsel (Vandalus, arabisch zu *al-Andalus* verballhornt) in Besitz zu nehmen. Dieser Teil war jedoch bereits von den Westgoten annektiert. Der romanische Exarch für den westlichen Teil des Wandalenreichs, Julianos, residierte in Septem (Ceuta) an der heutigen Küste Nordmarokkos. In der Schlacht vom 23. Juli 711 fiel der Westgotenkönig Roderich; daraufhin verheiratete Musa ibn Nusair, der arabische Statthalter von Nordafrika, 713 oder 714 seinen Sohn Abd-al-Aziz mit Egilona, der Witwe des letzten Königs der Westgoten. Somit traten die Araber das Erbe des Westgotenreichs an. 714 waren sie bereits in Saragossa am Ebro, 717 in Barcelona und überschritten 718 die Pyrenäen. 719 standen sie in Septimanien und Narbonne, womit sie zu Nachbarn Aquitaniens und der Provence geworden waren. Septimanien wurde ein autonomes arabisches Fürstentum, das seine Hauptstadt in Narbonne errichtete und dem Emir von Córdoba nur nominell Treue schuldete.

Der Islam nahm weder am Judentum noch am Christentum Anstoß, vielmehr betrachtete er sich als mit beiden verwandt. Im Koran wird Jesus nicht weniger als fünfunddreißigmal erwähnt, zum Teil mit eindrucksvollen Titeln wie »Bote Gottes« oder »Messias«. Niemals aber ist er mehr als ein sterblicher Prophet, ein Vorläufer Mohammeds und ein Sprachrohr des einzigen höchsten Gottes. Auch der Koran behauptet, Jesus sei nicht am Kreuz gestorben: »Sie haben ihn nicht getötet und auch nicht gekreuzigt; sie dachten nur, sie hätten es getan« (Koran 4,158). Die meisten Kommentatoren des Korans vertreten die Meinung, es habe einen Ersatzmann gegeben, und manche islamischen Autoren berichten, Jesus habe sich in einer Mauernische verborgen gehalten und der fingierten Kreuzigung aus der Ferne zugeschaut.

Daher ist es nicht verwunderlich, daß die Juden und arianischen Christen in Septimanien unter islamischer Herrschaft ihren Frieden fanden, nachdem sie von den Westgoten in Spanien seit dem Übertritt des Königshauses zur rechtgläubigen Lehre (589) bedrängt und verfolgt worden waren. Angesichts des Aufmarsches der neuen Herren, von denen man noch nicht wußte, wie sie zum Grafengeschlecht stehen würden, suchte dieses Geschlecht in den Höhlen eines Berges in der Nähe von Rhedae Zuflucht, was ihm die Bezeichnung »Einsiedler-Prinzen« einbrachte. Sigibert IV. wurde jedoch als Vertreter des Hauses David von den Arabern mit ausgesuchtem Respekt behandelt und geehrt. Unter den wenigen, erhalten gebliebenen Dokumenten befindet sich eine Urkunde aus Villas Capitanarias, dem späteren Trapas, aus dem Jahre 718, die sich auf die Stiftung des nur wenige Kilometer von Rhedae entfernten Klosters Saint-Martin d'Albières durch »Sigibert, Graf von Rhedae, und seine Gemahlin Magdala« bezieht.

König Pippins Expansionsgelüste

Der Hausmeier des Frankenreichs und von Papstes Gnaden durch Salbung frischgebackene erste König der Karolingerdynastie, Pippin, machte sich daran, das Werk seines Vaters zu vollenden und Septimanien und Narbonne zu erobern, das 738 der Belagerung durch Karl Martell standgehalten hatte. Doch seit 752 leistete Narbonne auch Pippin Widerstand. Unterhändler versuchten, eine diplomatische Einigung zu erzielen. Sie hoben hervor, daß der Akt der Salbung deutlich darauf hinwies, daß die neue fränkische Monarchie eine Replik, wenn nicht gar eine Fortsetzung der jüdischen Monarchie im Alten Testament war. Die Juden Septimaniens wollten als Gegenleistung für die Bestätigung des Anspruchs Pippins auf biblische Sukzession und Hilfe gegen die Araber ein eigenes Fürstentum und einen eigenen König. Und so kam es, daß 759 die jüdische Bevölkerung von Narbonne unter Sigibert V. plötzlich den Franken die Tore der belagerten Stadt öffnete.

765 zog eine stattliche Delegation aus Bagdad über Venedig nach dem Frankenland mit mehr als einer Million Mark in Gold. Seitdem Mohammeds Nachfolger nicht mehr von Medina aus das Islamische Reich – das auch Persien einschloß – regierten, sondern der Statthalter von Damaskus und somit der Rechtsnachfolger der Romanen die Macht an sich gerissen hatte, herrschte Romania de facto über Persien, was ihm ein Jahrtausend lang nicht gelungen war. 750 konnten die Perser endlich diese Herrschaft abschütteln und ihrerseits die Macht im romanischen Teil der islamischen Welt übernehmen.

Und nun machten sie sich daran, die Herrschaft der Dynastie von Damaskus in Spanien auszurotten. So schlug die Delegation des Kalifen al-Mansûr aus Persien dem ehrgeizigen König der Franken, Pippin, der noch immer gegen Aquitanien kämpfte, einen Pakt vor: Wenn Pippin dem Kalifen in Bagdad behilflich wäre, Abd-al-Rahmân aus Spanien zu vertreiben, würde er zur Belohnung die nördliche Hälfte der Halbinsel erhalten. Das Komplott gelang jedoch nicht: Im September 768 starb Pippin, König der Franken, plötzlich.

Der jüdische König

Im Jahre 768 wurde in Septimanien ein im wesentlichen unabhängiges judäisches Fürstentum ausgerufen und Béra III. Graf von Razès, Enkel Sigiberts IV., als König der Juden eingesetzt. Und da er Verbündeter des Frankenkönigs war, wurde er auch in Bagdad als »Same des königlichen Hauses David« anerkannt. Bei Béras Tod 770 folgte ihm sein Sohn Wilhelm von Orange auf den Thron. Wilhelm sprach fließend hebräisch und arabisch. Das Zeichen auf seinem Schild war der Löwe von Juda. Er trug den Spitznamen »Hakennase«. Seine Schwester war mit einem der Söhne König Karls verheiratet, der seinem Vater im September 768 auf den Thron gefolgt war. Kurz vor 792 gründete Wilhelm in Gellone eine Akademie, rief Gelehrte ins Land und richtete eine großzügig ausgestattete Bibliothek ein. Bald entwickelte sich Gellone zu einem angesehenen Zentrum für jüdische Studien.

Zu Weihnachten 800 salbte Papst Leo III. Karl den Großen zum römischen Kaiser. Die von Karl selbst mitgebrachte Krone, von der eine Replik heute in den Schatzkammern der Wiener Hofburg aufbewahrt wird, trug die Inschrift »Rex Salomon«, und am Hofe zu Aachen wurde der neue Kaiser als David bezeichnet. Somit knüpfte der Karolinger an die Legende vom »heiligen Blut« der Merowinger und ihre Abstammung vom israelitischen Stamme Benjamin an.

Im Jahre 803 nahm Wilhelm von Orange Barcelona ein, erweiterte damit sein eigenes Territorium über die Spanische Mark hinaus und dehnte seinen Einfluß auf das Gebiet südlich der Pyrenäen aus. Fortan trug er die Titel König der Juden von Septimanien, Graf von Barcelona, von Toulouse, von Razès und Herzog von Aquitanien. Als Dank für seine Dienste wandelte Karl der Große das Wilhelm gewährte Lehen in einen erblichen Besitz um. Wilhelms Enkel, Béra V., regierte bis 860, gefolgt von seinem Sohn Hilderich I. bis 867.

Bis zur Mitte des neunten Jahrhunderts war der »feurige Sprößling« der Merowinger, der das »heilige Blut« Benjamins und Judas in sich vereinte, zu einem stattlichen und weitverzweigten Stammbaum erblüht. Einen Ast bildeten Bernhard Plantapilosa und die Herzöge von Aquitanien. Hilderichs Sohn Sigibert VI. heiratete Rotilde, die Tochter des Westfrankenkönigs Karl II. des Kahlen. 867 folgte er seinem Vater als Graf von Razès, während sein Schwager Ludwig, Karls II. Sohn und Nachfolger, zum König von Aquitanien unter dem Schutz des Vaters gemacht wurde. 877 mußte Kaiser Karl II. Italien für den Papst verteidigen und ließ seinen Sohn als Regenten zurück. Er starb jedoch im Oktober; Dezember 877 wurde Ludwig (der Stammler) zum König der Westfranken gewählt. Kurz darauf wurde auch Sigibert VI. zum »König Ursus« gekürt.

Die Magnaten der Westfranken hatten jedoch Ludwig nur unter der Bedingung als König akzeptiert, daß er ihre Besitzungen und Rechte respektierte. Als er jedoch Anstalten machte, die Reichsämter neu zu verteilen, brach mit Unterstützung von Bernhard von Auvergne und dem Markgrafen von Gothien ein Aufstand aus, bei dem Ludwig im April 879 starb. Seine beiden Söhne Ludwig und Karlmann drängten »König Ursus« und seine Gefolgsleute in die Bretagne, womit die Plantards ihre südfranzösischen Besitzungen verloren. Die noch heidnischen Normannen (im Loiregebiet und Teilen der Bretagne) setzten ihre Überfälle fort, bis sie im August 881 in der Schlacht bei Saucourt in Ponthieu geschlagen wurden. Seitdem lebten die Plantards in der Bretagne, wo sie sich durch Heirat mit dem bretonischen Herzogshaus verbanden, dennoch hielten sie an den nur mehr nominellen Titeln eines Herzogs von Razès und Grafen von

Rhedae fest. Aufgrund der normannischen Einfälle in die Bretagne flohen die Plantards 914 nach England und kehrten erst 939 in die Bretagne zurück.

Die Grafen von Boulogne

Im Jahre 1009 heiratete Agnes, Tochter des Grafen Eustachius von Jumièges, Hugo von Plantard, einen direkten Nachkommen der Plantards und somit Abkömmling Sigiberts IV., des exilierten Königs von Austrien. Aus dieser Verbindung ging 1010 ein Sohn, Eustachius, hervor. Hugo starb jedoch fünf Jahre später, und Agnes heiratete Ernicule, Graf von Boulogne, der Eustachius an Sohnes Statt annahm. Als Ernicule 1041 starb, wurde er als Eustachius I. neuer Graf von Boulogne. Seine Gemahlin Mathilde von Löwen gebar ihm einen Sohn und Erben, Eustachius, der nach dem Tode seines Vaters 1049 als Eustachius II. Graf von Boulogne wurde.

Beim Tode Herzog Gozelos (Gothelon) I. des Großen von Ober- und Niederlothringen im Jahre 1044 teilte Kaiser Heinrich III. das Doppelherzogtum zwischen dessen Söhnen; Gozelo II. der Kleine erhielt Niederlothringen (das ehemalige Austrien) und Gottfried II. der Bärtige Oberlothringen. Dieser empörte sich gegen die Entscheidung und führte 1045 eine erfolglose Revolte gegen den Kaiser; und als Gozelo 1046 starb, versuchte er 1047, Niederlothringen zu annektieren. Daraufhin wurde er vom Kaiser seiner Besitzungen enthoben. Sein jüngerer Bruder, Kardinaldiakon Friedrich von Lüttich, lernte auf der Reformsynode von Mainz im Oktober 1049 den neuen Papst Leo IX. kennen, und dieser brachte ihn als einen seiner engen Mitarbeiter nach Rom und ernannte ihn am 12. März 1051 zum Kanzler und Bibliothekar der römischen Kirche. Im Februar 1053 kam Gottfried II. der Bärtige nach Italien. Leo schickte im Januar 1054 Friedrich in einer Abordnung nach Konstantinopel, währenddessen ehelichte Gottfried 1054 Beatrix, die Witwe des am 6. Mai 1052 ermordeten Markgrafen Bonifaz von Tuszien. Somit wurde er Markgraf von Tuszien und Herzog von

Spoleto. Obwohl ein führendes Mitglied der Kurie, hielt es Friedrich 1055 angesichts des bevorstehenden Besuches Kaiser Heinrichs III., der mit seinem Bruder Gottfried verfeindet war, für klüger, sich als Mönch nach Monte Cairo (heute Monte Cassino) zurückzuziehen.

Bei Heinrichs Tod am 3. Oktober 1056 söhnte Papst Viktor II. Gottfried II. mit dem deutschen Königshaus aus, und er wurde zum Erben von Niederlothringen ernannt, das damals von Friedrich von Luxemburg regiert wurde. Der Papst ließ am 23. Mai 1057 Friedrich von Lüttich zum Abt von Monte Cairo wählen und beförderte ihn am 14. Juni zum Kardinalpriester von S. Crisogono (ein völliges Novum!).

Nach dem plötzlichen Ableben des Papstes Viktor II. in Arezzo durch einen Fieberanfall am 27. Juli wurde Friedrich am 2. August 1057 zum Papst gewählt und nahm den Namen Stephan X. an. Er starb am 29. März 1058 in Florenz, wohin er zur Konsultation mit seinem Bruder Gottfried gegangen war, nach nur acht Monaten im Amt.

Ida von Lothringen, Tochter Gottfrieds II. und Erbin von Bouillon, heiratete Eustachius II., Grafen von Boulogne und schenkte ihm drei Söhne (Eustachius, Balduin und Gottfried *1061) sowie zwei Töchter (Gertrud und Alix). Während Eustachius der Erbe seines Vaters war und Maria von Schottland, Tochter des Königs Malcolm III., ehelichte, erhielt der jüngste, Gottfried, die Herrschaft von Bouillon-sur-Semois in Niederlothringen (nahezu an der Grenze zur Grafschaft der Champagne).

Somit, so schloß der Mönch Petrus seine Rede, sei Gottfried Nachkomme der Merowinger, Jesu und des Hauses David. In ihm finde sich das heilige Blut all dieser Häuser in einer Person vereint.

Seit seiner Kindheit war es Gottfried bekannt, daß er in zwanzigster Generation Nachkomme des am 23. Dezember 679 ermordeten und am 10. September 872 von einem erzbischöflichen Konklave in Douzy heiliggesprochenen Dagobert II. war. Als drittgeborenem Sohn standen Gottfried im Regelfall der

Ritterstand und das Soldatenleben offen. So wurde er mit sieben Jahren Edelknabe, mit vierzehn Jahren Knappe und erhielt mit einundzwanzig Jahren, im Jahre 1082, den Ritterschlag mit dem Abendmahl vor zwei ritterlichen Zeugen.

Herzog von Niederlothringen

1065 war Friedrich von Luxemburg gestorben und Gottfried II. der Bärtige sein Nachfolger als Herzog von Niederlothringen geworden, war jedoch selbst am 21. Dezember 1069 in Verdun gestorben. Ihm war sein Sohn Gottfried III. der Bucklige als Herzog gefolgt und hatte noch 1069 die 23jährige Mathilde, Markgräfin von Tuszien und Tochter von Beatrix, geheiratet. Diese hatte dafür gesorgt, daß eine Gruppe von Mönchen aus Tuszien in den südlichen Ausläufern der Ardennen bei Orval (25 Kilometer südöstlich von Bouillon) eine Abtei gründeten. Zu diesen Mönchen, die das esoterische Wissen pflegten und in der Tradition von Bobbio und Camaldoli standen, gehörte ein damals 20jähriger namens Petrus.

Beim Tode Herzog Gottfrieds III. 1076 hatte der König das Herzogtum für seinen eigenen Sohn, den zweijährigen Konrad, eingezogen. Im Investiturstreit zwischen König Heinrich IV. und Papst Gregor VII. hatte der König den Papst für abgesetzt erklärt und am 25. Juni 1080 Wibert, Erzbischof von Ravenna, in Brixen zum Papst wählen lassen. Ende 1082 hatte Heinrich zum drittenmal vor Rom gestanden. Diesmal hatte Gottfried an der Belagerung und Erstürmung der Ewigen Stadt als frischgebackener Ritter teilgenommen. Mailänder und Sachsen erstiegen die Mauern, überwältigten die Wächter und eroberten einen Turm. Jubelnd stürzten die Scharen Heinrichs durch die eingerissene Mauer in die Leostadt. Der erste, der sie am 2. Juni 1083 betrat, war der 22jährige Gottfried von Bouillon, dafür wurde er mit der Grafschaft Verdun und Antwerpen belohnt.

Als Heinrich schließlich von Rom Besitz ergriff, wurde Wibert unter dem Namen Clemens III. in der Lateranbasilika am 24. März 1084 als Papst inthronisiert, und am 31. März krönte der neue Papst in St. Peter Heinrich zum Kaiser. Nach dem Tode Gregors VII. in seinem Exil in Salerno am 25. Mai 1085 verging fast ein Jahr, bevor die Kardinäle unter dem Druck des Normannenfürsten Jordan von Capua Abt Desiderius von Monte Cairo (heute Monte Cassino) am 24. Mai 1086 zum Papst wählten und ihn unter dem Namen Viktor III. inthronisierten. De facto und de jure war er ein Gegenpapst, wenn auch die offizielle Darstellung der römisch-katholischen Kirche ihn nachträglich zum eigentlichen und Clemens III. zum Gegenpapst erklärte. Er starb am 16. September 1087 in Monte Cairo nach 16monatiger Amtszeit. Und erst am 12. März 1088 wurde der französische Benediktiner aus Cluny und Kardinalbischof von Ostia, Odo von Lagery, in Terracina (bei Gaeta, südlich von Rom) unter dem Namen Urban II. zum (Gegen-)Papst gewählt.

1088 verlieh der Kaiser Gottfried von Bouillon als Gottfried IV. das Herzogtum Niederlothringen, jedoch nur zur Verwaltung, nicht als Erbe. Lothringen hielt er nach wie vor für seinen damals noch 14jährigen Sohn Konrad bereit. Gottfried galt als oberstes Ziel, die Herrschaft des heiligen Dagobert II. in Austrien/Lothringen wiederherzustellen. Und nun erschien ein Mönch und zeigte ihm an, er habe eine noch größere Aufgabe vor sich. Konnte es stimmen, daß er Nachkomme Jesu von Maria Magdalena war? Konnte man überhaupt einer solchen Legende Glauben schenken?

DIE LEGENDE

Im vierten Jahrhundert entstanden im Abendland zahlreiche Legenden um die Flucht Maria Magdalenas. Warum es erst zu dieser Zeit zur Legendenbildung kam, lag daran, daß zu Beginn des vierten Jahrhunderts der Manichäismus bis dorthin gelangt war. Und Mani bezeichnete sich als Stellvertreter Christi, der im Johannes-Evangelium (14,26) verheißene Paraklet. Jesus bezeichnete er als »Sohn der Witwe« und erklärte ihn für menschlich – oder, wenn überhaupt göttlich, so nur im symbolischen oder metaphorischen Sinn. Mani behauptete außerdem, Jesus sei nicht am Kreuz gestorben, sondern durch einen anderen ersetzt worden.

Er war nicht der erste, der dies behauptet hatte. Der Gnostiker Basileides aus Syrien, der 125–130 in Alexandria einen 24bändigen Kommentar zu den Evangelien schrieb, stellte in seiner Lehre die Täuschung bei der Kreuzigung dar und berief sich dabei auf die Abhandlung über den Großen Seth. In diesem Evangelium nämlich spricht Jesus in der ersten Person: »Ich unterlag ihnen nicht, wie sie es erhofft hatten (...) Und ich starb nicht wirklich, ich tat nur so, denn ich wollte mich von ihnen nicht beschämen lassen (...) Der Tod, den sie mir zugedacht hatten, traf einen der ihren (...) Es war ein anderer, ihr Vater, der die Galle trank, und den Essig; nicht ich war es. Sie schlugen mich mit Ruten; es war ein anderer, Simon, der das Kreuz auf seinen Schultern trug. Ein anderer war es, dem sie die Dornenkrone aufsetzten (...) Ich jedoch lachte über ihre Unwissenheit.«

Das Marien-Evangelium legt Zeugnis von einem heftigen und andauernden Streit zwischen Petrus und Maria Magdalena ab, der die Spaltung zwischen den »Anhängern der Botschaft (des Propheten Jesus)« und den »Anhängern der Dynastie (des Hauses David)« widerspiegelt. Petrus wendet sich darin wie folgt an Maria Magdalena: »Schwester, wir wissen, daß der Erlöser dich mehr liebt als die anderen Frauen. Wiederhole uns die Worte des Erlösers, die du in Erinnerung behalten hast, die du kennst, und wir nicht.« Ein wenig später fragt Petrus entrüstet die anderen Jünger: »Hat er wirklich unter vier Augen mit einer Frau gesprochen und nicht offen mit uns? (…) Hat er sie uns vorgezogen?« Einer der Jünger antwortet Petrus: »Sicher kennt der Erlöser sie gut. Darum liebt er sie mehr als uns.«

Das Philippus-Evangelium bietet eine Erklärung für den Streit. Dort wird immer wieder das Bild des Brautgemachs hervorgehoben. Diesem Evangelium zufolge »ist der Herr überall: in einem Mysterium, in einer Taufe, in einer Firmung, in einer Eucharistie, in einer Erlösung und in einem Brautgemach«. Deutlicher sagt dieses Evangelium: »Es waren drei, die stets mit dem Herrn wandelten: Maria, seine Mutter, ihre Schwester und Maria Magdalena, die man seine Gefährtin nannte.« Und an einer anderen Stelle: »Maria Magdalena ist die Gefährtin des Erlösers. Christus liebte sie mehr als alle Jünger und pflegte sie oft auf den Mund zu küssen. Die Jünger nahmen daran Anstoß und drückten ihre Mißbilligung aus. Sie sagten zu ihm: ›Warum liebst du sie mehr als uns alle?‹ Der Erlöser antwortete: ›Warum liebe ich euch nicht so wie sie?‹«

In Anlehnung an das Philippus-Evangelium lautet die Liturgie des »Sakraments der Brautkammer«, das zum Ritual des Valentinus von Alexandria (zwischen 136 und 160 wirkte er in Rom und verkündete seine Emanationslehre) gehörte:

»Ich will meine Gnade über dich kommen lassen, denn der Vater aller Menschen sieht deinen Engel vor seinem Angesicht; wir müssen nun eins werden; empfange diese Gnade von mir und durch mich; schmücke dich wie eine Braut, die den Bräutigam erwartet, damit du werden mögest, wie ich bin und wie du selbst bist; laß den Samen des Lichts in deine Brautkammer fallen, empfange den Bräutigam, gib ihm Raum und öffne deine Arme, um ihn zu empfangen. Siehe, die Gnade ist über dich gekommen.«

Wenn auch diese Evangelien im Westen nicht allgemein bekannt waren, so widerspiegeln sie die Lehre und Vorstellungen der gnostischen Frühkirche. Erst gegen Ende des vierten Jahrhunderts beschloß man in Karthago (im heutigen Tunesien) die Aufnahme der vier Evangelien (Markus, Matthäus, Lukas und Johannes) in den Kanon der christlichen Kirche und den Ausschluß der restlichen. Seitdem nennt man die oben zitierten Evangelien apokryph.

Doch bereits der Mainzer Erzbischof Hrabanus Maurus (776 bis 856) schrieb ein »Leben der Maria Magdalena« und hielt diese frühchristliche Legende fest. Zwischen 1263 und 1273 verfaßte Jakobus von Voragine seine *Legenda aurea;* darin ist die wohl bekannteste Version der Legende »Von Sanct Maria Magdalena« (S. 470 ff.).

Joseph von Arimathia

Ein anderes Beispiel, wie sehr das Mittelalter solche Legenden für wahr gehalten hat, zeigt die Legende des Joseph von Arimathia, der mit Maria Magdalena nach Marseille und von dort nach England gegangen sein soll, wo er zum Apostel der Engländer wurde. Die Josephslegende entwickelte sich bereits im vierten Jahrhundert. Als der heilige Germanus, Bischof von Auxerre, im Jahr 429 England besuchte, um sich ein Bild von der Missionsmöglichkeit zu machen, hielt man ihm dort vor, daß die Briten einen eigenen Apostel gehabt hätten, einen Zeugen des dramatischen Geschehens von Kreuzigung und Auferstehung, ja, einen, der selbst eine Rolle dabei gespielt hatte und geradewegs aus Palästina gekommen war, um ihnen Kunde davon zu bringen. Wie überzeugend dies für Germanus war, erkennt man daran, daß der heilige Bischof 431 den Mönch Palladius als Missionar der Pikten nach Schottland und 432 den Mönch Patricius (St. Patrick) als Missionar der Scoten nach Irland schickte. Für England jedoch sah er keinen Missionar vor. Denn auch der Bischof von Rom beanspruchte Petrus und Paulus als Apostel der Italiener, so wie der Patriarch von Konstantinopel, Andreas, den Bruder Petri, als Apostel der Griechen ansah.

Mit der normannischen Eroberung im Jahre 1066 kamen die cluniazensischen Benediktiner nach England, um die für irrgläubig erklärten Briten zum wahren Glauben zu bekehren. Hier beriefen sich die angelsächsischen Briten auf ihren Apostel und untermauerten ihn mit der *Historia Josephi,* einem Teil des (apokryphen) Nikodemusevangeliums, die sie allenthalben verbreiteten. Die normannischen Eroberer betrachteten alles Angelsächsische mit Geringschätzung, während die keltische Kultur durch sie eine Wiederbelebung erfuhr. Der Kreis der Artussagen erlebte seine Blütezeit, als der große Heros des keltischen Britannien und die Ritter der Tafelrunde in Helden des ritterlichen Zeitalters verwandelt wurden. Mit ihnen verflocht man die Sage von der Suche nach dem Heiligen Gral, und die tragende Rolle dabei übernahm das einstige Mitglied des Hohen Rats zu Jerusalem – Joseph von Arimathia.

Die eigentliche Bekehrungslegende wurde in den nächsten drei Jahrhunderten mit der Gralssage, für welche die Kreuzzüge viel Material lieferten, immer unlösbarer verschmolzen. Eine lange Folge von Chronisten vermischte in England die Gralslegende mit der keltischen Sage von König Artus und seinen Rittern und formte sie zur Pseudohistorie um. So 1135 Wilhelm von Malmesbury in seiner Abhandlung *De antiquitae Glastoniensis ecclesiae.* Darin erzählt er zum erstenmal ausführlich die Legende über Joseph von Arimathia und dessen Reisen nach Britannien.

Joseph und der Heilige Gral

Ihre reichste Ausgestaltung erfuhr sie in einigen um 1170 entstandenen Werken, die vielleicht von Walter Map stammen, *Queste del Saint Graal, Joseph d'Arimathia* und *Merlin.* Diese Erzählungen von Joseph und dem Gral wurden – wie die Forscher vermuten – von Heinrich II. von England in Auftrag gegeben, und der König gab dem Werk aus politischen Gründen eine bestimmte Färbung. Um seinen Anspruch zu stützen, das Haupt einer nationalen Kirche zu sein, die mit der römischen gleichaltrig sei, griff König Heinrich die doppelte Legende von Joseph und dem Gral auf und ließ sie entsprechend volkstümlich ausgestalten. Unterdessen kam Glastonbury zu noch mehr Ruhm und Ehre: Heinrich ließ den Klosterfriedhof im Rahmen einer eindrucksvollen Zeremonie aufgraben, und dort – so behauptete er jedenfalls – fand er die wirklichen Gräber von Artus und Ginevra. So wurde Glastonbury offiziell als Begräbnisstätte des königlichen Heros des alten Britannien bestätigt. Heinrich verfolgte dabei den Zweck, Glastonbury mehr Ansehen als Canterbury zu geben; denn dieses weckte in ihm unbequeme Erinnerungen, weil es der Schauplatz von Beckets Ermordung (29. Dezember 1170) war und als Ziel der Pilgerreisen zu Beckets Grab allzu populär wurde.

Die Gestalt Josephs gewann nun rasch an Ansehen. Er und seine Nachkommen galten nicht nur als Gralshüter, sondern man sah in ihm sogar auch den Vorfahren König Artus'. In den späteren Darstellungen, die den mittelalterlichen Chronisten als wahre Historie galten, wird Joseph kraft göttlicher Fügung in das Land Britannien geleitet, welches »ihm und seinen Nachkommen verheißen« ist. Dort wird er zum Ahnherrn eines Geschlechts, welches durch viele »Sprosse« bis zu einer Dame führt, mit der Uther Pendragon Artus zeugt (*Joseph of Arimathea or The Romance of the Saint Grall or Holy Grail, an alliterative Poem, A.D. 1350* aus dem einzigen erhaltenen Vernon MS in Oxford 1871 in London herausgegeben). Für Johannes von Glastonbury, einen um 1400 lebenden Schriftsteller, war es »offenkundig, daß König Artus aus dem Geschlechte Josephs stammt« (John of Glastonbury, *Chronica de rebus Glastoniensis,* lateinische dichterische Fassung).

Die Legende bürgerte sich so sehr ein, daß Joseph am Ausgang des Mittelalters offiziell als Gründer der englischen Kirche anerkannt war. Der entscheidende Augenblick läßt sich klar nachweisen. Auf dem Konzil zu Basel im Jahre 1431 legte man die Sitzordnung und andere heikle protokollarische Dinge nach dem Alter der Kirche des jeweiligen Landes fest. Die Engländer beriefen sich auf Joseph, um ihren Anspruch auf Vorrang zu begründen. In einer wütenden Auseinandersetzung mit den spanischen Delegierten, die sich in wohltönender lateinischer Rhetorik über Tage hinzog, bestanden die Engländer erstens darauf, daß Joseph nach Britannien gekommen sei, bevor Jakobus in Spanien war, zweitens wisse jedermann, daß Jakobus in Wahrheit getötet worden sei, bevor er spanischen Boden habe betreten können, drittens liefere Glastonbury einen handgreiflichen Beweis, daß Joseph in England gewesen sei, und viertens spiele es überhaupt keine Rolle, daß er nur einen kleinen Teil des Landes bekehrt habe, denn es komme nicht auf die Zahl, sondern auf das Alter der Bekehrungen an.

Um ihrem Anspruch Nachdruck zu verleihen, verfaßten die Bischöfe von London und Rochester, welche die englische Delegation anführten, eine Denkschrift, in der es heißt: »...es steht fest, daß in England – wessen man sich anhand sehr alter Bücher und Archive (insbesondere der Archive der angesehenen Abtei Glastonbury in der Diözese Bath) versichern kann – jener Joseph von Arimathia mit zwölf Gefährten nach England geführt wurde, um der Verfolgung durch Herodes oder durch hohe römische Beamte in Judäa zu entgehen. An jenem Ort (in England) predigte er, was er von Christus gesehen und gehört hatte; und durch solche Predigt bekehrte er unzählige Engländer. Und von ihnen erhielt er mancherlei Gaben, welche ihm die zum Glauben Bekehrten brachten. Diese Gaben vermachte er später einer Kirche Christi, die er zu jener Zeit errichtete, als Petrus den Glauben in Antiochia predigte. Die von Joseph erbaute Kirche wurde hernach Sitz eines Klosters vom Rang einer Abtei, und jene berühmte Klosterabtei ist – gelobt sei Christus – bis auf den heutigen Tag erhalten.« In dieser Denkschrift stoßen wir auf den entscheidenden Punkt, an welchem sich die Legende in Historie verwandelt.

Joseph und Davids Schwert

Nach und nach verbanden sich mit der Gestalt Josephs mancherlei kostbare nationale Symbole: außer dem Gral auch das heilige Schwert, durch welches Artus seine Königswürde erlangte. Es war ursprünglich Davids Schwert, »das wunderbarste, das je geschmiedet ward«. Man hatte es aus dem Tempel geholt und König David übergeben. Der vertraute es in einem wundersamen Schiff dem Meer an, damit es den ihm bestimmten Eigentümer fände, einen reinen Ritter, »der soll der letzte meines Geschlechts sein«. Dieser ist natürlich niemand anders als Galahad. Die verwandelnde Kraft der Legende machte ihn nicht nur zum Nachkommen Salomons, sondern auch Josephs. Ferner erbte er den wunderkräftigen weißen Schild mit dem Kreuz aus Blut, den Joseph aus Syrien mitgebracht hatte. In Malorys *Morte d'Arthur* vermacht Joseph den Schild auf dem Sterbebett Galahad, der erst 500 Jahre nach ihm geboren wurde und den er »den letzten meines Geschlechts« nennt.

Davids Schwert und Salomons Schiff wurden der Legende erst spät, und zwar in den Versionen des 15. Jahrhunderts, hinzugefügt. In jahrhundertelanger Überlieferung waren Artus und seine Ritter immer plastischer hervorgetreten; sie hatten dadurch an Glaubwürdigkeit gewonnen und erschienen nun in allen Chroniken als historische Gestalten, die in den Schlachten der frühen Briten gegen die angelsächsischen Eindringlinge gekämpft hatten. Der Wunsch, sie mit den biblischen Helden, welche die königliche Macht Israels in der größten Zeit seiner Geschichte repräsentierten, in Verbindung zu bringen, war nur allzu verständlich. Oder ist diese Verbindung etwa eine echte Spur in dem Gewirr der Überlieferungen, die so viele keltische Stoffe auf eine palästinensische Quelle zurückführt?

Joseph und Pharao

Jetzt tauchen auch andere hebräische Elemente auf. Joseph wird mit seinem Namensvetter aus dem Alten Testament, Joseph, dem Sohne Jakobs, identifiziert. In einem voluminösen, über 800 Seiten langen Epos von Henry Lovelich, *History of the Holy Grail* (um 1425), wird Britannien zur Zeit der Ankunft Josephs von einem »gar grimmen Helden« namens Duke Gaanor regiert und ist von »Sarazenen und vielen anderen Ungläubigen« bevölkert. Offensichtlich ist dies eine mittelalterliche Version, die Pharao und die Ägypter meint. Der Herzog hat wie Pharao ein

Traumgesicht, das seine »sarazenischen« Hofbeamten nicht deuten können. Man holt Joseph herbei, damit er seine Deutung hören lasse, und dies erkennt der Herzog dann als die wahre an. Daraufhin erklärte er sich bereit – wie Nebukadnezar, als David dessen Traum erläuterte –, Josephs Gott anstelle seines bisherigen zu verehren und wird auf der Stelle zum christlichen Glauben bekehrt. [John Capgrave (1393–1464), *Nova legenda Angliae*, der lateinischen dichterischen Fassung *Chronica de rebus Glastoniensis* von John of Glastonbury um 1400 entnommen.]

In dem Maße, wie Chronisten und Dichter vom 12. bis zum 15. Jahrhundert ihre eigenen Versionen durch entlehnte Stoffe bereicherten, neue Elemente hinzufügten und alte ausschmückten, wurde die Legende immer verehrungswürdiger und detaillierter und erlangte dadurch den Charakter eines greifbaren Zeugnisses, bis das ganze seltsame Gemisch von Stoffen aus dem Evangelium, den Apokryphen, keltischen Volkssagen und französischen Ritterromanen zu einem tief verwurzelten Bestandteil der nationalen Tradition wurde. Im Jahre 1464 liest man in John Hardyngs Verschronik *Chronicle* von Englands Vergangenheit die Feststellung: »Joseph von Arimathia kam mit Vespasyan nach Britannyen und taufte einen Teil (der Bevölkerung) dieses Landes«, als ob es sich um eine erwiesene Tatsache handle.

In dem 1470 erschienenen Epos *Morte d'Arthur* von Sir Thomas Malory gelang es Joseph, »durch Zufall in dies Land gekommen, das damals Grete Bretayne hieß, ... einen gar grimmigen Heiden«, der das Land regierte, »zu entthronen«, und »danach wandte sich alles Volk dem Christenglauben zu«. Malory behandelte dieses Thema jedoch nicht als erster, sondern sein Werk war das Endprodukt einer sich über Jahrhunderte fortpflanzenden Reihe halb geschichtlicher, halb legendärer Erzählungen, die mit jedem neuen Chronisten an Stofffülle zunahmen. Als die apostolischen Stoffe über Joseph erschöpft waren, machten die mittelalterlichen Chronisten und epischen Dichter den Mann, der die keltischen Briten zum Christenglauben bekehrte und ihnen den Heiligen Gral überbrachte, gar zum Ahnherrn des größten englischen Nationalhelden, des Königs Artus; damit stellten sie auf geheimnisvolle Weise eine Verbindung zwischen Artus und dem König David, dem Helden des Volkes Israel, her.

Nicht nur im Mittelalter

Als Apostel der Briten gehörte Joseph noch Jahrhunderte nach dem Ausgang des Mittelalters zum festen Bestand der englischen Tradition. Wynkyn de Worde veröffentlichte 1516 *The Lyfe of Joseph of Armathy. A treatyse taken out of a book whych sometime Theodosius the Emperor found in Jerusalem in the pretorye of Pylate of Joseph of Armathy.* Diese Fassung basiert auf der *Nova Legenda Angliae* von John Capgrave, die wiederum der lateinischen dichterischen Fassung *Chronica de rebus Glastoniensis* von John of Glastonbury um 1400 entnommen wurde. Ebenfalls 1516 erschien *De Sancto Joseph ab Arimathea* basierend auf John of Glastonbury. 1520 folgte die englische Übersetzung des John of Glastonbury, *The Lyfe of Joseph of Arimathia.* Im 16. Jahrhundert nahm der »Altertumsforscher« John Leland Josephs Apostolat in Britannien als durchaus wahre Gegebenheit an.

Der angesehene Thomas Fuller, ein Geistlicher, der sich unter Royalisten und Puritanern seinen eigenen Standpunkt bewahrte und einige der lesenswertesten Prosaschriften des 17. Jahrhunderts verfaßte, war von Natur aus skeptisch. Trotzdem brachte er es in seiner 1635 erschienenen Church History of Britain nicht über sich, den Kern der Josephsgeschichte zu leugnen, obgleich er zugibt, daß »der Sauerteig des Mönchtums die Begleitumstände sehr hat anschwellen lassen und sie zudem aufgebauscht hat«. Fuller gesteht ein, daß nachprüfbares Material über das erste Jahrhundert fehlt, und fügt etwas hinzu, das sich manch weniger gewissenhafte Historiker zur Regel machen könnte: »Aber da ich wenig vorfinde, werde ich auch nichts erfinden; denn man verbringt seine Zeit besser mit Schweigen als mit Lügen.« Das gleiche gilt für Sir William Dugdale, dessen *Monasticon Anglicanum,* eine weitere Untersuchung von Englands Vergangenheit anhand des Studiums alter Klosterberichte, ein Jahrhundert später, im Jahre 1655, erschien.

Damals veranlaßte die Kontroverse im Episkopat, die England während der Amtszeit des tyrannischen Erzbischofs Laud erschütterte, manchen Theologen, im Dunkel der Vergangenheit nach den Umständen zu forschen, unter denen die Kirche Englands gegründet wurde. In einer dieser Untersuchungen, der *Ecclesiastical Historie of Great Britaine* von Richard Broughton, ist ein Kapitel folgendermaßen überschrieben: »Worin durch alle möglichen Zeugnisse und gewichtige Quellen erwiesen wird, daß St. Joseph von Arimathia in Begleitung verschiedener anderer heiliger Gefährten mit Sicherheit nach England kam, hier predigte, lebte, starb und begraben ward an der Stätte, die jetzt Glastonbury in Somersetshire heißt.«

DIE VORBEREITUNG

Durch den etwa 40jährigen Eremiten Petrus von Orval wurde sich Gottfried seiner Abstammung (über den Urgroßvater Hugo, Graf von Jumièges) vom Hause David bewußt. Bald fühlte er sich berufen, die Herrschaft des Hauses David nach Jerusalem zurückzuführen. Zu diesem Zweck schickte er im späten 1091 diesen Petrus (von Amiens, manchmal »Peter der Eremit« genannt) auf eine Pilgerfahrt zur Erkundung der Lage im Heiligen Land. Petrus kehrte erst 1093 zurück. Auf dem Rückweg vom Heiligen Land machte er in Konstantinopel halt, wo er dem romanischen Kaiser Alexios Komnenos von den Verhältnissen im Westen berichtete und versprach, ein Schreiben des Kaisers an den Grafen von Flandern, Robert I. den Friesen, weiterzubefördern. Dieser war 1089 auf einer Pilgerfahrt nach Jerusalem unterwegs gewesen und hatte auf dem Rückweg 1090 im Dienste des Kaisers gegen die Petschenegen gekämpft. Dem Kaiser waren Ritter aus dem Westen stets willkommen, solange sie keine Normannen waren, und die Zusammenarbeit mit dem Grafen von Flandern hatte sich reibungslos gestaltet, deshalb wollte der Kaiser ihn bitten, mit einer ausgesuchten Mannschaft für eine gewisse Zeit in seine Dienste zu treten. Der Graf versprach eine Truppe von fünfhundert Reitern. Seit 1092 hatte Romania eine Ruhepause, denn die Petschenegen waren vernichtend geschlagen worden, und die Seldschukenmacht zerfiel seit dem Tode des Reichskanzlers Dscheladin (Malik-Schah) im November 1092. Gerade deshalb dachte Alexios daran, die verlorenen Gebiete im Osten Kleinasiens zurückzuerobern.

Im Sommer 1093 erhielt Petrus beim ›Gegenpapst‹ Urban II., der sich bei den Normannen in Süditalien aufhielt, eine Audienz und berichtete von den Verhältnissen im Osten, von der Herrschaft der Türken im Heiligen Land, von den Plänen des Kaisers, Ostanatolien zurückzugewinnen, von der Anwerbung abendländischer Ritter als Söldner. Doch der Bericht über seine geheime Mission war nur für Gottfrieds Ohren bestimmt. Und dieser belagerte gerade Stenay (35 km südlich von Bouillon, jedoch in Oberlothringen), eigens um die Kirche, in deren königlicher Remigiuskapelle Dagoberts Leichnam beigesetzt worden war, zurückzugewinnen und sie abermals der Aufsicht des Klosters Gorze (15 km südwestlich von Metz in Oberlothringen) zu unterstellen. 1093 starben sowohl Theobald III., Graf von Champagne, Brie, Blois und Chartres, als auch Eustachius II., Graf von Boulogne. Blois und die Champagne wurden zwischen Theobalds Söhnen Stephan und Hugo aufgeteilt, während Gottfrieds Bruder Eustachius Graf von Boulogne wurde.

Die Lage im Heiligen Land

Petrus von Amiens wußte zu berichten, daß der Friede zwischen den Fatimiden von Ägypten und dem Kaiser von Romania bis 1070 für reibungslose und ungehinderte Pilgerfahrten zu den geheiligten Stätten der Christenheit im Heiligen Land sorgte. Nur die Kirchenspaltung von 1054 hatte die Pilgerfahrten der abendländischen Christen erschwert, da sie in Jerusalem keine Betreuung durch die Benediktiner erfahren konnten, denn diese waren dort nicht vertreten. Sie waren auf die Großzügigkeit der Einrichtungen der rechtgläubigen Kirche angewiesen, die seitdem in den Augen des Abendlands irrgläubig war.

Dann aber weitete der Reichskanzler des Kalifen von Bagdad, Diadin (Alp-Arslan), den Kampf aus und begann, die Gebiete Syriens vom Erzfeind, dem Fatimidenkalifen von Kairo, zurückzuerobern. Er beauftragte seinen zweiten Sohn Tutusch damit, der die eroberten Gebiete als autonome Herrschaft (Sultanat) führen sollte. In seinem Auftrag eroberte 1070 ein Türke namens Atsiz ibn Abak kampflos Jerusalem und besetzte ganz Palästina bis hinab zur Grenzfestung Askalon. Da wurde Amalfi als erste Seemacht des Abendlandes beim neuen Statthalter vorstellig und erhielt die Erlaubnis, ein Pilgerhospiz in Jerusalem zu gründen. Das bedeutete ein lukratives Monopol für Amalfi, die

Pilger mit den eigenen Schiffen zu befördern und sie im Heiligen Land zu »betreuen«. 1072 wurde Diadin (Alp-Arslan) ermordet, ihm folgte sein ältester Sohn Malik-Schah als Dscheladin im Amt des Reichskanzlers. Er übertrug seinem Vetter Suleiman ibn Kutulmisch die Aufgabe, Kleinasien für das Kalifat zu erobern und als Sultanat zu führen.

1075 nahm Atsiz Damaskus und die Damaskena in Besitz. Im folgenden Jahr brachten die Fatimiden Jerusalem wieder an sich. Nach mehrmonatiger Belagerung und einem Massaker der *muslimischen* Einwohner trieb Atsiz sie neuerlich hinaus. Nur die Christen und Juden, die sich in ihrem jeweiligen mauerumschlossenen Viertel in Sicherheit befanden, wurden verschont. Trotzdem waren die Fatimiden bald darauf in der Lage, Atsiz in Damaskus anzugreifen; und Atsiz rief seinen Lehnsherrn Tutusch zu Hilfe. 1079 ließ Tutusch den eigenmächtigen und ehrgeizigen Atsiz ermorden und wurde Alleinherrscher über einen Staat, der sich von Aleppo, das weiterhin unter seiner arabischen Dynastie verblieb, bis an die Grenzen Ägyptens erstreckte. Zum Statthalter von Jerusalem bestimmte Tutusch seinen Unterführer Ortok.

Die Eroberung Kleinasiens wurde Suleiman durch die Romanen selbst leichtgemacht. Die nächsten zwanzig Jahre ihrer Geschichte vergingen in einem Wirrwarr von Aufruhr und Verschwörung. Und als der Normanne Roussel von Bailleul sich 1073 anschickte, in Anatolien einen normannischen Staat zu gründen, erschien dies dem Kaiser gefährlicher als die Invasionen der Türken. Eine Gesandtschaft wurde zum seldschukischen Sultan Suleiman geschickt. Dieser versprach mit Zustimmung seines obersten Herrn Dscheladin, Hilfe zu leisten, und verlangte als Entgelt die Abtretung der anatolischen Provinzen. Roussel wurde gefangengenommen und an den Kaiser ausgeliefert. Im Frühjahr 1080 empörte sich Nikephoros Melissenos, der führende Feldherr in Asien, und schloß ein Bündnis mit Sultan Suleiman, was diesem ermöglichte, nach Bithynien einzumarschieren.

Noch besorgniserregender war Tschaka, der ehrgeizige türkische Statthalter von Smyrna. Dieser strebte nichts Geringeres an als die Nachfolge des Kaiserreichs. Er zog es vor, Romanen statt Türken in Dienst zu nehmen, da ihm klar war, daß eine starke Flotte unerläßliche Notwendigkeit war; zugleich aber bemühte er sich, die türkischen Fürsten in einem Bündnis zusammenzufassen, und verheiratete seine Tochter mit dem jungen Kilidsch Arslan, Suleimans Sohn. 1080 schwang er sich zum Herrscher über die ägäische Küste und die Inseln Lesbos, Chios, Samos und Rhodos auf.

Als es Melissenos nicht gelang, Konstantinopel einzunehmen, weigerte sich Suleiman, die von ihm besetzten Städte wieder herauszugeben. Stattdessen verlegte er den Sitz seines Sultanats nach Nikaia, kaum hundert Meilen von Konstantinopel entfernt. Als Alexios im April 1081 Kaiser wurde, war Romania in Asien außer der Südküste des Schwarzen Meeres, einigen isolierten Städten an der Südküste und der großen befestigten Metropole Antiochia wenig geblieben. Und Anfang 1085 wurde Antiochia, zusammen mit seinen kilikischen Städten, an Sultan Suleiman verraten. Alexios verschaffte sich mittels einer Mischung von Diplomatie und Säbelrasseln einen Vertrag, der Nikomedia und die anatolischen Küsten des Marmarameeres an das Kaiserreich zurückbrachte. 1086 marschierte Suleiman gegen Aleppo, dessen arabischer Herrscher seinen Lehnsherrn Sultan Tutusch zu seiner Rettung herbeirief. In einer Schlacht vor der Stadt blieb Tutusch Sieger und Suleiman wurde erschlagen.

Der Tod Suleimans stiftete unter den Türken Anatoliens heillose Verwirrung. Jetzt war Alexios in seinem Element. Er verschwor sich mit dem einen Häuptling gegen den anderen, spielte ihre wechselseitige Eifersucht gegeneinander aus, bot ihnen Bestechungsgelder und lockte sie mit Andeutungen über mögliche Heiratsbündnisse. Doch 1087 mußte er sich einer ernsten Invasion über die Donau entgegenstellen, die mit ungarischer Hilfe von den Petschenegen angeführt wurde. Daher konnte er den türkischen Fürsten Danischmand nicht daran hindern, sein Herrschaftsgebiet nach Westen zu erweitern und sogar den Stammsitz seiner Familie, Kastamuni in Paphlagonien, zu erobern. Erst 1091 befreite ihn seine Diplomatie, unterstützt von einem gewaltigen Sieg, dauernd von der Bedrohung durch die

Einfälle im Norden. Alexios, dessen Sorge dem Wiederaufbau der romanischen Flotte gegolten hatte, besiegte 1091 Tschaka zwar in einer Seeschlacht am Eingang des Marmarameeres, aber die Bedrohung blieb bestehen. Nikaia wurde sechs Jahre lang von einem türkischen Rebellen gehalten; aber im Jahr 1092 gelang es dem Reichskanzler Dscheladin (Malik-Schah), ihn durch den Sohn Suleimans, Kilidsch Arslan, zu ersetzen. Bei einem Gastmahl in Nikaia wurde Tschaka 1092 von seinem Schwiegersohn Kilidsch Arslan ermordet. Der Mord ging auf den Ratschlag des Kaisers an den jungen Sultan zurück, der fürchtete, Tschaka könne ihn verdrängen.

Im November 1092 wurde der Reichskanzler des Kalifen von Bagdad ermordet. Jetzt, da Suleiman, Tschaka und Dscheladin (Malik-Schah) tot waren, konnte Alexios daran denken, Danischmand zurückzudrängen und den Stammsitz seiner Familie von den Türken zu befreien. Er selbst hatte damals in Konstantinopel eine sichere Position, und in den europäischen Provinzen herrschte Ruhe. Seine Flotte war schlagkräftig; seine Schatullen waren vorübergehend gefüllt. Aber sein Heer war sehr klein. Seit dem Verlust Anatoliens standen ihm nur noch geringe einheimische Truppen zur Verfügung. Was er brauchte, waren gut ausgebildete ausländische Söldner.

Papst Urban II.

Als Kaiser Heinrich IV. mehrere Jahre in der Region um Verona eingeschlossen war, konnte der 58jährige Papst Urban II. Ende November 1093 endgültig nach Rom zurückkehren und durch listige Bestechung zu Ostern 1094 den Lateran in Besitz nehmen.

Von Gräfin Mathilde nach Tuszien geladen, berief Urban II. ein Konzil in Piacenza für Anfang März 1095 ein, das erste große Konzil seines Pontifikats. Hauptthema des Konzils, wie sollte es anders sein, war die Durchsetzung des Zölibats und die Bekämpfung der Simonie, was deutlich macht, daß diese ›Kirchenreform‹ der Päpste seit siebzig Jahren noch keine Früchte getragen hatte. Zu dieser Zeit weilten Gesandte des romanischen Kaisers in Italien, um Söldner für sein Heer anzuwerben; denn der Graf von Flandern hatte auf seinen Brief nicht reagiert. Urban nutzte die Gelegenheit und lud sie ebenfalls zum Konzil ein. Als letztes Thema griff Urban in Piacenza auf die Pläne Gregors VII. zurück und deutete an, daß die Christenheit im Osten den Heiligen Vater um Hilfe angefleht habe und daß er ihr Beistand versprochen habe. Dann gab er den Gesandten die Botschaft an den Kaiser, er wolle dafür sorgen, daß genügend christliche Ritter in seinen Dienst träten, um Antiochia von den Türken zu befreien.

Warum gerade Antiochia?

Da im Römischen Reich Kirche und Staat *eine* Gewalt darstellten, war der Kaiser Stellvertreter Gottes auf Erden und Pontifex maximus (Hohepriester) der christlichen Weltkirche. Der Patriarch von Konstantinopel wurde von ihm bestellt und war ihm untergeordnet. Auf dem vierten allgemeinen Konzil von Chalkedon im August 451, das Kaiser Marcianus einberufen hatte, bestätigte man die angemaßte Würde des Bischofs von Rom, Patriarch des Abendlandes zu sein, mit der Erklärung, diese beziehe sich auf den lateinischen Ritus (Gottesdienst in lateinischer Sprache) in der Westhälfte einschließlich Nordwestafrikas. Alexandria blieb für die griechischsprachige Kirche Nordostafrikas zuständig. Gleichzeitig wurde der Bischof von Jerusalem zum Patriarchen des irdischen Jerusalem und des Heiligen Landes erklärt. Somit gab es im Osten vier Patriarchen (Konstantinopel für Kleinasien und Osteuropa, Antiochia für Syrien, Alexandria für Ägypten und Nordostafrika und Jerusalem für das Heilige Land). Um deutlich zu machen, daß alle Patriarchen, einschließlich des Patriarchen des Abendlandes, dem Patriarchen von Konstantinopel als Oberhaupt der Weltkirche untergeordnet seien, verlieh das Konzil dem Patriarchen der Reichshauptstadt den Titel »Ökumenischer Patriarch«.

Der Bischof von Rom wehrte sich vehement dagegen und

fühlte sich nicht an diese Verordnung gebunden. Er bestand darauf, daß Petrus der erste Apostel sei, den Jesus berufen habe, daher sei er der Fürst der ganzen Kirche. Leo formulierte erstmalig die Überzeugung, daß die oberste und universale Gewalt der Kirche, wie sie Petrus ursprünglich von Christus verliehen wurde, auf alle folgenden Bischöfe Roms als Nachfolger des Apostels übergegangen sei. Als solcher nehme er die Aufgaben, Vollmachten und Privilegien des heiligen Petrus wahr. Ebenso wie der Herr Petrus mehr Machtfülle verliehen habe als den anderen Aposteln, so sei der Bischof von Rom »der Primas aller Bischöfe« und die mystische Verkörperung des Apostels. Seitdem reservierte er die Bezeichnung *Papa,* allerdings in der Bedeutung Papst, ausschließlich für sich, um nicht mit der Bezeichnung *Patriarch* auf gleicher Stufe mit den kirchlichen Oberhäuptern von Alexandria, Antiochia, Jerusalem und Konstantinopel stehen zu müssen.

In seinem Kampf um die Vorherrschaft in der christlichen Weltkirche dehnte der Papst den Heiligen Krieg auch auf die Patriarchen des Ostens aus, da sie der griechischen rechtgläubigen/irrgläubigen Kirche angehörten. Alexandria stand unter Herrschaft der Fatimidenkalifen und mußte zurückgestellt werden (zwei Kreuzzüge sollten ihm später gelten), die Eroberung des Heiligen Landes durch einen Kreuzzug sollte den Patriarchen von Jerusalem durch einen lateinischen ersetzen (was auch mit dem ›ersten‹ Kreuzzug geschah). Konstantinopel hob sich der Papst bis zuletzt auf (was mit dem ›vierten‹ Kreuzzug erledigt wurde). Doch Antiochia war in die Hände der Türken gefallen; der Kaiser war sehr daran interessiert, es zurückzubekommen. Hier sah der Papst die Chance, den Patriarchen auszuschalten und die Herrschaft der lateinischen Kirche dorthin zu verpflanzen. Daher brachte er die Rückeroberung Antiochias ins Gespräch.

Im April empfing er in Cremona die Huldigung des jungen Konrad und bot ihm unter der Bedingung, auf das Investiturrecht zu verzichten, die Aussicht auf die Erlangung des Kaisertums. Der 21jährige Rebell eilte nach Pisa, um seine reiche Braut, die Tochter Rogers von Sizilien, in Empfang zu nehmen.

Anfang August überschritt der 60jährige Papst die Alpen und betrat französisches Gebiet.

Die Nachrichten aus Italien beunruhigten den 34jährigen Herzog von Niederlothringen sehr. Solange der Kaiser in Norditalien weilte, so hatte Gottfried gehofft, würde der ›Reformpapst‹ keine Gelegenheit finden, die Expansionspläne seiner Vorgänger aufzugreifen und die Hand nach dem Osten auszustrecken. Doch das Konzil von Piacenza, keine 70 km südöstlich von Mailand, die Andeutung einer Hinwendung nach Osten sowie die Reise nach Frankreich verhießen nichts Gutes. Deshalb ließ er die Schritte Urbans, ehemals Odo von Lagery in der Champagne, Prior von Cluny, beobachten.

Urban befand sich seit August in Frankreich: Anfang August überschritt er die Alpen; am Sonntag, dem 5. August, weihte er in Valence die Kathedrale der Jungfrau und den Heiligen Cornelius und Cyprian. Dann begab er sich nach Romans, wo er einen Streitfall zwischen Hugo, dem Bischof von Grenoble, und Guy von Burgund, dem Erzbischof von Vienne, beilegte. In Begleitung des Bischofs von Grenoble setzte er über die Rhône, reiste durch das wilde Vivarais und gelangte am 11. August nach Le Puy. Dort empfing ihn Bischof Adhémar von Monteil. Hier beging Urban das Fest Mariä Himmelfahrt. Le Puy war das einzige Gebiet im gesamten Frankenreich, das dem Heiligen Stuhl direkt unterstellt war und als Eigentum des Kirchenstaates galt. Von Le Puy aus begab er sich nach La Chaise-Dieu und legte einen Zwischenaufenthalt in Monastier ein. Ende August befand er sich in Nîmes, um den neuen Bischof, Bertrand von Montredon, zu weihen. Am 1. September gelangte Urban nach Saint-Gilles. Dort beging er das Fest des Schutzheiligen der Abtei und blieb eine volle Woche. Am 11. September war der Papst in Tarascon, wo er das Gelände eines künftigen Priorates samt eines Kirchhofs segnete. Vom 12. bis zum 15. des Monats weilte er in Avignon, am 19. war er in Saint Paul-Trois-Châteaux. Entlang der Grenze des Reichs, am linken Ufer der Rhône, erreichte Urban Vienne und Lyon. Am 17. Oktober hielt er sich in Mâcon auf und am Donnerstag, dem 18., in Cluny, wo er am 25. Oktober den Hochaltar der großen Basilika weihte, die Abt Hugo zu bauen begonnen hatte. Von Cluny machte der Papst einen Umweg über Autun, dann legte er einen Aufenthalt bei der großen cluniazensischen Abtei Souvigny bei Moulins ein, um der Grabstätte des heiligen Maiolus, des heiligsten aller cluniazensischen Äbte, seine Ehrfurcht zu erweisen. Am 14. durchquerte das päpstliche Gefolge die zu Vulkangipfeln erstarrte Landschaft und erreichte bald Clermont. Als der für das geplante Unternehmen wichtigste Helfer des Papstes tritt hier Adhémar von Monteil hervor, seit 1077 Bischof von Le Puy. Er gehörte der Familie der Grafen von Valentinois an. Bereits nach dem Fall von Antiochia (1085) hatte er 1086–1087 im Auftrage Viktors III. eine Erkundungspilgerfahrt ins Heilige Land unternommen. Papst Viktor starb jedoch am 16. September 1087 im Kloster Monte Cairo (heute Monte Cassino) 60jährig, als Adhémar kurz davor von der Reise nach Jerusalem zurückgekehrt war.

Es war von Anfang an klar, daß Adhémar der päpstliche Legat für das Unternehmen werden sollte, denn er hatte die beste Kenntnis von den Verhältnissen um Antiochia. Das Ziel war nicht Jerusalem. Es handelte sich vielmehr um ein als Söldnermannschaft getarntes päpstliches Heer mit Petrus-Banner und päpstlichem Legaten, das im Auftrag des romanischen Kaisers Antiochia befreien, es jedoch nicht an diesen zurückgeben, sondern als päpstliches Lehen behalten sollte. Wieder also ein Heiliger Krieg gegen Romania. Und um nicht aufzufallen oder das Mißtrauen Kaiser Alexios' zu wecken, mied es Urban, normannische Söldner für dieses Unternehmen anzuwerben.

Warum keine Normannen?

Der 48jährige Kaiser Alexios Komnenos, der dritte Sohn von Johannes Komnenos und Neffe Kaiser Isaaks I., stammte aus einer begüterten Familie romanischer Großgrundbesitzer und war einer der militärischen Magnaten des Reiches, bevor er 1081 zum Kaiser gekrönt wurde. Während der kurzen Regierungen von Romanos IV., Michael VII. und Nikephoros III. hatte er seit 1068 militärische Dienste geleistet. Der Normanne in romanischen Diensten, Roussel von Bailleul, eroberte 1073 die Provinz Galatien, bestehend aus Lykaonien und Paphlagonien in Kleinasien, und machte sich dort selbständig. Im Herbst 1073 stand er dem Gegenkaiser Caesar Johannes Dukas bei und marschierte mit diesem auf Konstantinopel zu. Nun entsandte Kaiser Michael VII. 1074 den 26jährigen Alexios Komnenos gegen Roussel. Mit Hilfe des Seldschuken Danischmand gelang es Alexios, Roussel gefangenzunehmen und nach Konstantinopel zu führen. Als der Dux von Dyrrhachion (im heutigen Albanien), Nikephoros Bryennios, Anfang November 1077 als Gegenkaiser in seine Vaterstadt Adrianopel einzog und von hier ein Heer entsandte, das bis vor die Mauern von Konstantinopel vorstieß, konnte Kaiser Michael VII. auf die Dienste des tüchtigen Kriegers Roussel von Bailleul nicht verzichten. Er entließ ihn aus dem Gefängnis, damit er zusammen mit Alexios Komnenos gegen den neuen Usurpationsversuch kämpfe.

Am 7. Januar 1078 ließ sich der Stratege des Themas der Anatoliken, Nikephoros Botaneiates, zum Kaiser ausrufen und zog seinerseits gegen Konstantinopel, nachdem er sich des Beistands Suleimans versichert hatte. Kaum war er im März mit seinem Heer in Nikaia eingerückt, brach in der Hauptstadt ein Aufstand aus, an dem auch die Kirche großen Anteil nahm. Kaiser Michael VII. mußte die Krone ablegen und sich in das Studitenkloster zurückziehen. Nikephoros Botaneiates wurde auf den Kaiserthron berufen, zog am 24. März in Konstantinopel ein und empfing am gleichen Tag vom Patriarchen die Krone als Nikephoros III. Um die Verbindung mit dem Dukashause herzustellen und dem romanischen Legitimitätsgefühl Genüge zu tun, heiratete er Kaiserin Maria, die Gattin seines Vorgängers, wiewohl dieser noch am Leben war, und erklärte ihren Sohn Konstantin zum Thronerben. Robert Guiskard erachtete die geplante Heiratsverbindung durch den Sturz des Kaisers als beendet und traf seinerseits Vorkehrungen, gegen Konstantinopel vorzugehen und den Thron für sich selbst – er hatte sich schon seit 1060 als Rechtsnachfolger des romanischen Kaisers gesehen – zu beanspruchen.

Im Dienste des neuen Kaisers beseitigte Alexios den Gegen-

kaiser Nikephoros Bryennios und darauf auch Nikephoros Basilakios, der diesem in der Stellung des Dux von Dyrrhachion und
dann auch in der Rolle des Gegenkaisers gefolgt war. Im Mai
1080 landete Robert Guiskard an der Ostküste der Adria auf romanischem Boden und rückte gen Osten vor. Als sich Ende 1080
Nikephoros Melissenos in Nikaia zum Gegenkaiser erhob und
nach dem Beispiel des Botaneiates die Hilfe Suleimans anrief,
hielt sich Alexios zurück. Damals beherrschte Suleiman bereits
das ganze kleinasiatische Gebiet von Kilikien bis zum Hellespont
und gründete hier, auf ältestem romanischen Boden, das Sultanat Rum; das römische (romanische) Sultanat.

Unter sämtlichen Vertretern der Militäraristokratie, die sich
um die Kaiserkrone bewarben, war Alexios Komnenos nicht nur
der hervorragendste Feldherr, sondern der einzige wirkliche
Politiker. Er verstand es, sich den Boden im Heer und in
der Hauptstadt mit vorausblickender Klugheit und großem
diplomatischen Geschick vorzubereiten und sich auch mit der
Gegenpartei zu verständigen. Kaiserin Maria sah in ihm den
Schutzengel ihres kleinen Sohnes Konstantin Dukas, für den sie
noch immer die Kaiserkrone erhoffte. Die Zusammenkunft im
thrakischen Tzurullon, auf der seine Erhebung beschlossen
wurde, hatte den Charakter eines Familienrates der Komnenen
und der Dukas. Alexios einigte sich mit dem Gegenkaiser Nikephoros Melissenos, seinem Schwager, indem er diesem den
Cäsartitel versprach. Dann drang Alexios in Konstantinopel ein,
dank der Verständigung mit dem Befehlshaber der Garnison.
Drei Tage lang war die Hauptstadt ein Schauplatz der wildesten
Plünderungen und Gewalttaten.

Mit Hilfe seines Bruders Isaak und seiner großartigen Mutter
Anna Dalassena sowie des mächtigen Dukashauses, zu dem
seine Gattin Irene gehörte, entriß er Nikephoros III. den
Thron. Unfähig, das Reich vor dem Zerfall zu retten oder seine Stellung als Herrscher zu wahren, dankte dieser ab und zog
sich in das Peribleptos-Kloster zurück. Am Ostersonntag, dem
4. April 1081, wurde der 33jährige Alexios Kaiser eines Reiches,
das von allen Seiten bedroht wurde: von Normannen im Westen, Petschenegen im Norden und Seldschuken im Osten. Um

die Normannen zurückzuschlagen, bestätigte er den Status quo in Kleinasien, indem er Suleiman das von diesem besetzte Gebiet nachträglich konzedierte. Damit hatte er formell die Hoheitsrechte von Romania über das Sultanat Rum gewahrt und erklärte die Seldschuken im Reich, gleich den Petschenegen auf der Balkanhalbinsel, zu Föderaten, die das Land mit kaiserlicher Einwilligung hielten.

Seine gesamten Kräfte mußte Alexios auf den Kampf mit den Normannen richten. Denn nach der Unterwerfung des romanischen Besitzes in Süditalien hatte Robert Guiskard auch die östliche Adriaküste angegriffen. Wie aus dem Hofzeremoniell und den Münzen des Normannen erkennbar war, galt ihm als Endziel die Kaiserkrone von Romania; sein nächstes Ziel war die Einnahme Dyrrhachions, das ihm den Weg nach Konstantinopel öffnen sollte. Der neue Kaiser brachte ein Heer zusammen, das naturgemäß überwiegend aus fremdstämmigen Söldnern, zu einem bedeutenden Teil aus von den Normannen vertriebenen Angelsachsen, bestand. Alexios bot alles auf, um Bundesgenossen gegen den überlegenen Feind zu finden, knüpfte Verhandlungen sowohl mit Gregor VII. als auch mit Heinrich IV. an und sicherte sich die Hilfe Venedigs.

Die Seerepublik Venedig mußte sich um jeden Preis die Bewegungsfreiheit auf der Adria sichern und daher dort die Festsetzung einer Macht an beiden Küsten unbedingt zu verhindern suchen. Demgemäß war damals Robert Guiskard der Feind und Romania der natürliche Verbündete Venedigs. In der Tat versetzte Venedig der normannischen Flotte eine schwere Niederlage, und damit war die Belagerung Dyrrhachions von der Seeseite aufgehoben. Auf dem Lande dauerte sie fort, und ein Sieg Robert Guiskards über die kaiserlichen Truppen im Oktober 1081 brachte die Stadt in seine Hände. Danach drangen die Normannenscharen tief in das Reichsland ein, durchzogen Epiros, Makedonien und Thessalien und belagerten Larissa. Indessen wurde Robert Guiskard im Frühjahr 1082 durch einen von kaiserlichen Parteigängern in Süditalien entfachten Aufstand genötigt, Griechenland zu verlassen und das Kommando seinem Sohn Bohemund zu übergeben. Dieser zog sich 1083 nach Italien zurück, erschien jedoch im folgenden Jahr erneut mit seinem Vater und vernichtete die venezianische Flotte bei Korfu. Der romanische Widerstand erstarkte nach und nach, und unter dem Druck des kaiserlichen Heeres traten die Normannen den Rückzug an. Inzwischen nahmen die Venezianer als Bundesgenossen des Kaiserreichs Dyrrhachion wieder ein. Der Krieg fand erst ein Ende, als Robert Guiskard im Juli 1085 in Kephalon starb und seine Söhne sich über sein Erbe zerstritten. Die Wirren, die nach seinem Tode in Süditalien ausbrachen, befreiten Romania für längere Zeit von der normannischen Gefahr.

DER ZUG GEGEN ANTIOCHIA

Urban traf die Entscheidung: Südfranzosen aus dem Languedoc sollten es sein. Und nach der Besprechung des Unternehmens in Le Puy machten sich Papst und Bischof auf den Weg zu dem Mann, der die militärische Führung des Kriegszugs übernehmen sollte, dem 53jährigen Raimund von Saint-Gilles. 1064 hatte er an dem Heereszug in Nordspanien teilgenommen, seit 1066 war er Markgraf der Provence, bereits 1074 hatte Gregor VII. den damals 32jährigen Markgrafen für seine Pläne eines Zuges gen Osten zu gewinnen versucht, da er sich bei den Kämpfen in Nordspanien ausgezeichnet hatte. 1085 war er erneut in Nordspanien dabei, als Toledo eingenommen wurde.

Raimund war damals auf dem Gipfel seiner Macht. Von seinem Bruder besaß er seit 1093 die Grafschaften Toulouse, Cahors, Lodève, Albi. Außerdem hatte er seine eigenen Besitzungen, nämlich die Grafschaften Rouergue, Narbonne, Agde, Béziers, Nîmes, Uzès, Gévaudan, Viviers, Venaissin. Die Grafen von Die und Foix sowie der Herr von Montpellier huldigten ihm. Da er eine Ehe mit einer Halbschwester eingegangen war, wurde er exkommuniziert, dann aber wieder vom Papst in Gnaden aufgenommen. Seitdem war er der »geliebte Sohn« Urbans und stand in dessen Schuld.

Von Le Puy aus begab sich Urban nach La Chaise-Dieu und legte dann, auf dem Weg nach Nîmes, einen Zwischenaufenthalt in Monastier ein. Ende August war er in Nîmes, um den neuen Bischof zu weihen. Und am 1. September waren Urban und Adhémar in Saint-Gilles. Hier beging der Papst das Fest des Schutzheiligen der Abtei, deren Schirmherr Graf Raimund war. Nun waren Herzog Gottfried die Absichten des Papstes klar. Die Zeit drängte. Sollte er sein Vorhaben in die Tat umsetzen wollen, so müßte er dem Papst zuvorkommen. Konrad, der designierte Herzog von Niederlothringen, war inzwischen 21 Jahre alt; nur seine Rebellion gegen den Vater hatte Kaiser Heinrich IV. bislang daran gehindert, ihm das Herzogtum zu übertragen. Und wenn Vater und Sohn sich versöhnten?! Gottfried hatte im Abendland nichts mehr verloren, sein Platz war jetzt in Jerusalem.

Die Pilgerfahrt nach Jerusalem

An die jüdischen Gemeinden Nordfrankreichs und Niederlothringens schrieb Gottfried, der Nachkomme Davids, erklärte seinen heiligen Willen, das Reich Davids im Heiligen Land wiederzuerrichten, und forderte die Juden auf, sich ihm anzuschließen und in das Gelobte Land zurückzukehren oder aber den Zug finanziell zu unterstützen. Die Mönche der Abtei Orval (25 km südöstlich von Bouillon am untersten Zipfel Niederlothringens) unter Leitung des 45jährigen Petrus von Amiens sollten ihn begleiten und für die geistliche Erneuerung Sorge tragen. Daß die Schreiben Gottfrieds wohlwollend aufgenommen wurden, zeigt die Tatsache, daß die Juden von Mainz und Köln dem Herzog je die Summe von fünfhundert Silberstücken als Unterstützung zahlten. Mit diesen Schreiben bewaffnet, machte sich Petrus von Amiens noch Anfang November auf den Weg zur ersten jüdischen Gemeinde nach Bourges, etwa 160 km nördlich von Clermont.

Wie ein Wanderprediger trat er auf und berichtete, er sei vor drei Jahren auf einer Pilgerfahrt nach Jerusalem von den Türken mißhandelt und zur Umkehr genötigt worden. Zwar sei er klein von Gestalt, doch die Macht Gottes spreche aus ihm und rufe auf zu einem Pilgerzug, um es den Türken zu zeigen und den Weg für die Pilgerreise nach Jerusalem freizumachen. Seine Zuhörer bezeichneten ihn daraufhin als den »Kleinen Peter« – *chtou* oder *kiokio* im Dialekt der Picardie –, aber die Eremiten-Kutte, die er trug, verlieh ihm den Namen »Peter der Eremit«, unter welchem er in der Geschichte besser bekannt ist. Er war klein und untersetzt, von brauner Hautfarbe, mit einem langen hageren Gesicht; er ritt einen Esel, der nahezu die gleiche Verehrung genoß wie er selbst. Er ging barfuß; seine Kleider starrten vor Schmutz. Er aß weder Brot noch Fleisch, wohl aber Fisch. Trotz seines Aussehens besaß er die Macht, die Gemüter der Menschen zu bewegen. Eine eigentümlich gebieterische Autorität strahlte von ihm aus. »Was immer er sagte oder tat«, so erzählt uns Guibert von Nogent, der ihn persönlich kannte, »schien halbgöttlicher Art zu sein.«

Die Legende hat Petrus noch verklärt und dichtete ihm eine ›Entstehungsgeschichte des Kreuzzuges‹ an, der bis auf den heutigen Tag nur allzu oft Glauben geschenkt worden ist.

Danach ist der Eremit ums Jahr 1094 nach Jerusalem gepilgert und hat mit Schmerzen wahrgenommen, welch heidnischen Greuel die Seldschuken dort verübten. Eines Tages ist er – so erzählt die Sage – in der Kirche des Heiligen Grabes betend eingeschlafen; da erschien ihm der Heiland in himmlischem Glanz und sprach zu ihm, dem schwachen und gebrechlichen Menschen: »Peter, teuerster Sohn, stehe auf, gehe hin zu meinem Patriarchen und nimm von ihm den Brief meiner Sendung. In der Heimat sollst Du erzählen von dem Elend der heiligen Stätten und sollst die Herzen derer, die da glauben, erwecken, daß sie Jerusalem reinigen und die Heiligen aus der Hand der Heiden erretten. Denn die Pforten des Paradieses sind ihnen eröffnet, die ich erwählt und berufen habe.« Und Peter stand auf in der Frühe und ging zu dem Patriarchen, daß er den Brief der Sendung empfange. Der Patriarch aber gab ihm den und dankte ihm sehr, und Peter ging hin und vollbrachte die Meerfahrt in großer Angst, bis er nach Bari kam und endlich nach Rom. Da vernahm der Papst in Demut und Freuden das Wort des Berufes und zog hin nach Clermont, den Weg des Herrn zu predigen. Und es erhoben sich alle Lande und alle Fürsten und Ritter in ganz Frankreich, um das Heilige Grab zu befreien.

Urbans Zug stand bereits fest, es fehlte die dramatische Inszenierung, und das wurde am Dienstag, dem 27. November 1095, nachgeholt. An diesem Tag rief er gegen Ende des Konzils von Clermont zur »Heiligen Reise« auf (erst nachdem Jerusalem den Franken in die Hände gefallen war, nannten die Chronisten den Zug gen Osten »die Reise nach Jerusalem«, was ursprünglich nicht vorgesehen war) und erntete den Gegenruf der Anwe-

senden »Deus le volt!« (Gott will es), der in die Geschichte eingehen sollte. Jerusalem wurde mit keinem Wort erwähnt, da es
ohnehin nicht das Ziel der Reise war. Aus Clermont schrieb er
an den Kaiser nach Konstantinopel und teilte ihm mit, daß eine
stattliche Truppe aus Südfrankreich am 15. August des kommenden Jahres (Mariä Himmelfahrt) aufbrechen und sich in seine
Dienste stellen würde, um das altehrwürdige Antiochia zurückzuerobern. Am 2. Dezember verließ Urban Clermont, am 22.
Dezember kam er in Limoges an.

Da fiel ihm der Brief des Kaisers von 1093 an den Grafen von
Flandern ein, mit dem der Kaiser ihn an sein Versprechen erinnerte, eine fünfhundert Mann starke Söldnertruppe zu schicken.
Käme dieser der Aufforderung nach, erhielte das päpstliche Unternehmen unliebsame Konkurrenz. Dagegen wußte der diplomatische Urban eine Lösung. Er schrieb aus Limoges den Grafen an, ermutigte ihn, dem Kaiser zu Hilfe zu eilen, der im
Osten Anatoliens türkische Invasoren bekämpfen wollte, führte
das Beispiel Roussels von Bailleul an und schlug vor, der Graf
und seine Mitstreiter sollten sich dort selbständig machen und
Gebiete für sich behalten, die sie vom Papst zu Lehen empfangen würden. So funktionierte Urban das nordische Kontingent
zu einem zweiten Heiligen Krieg gegen Romania um und lenkte es von Antiochia ab.

Der Pilgerzug

Der Eremit Petrus von Amiens begann bereits Anfang November 1095 in der Grafschaft Berry für den *Pilger*zug zu predigen,
freilich ohne Auftrag vom Papst und nicht für seinen *Kriegs*zug.
Er war doppelt erfolgreich: Die französischen Juden gaben ihm
bereits im Dezember Empfehlungsschreiben an die jüdischen
Gemeinden ganz Europas, worin diese aufgefordert wurden, ihn
willkommen zu heißen, anzuhören und ihn und sein Pilgerheer
mit allem zu versorgen, dessen er bedurfte. Im Februar 1096
predigte Petrus im Orléanais.

Ein anderer nicht vom Papst beauftragter Prediger war der

Bretone, Eremit und Wanderprediger Robert von Arbrissel, der später (1099) den Orden von Fontevrault gründen sollte. In Angers, 100 km westlich von Tours, traf er zwischen dem 6. und dem 12. Februar 1096 auf den Papst und begann seitdem, die Heilige Reise im Langue d'oïl (Nordfrankreich) zu predigen. Seine Motive waren aufrichtig, wenn er auch das falsche Publikum ansprach, wie sich bald herausstellen sollte. Am 12. Februar war Urban in Glanfeuil, am 14. in Chinon und Sablé, am 16. in Mans, am 19. in Vendôme. Zu dieser Zeit befand sich der 31jährige Robert II., Graf von Flandern, bei seinem 42jährigen Vetter Robert II., Herzog der Normandie (Mathilde von Flandern war die Mutter Roberts von der Normandie). Mit von der Partie war auch des Herzogs Schwager Stephan, Graf von Blois und Chartres (er war mit Adele, der Schwester Roberts von der Normandie, verheiratet). Der Graf von Flandern gab zum besten, was der Kaiser von Romania und der Papst ihm geschrieben hatten. Gefragt, was er zu tun beabsichtige, versicherte er, so eine Gelegenheit könne man nicht versäumen; der Orient sei unermeßlich groß und reich, warum solle es für sie keinen Platz dort geben?

Anfang März predigte Petrus von Amiens in der Champagne und danach in Lothringen, sammelte Menschen und Geldspenden von den jüdischen Gemeinden (Urban II. war währenddessen am 16. März in Tours, wo er bis 22. eine Synode abhielt und von der Heiligen Reise sprach). Am 22. März zog er mit etwa fünfzehntausend Pilgern über die Städte an der Maas, Namur, Lüttich und Aachen. Anfang April hielt sich der Eremit in Trier auf (Urban begegnete er auf dem Rückweg von Tours in Poitiers), dann zog er weiter nach Köln, wobei er sich aber noch immer in Niederlothringen befand.

Es war ein Zeitalter der Prophezeiungen und Gesichte, und Petrus der Einsiedler wurde allgemein als Visionär angesehen. Der mittelalterliche Mensch war überzeugt, daß Christi Wiederkehr unmittelbar bevorstehe. Es galt, Buße zu tun, solange hierzu noch Zeit war; man mußte ausziehen, um gute Werke zu verrichten. Die Kirche lehrte, daß Sünden durch eine Pilgerfahrt abgebüßt werden konnten, und Prophezeiungen erklärten, das Heilige Land müsse für den Glauben zurückgewonnen werden, ehe Christus wiederkehren könne. Überdies bestand für unwissende Geister kein klarer und deutlicher Unterschied zwischen Jerusalem und dem Neuen Jerusalem. Viele von Petrus' Zuhörern glaubten, er verspreche ihnen, sie aus ihrem gegenwärtigen Elend in das Land voll Milch und Honig zu führen, von dem die Heilige Schrift sprach. Die Reise dorthin würde hart und beschwerlich sein; die Legionen des Antichrist mußten überwältigt werden. Aber das Ziel war Jerusalem, das Goldene.

Die riesige, bunt zusammengewürfelte Menge von Begeisterten, die sich um Petrus von Amiens geschart hatte, bestand aus Menschen jeglicher Art aus verschiedenen Landstrichen. Einige hatten ihre Frauen mitgebracht, andere auch ihre Kinder. Die meisten von ihnen waren Bauern, aber es war auch Stadtvolk darunter, jüngere Sprößlinge von Ritterfamilien, ehemalige Straßenräuber und regelrechte Verbrecher. Das einzige, was sie verband, war ihr Glaubenseifer. Samt und sonders hatten sie alles, was sie besaßen, aufgegeben, um Petrus zu folgen; und sie drängten danach, weiterzuziehen.

Noch bevor Petrus Köln erreichte, gesellte sich ein Walter Sans-Avoir (Habenichts) mit einigen Tausenden seiner französischen Landsleute zu ihm. Der Name war nicht lange zutreffend; denn während Petrus ein wahrer Gottesmann war, der für sich nichts verbrauchte, bevorzugte Walter Sans-Avoir eine überspitzte Hofhaltung. Er ernannte Höflinge, hielt sich einen Harem, Pferde und Zwerge, trug Edelsteine und protzige Ringe und trank nur noch edelste Weine. Deutlicher konnte der Unterschied zwischen seinem Kriegszug und dem Pilgerzug des Eremiten nicht sein. Petrus war nicht bereit, diese Leute in seinem Pilgerzug aufzunehmen, denn er hätte auch für ihre Verpflegung sorgen müssen. Sie alle trafen am Ostersamstag, dem 12. April 1096, in Köln ein. (Urban hielt sich in Saint-Maixent, Saint-Jean d'Angély, Saintes und Bordeaux auf. Dort war der Erzbischof Amat von Oloron auf dem laufenden über den Kampf gegen den Islam in Spanien.) Bereits am Osterdienstag, dem 15. April, machten sich die Franzosen auf den Weg nach Ungarn, noch bevor Petrus mit seinem gewaltig angewachsenen Haufen weiterziehen und die ganze Wegstrecke an Verpflegung für sie leerkaufte. Sie zogen rheinaufwärts, sodann den Neckar entlang und an der Donau hinab.

Die Pilgerfahrt der Nordfranzosen

Inzwischen liefen die Vorbereitungen in Nordfrankreich für die »Pilgerfahrt« auf Hochtouren. Da der Vater 1089 eine Pilgerfahrt nach Jerusalem unternommen und den Rückweg mit einem Dienst am Kaiser verbunden hatte, konnte sich Robert II. von Flandern das Unternehmen nur als Pilgerfahrt vorstellen. Es waren eine ganze Reihe von Maßnahmen bekannt, die Pilgerfahrt zu finanzieren, was die Benediktiner seit zwei Jahrhunderten organisiert hatten. Die Maßnahmen erlaubten den Pilgern, frei über ihre Besitztümer zu verfügen, selbst wenn diese unveräußerlich waren, und die nun verkauft, verpfändet oder mit Hypotheken belastet werden durften. Sie durften sogar ihr Lehen verpfänden. Wenn ihnen die Lehnsherren kein Geld leihen konnten oder wollten, war den Pilgern erlaubt, ihre Ländereien den Kirchen, den Kirchenmännern oder jedem anderen Gläubigen (was die Juden ausschloß) als Pfand zu übereignen.

Oft liehen die Klöster Geld. Dafür bietet der Pfandvertrag zwischen Achard von Montemerle und Cluny ein Beispiel. Er wurde in der Abtei am 12. April 1096 ausgestellt.

»Ich, Achard, Ritter, aus dem Schloß, das man Montemerle nennt, Sohn des Guichard von Montemerle, ich also, Achard, bin Zeuge des Aufbruchs des christlichen Volkes, das sich anschickt, nach Jerusalem zu ziehen. (…) Da mich dieselbe Bewegung erfaßt hat und ich auch bewaffnet aufbrechen möchte, schließe ich folgende Abmachung mit Herrn Hugo, dem ehrwürdigen Abt von Cluny, und seinen Mönchen. (…) Daher verpfände ich einen Besitz aus meinem väterlichen Erbe und empfange dafür von ihnen zweitausend Heller Lyonesischen Geldes und vier Maultiere. Der vorliegende Pfandvertrag enthält die Bedingung, daß der Rückkauf nur durch mich selbst geschehen kann und durch niemanden meines Geschlechts oder meiner Familie. Wenn ich bei dieser Pilgerfahrt nach Jerusalem sterbe oder aus irgendeinem Grund im Orient bleiben will, dann verfällt die Verpfändung des vorliegenden Objekts. Dieses bleibt für immer im rechtmäßigen Besitz und in der Erbmasse des Klosters Cluny.«

Seit langem verstanden es die Cluniazenser meisterhaft, ihren Besitz zu vergrößern, indem sie Geld auf Pfand liehen oder Ländereien mit dem Geld aus Stiftungen und Totenmessen für die Seelen im Fegefeuer kauften.

Die Normandie hatte traditionelle Beziehungen zu Jerusalem. Bereits Herzog Richard III. hatte 1027 Almosen nach Jerusalem geschickt, und Robert I. hatte 1035 eine große Reisegesellschaft ins Heilige Land geführt und war dabei in Nikaia gestorben. Doch diesmal war es anders: Diesmal wollte Robert II. nicht von Kleinasien zurückkehren. Seit 1087 regierte er in der Normandie nur mit Mühe, deshalb fiel es ihm nicht schwer, sein Herzogtum für zehntausend Mark Silbergeld seinem Bruder Wilhelm II. Rufus, König von England, zu verpfänden. Daraus wird der Charakter dieser »Pilgerfahrt« klar: Nach dem Motto »Auf nach Osten!« wollte man sich im Namen des Herrn und dem Segen seines Stellvertreters neue Reiche erobern und kolonisieren. Unter den 44 bekannten Gefährten, die Robert II. Herzog der Normandie begleiten würden, hatten wenigstens zehn ihre Güter an Klöster verpfändet oder »gegeben«, davon sechs an Saint-Vincent zu Mans. Gegen Bezahlung waren die als Pfand oder für wohltätige Zwecke übergebenen Güter abgegolten. Thurstin, Vogt von Luc-sur-Mer, verpfändete in Saint-Etienne sein freies Grundeigentum von 40 »acres« an Luc für vier Mark Silbergeld und ein Reittier. Er würde mit seiner Frau und seinem Sohn aufbrechen. Wilhelm von Vast gab seinen Grundbesitz gegen drei Mark der Abtei von Fécamp zum Pfand.

Ähnliches spielte sich in Südfrankreich ab. Chatard gab »sein ganzes Erbgut Gott und Saint-Martin de Savigny« bei Lyon und erhielt von Itier, dem »zweiten Abt«, 250 Heller und ein Maultier. Für den Fall, daß er von der frommen Unternehmung zurückkehre und Mönch werde, bleibe das Erbgut dem Kloster »als Almosen für die Ruhe seiner Seele«. Tatsächlich konnte er seinen Besitz nach der Rückkehr nur unter der Bedingung wiedererwerben, daß er heiratete und leibliche Erben hatte.

Die Ausrüstung eines Ritters für den Krieg war besonders kostspielig, ganz abgesehen vom Unterhalt seiner Leute. Dabei hatte der Papst eine Abwesenheit von drei Jahren vorgesehen! In jener Epoche kostete ein Panzerhemd so viel wie ein ziemlich großes Stück Land, von dem ein Bauer mit seiner Familie leben konnte. Wenn zwei Ritter handgreiflich wurden, kam es nicht selten vor, daß der Besiegte seine ganze Ausrüstung als Lösegeld hergeben mußte. Ein Pferd kostete in der Regel fünfmal so viel wie ein Feldochse. Wenn ein Vasall sein Pferd im Dienst seines Herrn verlor, mußte dieser ihm gewöhnlich ein neues stellen.

Die Pilgerfahrt und der Heereszug hatten den Geldwert brutal in die Höhe getrieben, da der Geldbedarf plötzlich anwuchs. Der Denar, der 1095 so viel wert war wie die Mahlzeit eines Arbeiters kostete, war 1096 so viel wert wie ein Hammel.

Petrus am Rhein

Petrus' Predigten hatten auch in Köln Erfolg. Man versorgte sein Pilgerheer kostenlos mit dem Nötigen. Unter den vielen Deutschen, die seinem Ruf folgten, befanden sich mehrere Angehörige des hohen und niederen Adels, an ihrer Spitze Graf Hugo von Tübingen, Graf Heinrich von Schwarzenberg, Walter von Teck und die drei Söhne des Grafen von Zimmern. Davor hatten sich ihm die Deutschen Orel und Gottschalk angeschlossen. Petrus der Eremit verließ Köln am 20. April mit nahezu zwanzigtausend Männern und Frauen. Es war unerläßlich, diese Masse ununterbrochen in Bewegung zu halten, wenn man sie ernähren wollte; nur wenige Gegenden des mittelalterlichen Europa besaßen einen ausreichenden Überschuß an Lebensmitteln, um die Bedürfnisse einer derart zahlreichen Gesellschaft längere Zeit hindurch zu befriedigen. Das war, wie bereits gesagt, der Grund, weshalb Walter Habenichts mit seinem Haufen vor Petrus aufgebrochen war. Dennoch hatten Walter und Petrus nichts verabredet. Der Eremit hatte seinen Auftrag und sein Ziel. Sein Pilgerzug sollte den Weg für den Ritterzug Gottfrieds vorbereiten, so daß dieser ohne Zwischenfälle bis nach Konstantinopel kommen konnte. Er zog die übliche Straße von Köln den Rhein und Neckar hinauf zur Donau. Gottschalk blieb zurück, um weitere deutsche Gruppen Petrus zuzuführen, die dessen feuriger Eifer entflammt hatte. Petrus achtete darauf, daß sein Zug ordentlich und gesittet durchs Land zog. Deshalb wetterte er gegen Diebstahl und Hurerei, verfluchte auch diejenigen, die ihre kleinen Kinder gegen Getreide und Wein eintauschten. Es war fraglich, ob die Schatztruhe voller Goldstücke, die er mit sich führte, für die Reise ausreichen würde.

Gegen Ende April 1096 machte sich als dritter ein gewisser Volkmar mit über zehntausend Mann aus dem Rheinland auf, um sich Petrus im Osten anzuschließen. Er nahm die durch Böhmen verlaufende Straße nach Ungarn. Wenige Tage später brach als vierter Petrus' alter Schüler Gottschalk mit einem etwas größeren Haufen auf, und zwar entlang der Hauptstraße rheinaufwärts und durch Bayern, die auch Petrus selbst genommen hatte.

Rachezug gegen die Juden

Hier sollten wir auf ein Randgeschehen eingehen, das mit dem Pilgerzug des Eremiten nur bedingt etwas zu tun hatte: die Ausschreitungen gegen die Juden. Alle Quellen berichten von einem Massenmord der Juden in Rouen (Normandie) noch Ende November 1095. Der voreingenommene Steven Runciman hält es für »unwahrscheinlich, daß sich ein solches Massaker tatsächlich ereignete«. Ich bin auch der Meinung, daß etwas daran unwahrscheinlich war, nämlich daß es im Zusammenhang mit dem Pilger- oder Kriegszug in den Orient geschehen war. Denn Ende November 1095 konnte die Normandie noch nicht von dem Aufruf Urbans II. zum Kriegszug gehört haben, da dieser Aufruf just am 27. November ergangen war. Auch kann es nicht aufgrund der Predigttätigkeit des bretonischen Eremiten Robert von Arbrissel geschehen sein, da dieser erst im Februar 1096 begonnen hatte. Ganz gleich, welche Gründe dahintersteckten, das Massaker hatte mit dem Pilgerzug des Eremiten Petrus von Amiens nicht das geringste zu tun. Wohl aber müssen solche Elemente mit Walter Sans-Avoir nach Köln gekommen sein, die den Judenhaß in Nordfrankreich mit dem Pilgereifer verbunden haben. Denn nach Abzug des Walter Habenichts (15. April) sowie Petrus' von Amiens (20. April) aus Köln kam es noch im April in Köln zu Ausschreitungen gegen die Juden.

Inzwischen hatte Graf Emich von Leiningen, ein kleiner rheinischer Edelmann, der sich durch Raubüberfälle und gesetzeswidrige Ausschreitungen bereits einen gewissen »Ruf« erworben hatte, eine eigene Truppe zusammengestellt und sich auf das Religiöse eingestellt. Er behauptete nämlich, ihm sei auf wundersame Weise ein Kreuz ins Fleisch eingebrannt. Eine Vielzahl einfältiger und begeisterungsfreudiger Pilger schloß sich ihm an, aber auch Angehörige des französischen und deutschen Adels wie die Herren von Zweibrücken, Salm und Viernenberger, Hartmann von Dillingen, Drogo von Nesle, Clarambald von Vendeuil, Thomas von La Fère und der Vizegraf Wilhelm von Melun, wegen seiner gewaltigen Körperkräfte »der Zimmermann« genannt.

Die Ausschreitungen in Köln gegen die Juden brachten Graf Emich auf die Idee, den Kriegszug gegen die Feinde des Christentums gleich vor Ort am Samstag, dem 3. Mai, zu beginnen, nämlich gegen die jüdische Gemeinde zu Speyer, nahe seinem Heimatort. Es war kein sehr eindrucksvoller Angriff. Der Bischof von Speyer stellte die Juden unter seinen besonderen Schutz. Die Soldaten Christi konnten nur ihrer zwölf habhaft werden, die sie erschlugen, nachdem sie sich geweigert hatten, zum Christentum überzutreten. Der Bischof brachte es zuwege, mehrere der Mörder gefangenzunehmen, denen zur Strafe die Hände abgeschlagen wurden.

Die Übeltäter von Köln hatten inzwischen am Montag, dem 5. Mai, Worms erreicht. Hier gruben sie einen vor dreißig Tagen beigesetzten Toten aus und zeigten die Leiche der Volksmenge. »Seht, seht, was die Juden unserem Nachbarn angetan haben! Sie haben diesen Christen in Wasser gekocht und dasselbe Wasser in unsere Brunnen geschüttet, um uns zu vergiften.« Die Fanatiker und die Menge gebärdeten sich wie verrückt. »Die Stunde ist gekommen«, sagten sie, »um uns für den Tod Christi zu rächen, den ihre Väter gekreuzigt haben. Diesmal wird keiner entkommen.« Die jüdische Gemeinde von Worms teilte sich auf. Die einen blieben zu Hause, die anderen flüchteten in den Palast des Bischofs.

Am 8. Mai gelangte Walter Habenichts mit seinem Haufen an die ungarische Grenze. Von hier aus sandte er Boten an König Koloman und ersuchte um Erlaubnis, sein Königreich zu durchqueren, sowie um Unterstützung bei der Beschaffung von Lebensmitteln für seine Leute. Koloman erwies sich als wohlgesonnen. Das Heer durchzog Ungarn ohne Zwischenfall. (Urban ging über Nérac und Lyrac nach Toulouse. Er hielt sich eine Woche lang in Moissac auf, einem bedeutenden Tochterkloster von Cluny. In Moissac trat er mit Abt Hugo zusammen und weihte dem heiligen Kreuz einen Altar.) Emich und seine Truppen trafen am 18. Mai in Worms ein und wurden von der aufgebrachten Bevölkerung freudig begrüßt. Jeder Jude, den sie ergriffen, wurde zu Tode gebracht. Emich und die wütende Menge drückten am 20. Mai die Tore des bischöflichen Palastes ein und drangen ins Innere vor. Dort metzelten sie trotz des Bischofs Einspruch seine Gäste, gegen fünfhundert an der Zahl, ausnahmslos nieder.

Am Samstag, dem 24. Mai, als Papst Urban II. in Toulouse die Stiftskirche Saint-Sernin in Gegenwart Graf Raimunds von Toulouse feierlich weihte, trafen die Fanatiker vor Mainz ein. Unter ihnen befand sich eine Christin, die eine Gans trug. Sie sagte, daß sie die Gans großgezogen habe, daß sie sich gegenseitig verstünden und daß die Gans auch nach Jerusalem pilgern wolle. Die mit dem Kreuz Gezeichneten versammelten sich um die Frau und riefen, daß dies ein Wunder sei. Der Gekreuzigte habe es bewirkt, damit sie sich rächten. Schon zückten sie ihre Schwerter, doch da mischten sich angesehene Bürger der Stadt ein. Es kam zu einer Schlägerei, und die Juden hielten Rat und beschlossen ein Reinigungsfasten. Dann suchten sie den Erzbischof auf, der entschlossen schien, sie zu schützen.

Erst einen Tag später kam Emich vor der großen Stadt an.

Dort stellte er fest, daß auf Befehl Erzbischof Rothards die Stadttore verschlossen worden waren. Aber bereits die Kunde von seinem Herannahen führte zu Ausschreitungen gegen die Juden innerhalb der Stadt, in deren Verlauf ein Christ ums Leben kam. Dies veranlaßte die Fanatisierten in der Stadt, ihm am 26. Mai die Tore zu öffnen. Am nächsten Tag, Dienstag dem 27. Mai, griff Emich den Palast des Erzbischofs an, der Prälat ergriff daraufhin die Flucht, und Emichs Leute drangen in den Palast ein. Das Gemetzel dauerte noch zwei weitere Tage und kostete das Leben von rund tausend Juden.

Der Chronist Albert von Aachen fragt sich: »Ich weiß nicht, ob es sich um ein Gottesgericht oder um eine Geistesverwirrung handelte, als sie mit solcher Grausamkeit gegen das Volk der Juden vorgingen (...) und sie in der unmenschlichsten Art umbrachten. Sie sagten, dies sei der Anfang ihres Feldzugs und des Dienstes, der sich gegen die Feinde des christlichen Glaubens richtete.« Der deutsche Mönch Ekkehard begnügt sich mit der Feststellung: »Während man die Pilger durch die Städte am Rhein und Main und an der Donau führte, löschten sie teils die abscheuliche Rasse der Juden aus, oder zwangen die Juden, sich in den Schoß der Kirche aufnehmen zu lassen.«

DURCH UNGARN

Petrus der Einsiedler brachte es fertig, fünfundzwanzig Meilen am Tag zurückzulegen. Er selbst ritt auf seinem Esel und die deutschen Ritter auf ihren Pferden, während die Vorräte, die er besaß, und die Schatztruhe mit dem Geld, das er für die Reise gesammelt hatten, auf schwerfällig dahinrollenden Wagen mitgeführt wurden. Gegen Ende Mai erreichten sie die ungarische Grenze, und Petrus sandte Boten an König Koloman. Dieser empfing die Abgesandten mit dem gleichen Wohlwollen, das er Walter bewiesen hatte, aber warnte sie, daß jeder Plünderungsversuch bestraft werden würde. So zog der Pilgerzug in friedlicher Ordnung durch Ungarn.

Zu dieser Zeit erreichte Walter Semlin (heute Zemun bei Belgrad) an der jenseitigen Landesgrenze, überquerte bei Belgrad die Save und betrat romanisches Reichsgebiet. Sechzehn seiner Leute, die nicht zusammen mit den übrigen die Save überquert hatten, versuchten, einen Basar auszurauben. Die Ungarn erwischten sie, nahmen ihnen ihre Waffen und Kleider weg, die sie als Wahrzeichen an den Stadtmauern von Semlin zur Schau aufhängten, und schickten sie nackt nach Belgrad. Der militärische Befehlshaber von Belgrad sah sich überrumpelt. Er hatte keinerlei Anweisung erhalten, wie er mit einer solchen Invasion zu verfahren habe. Eilends entsandte er Boten nach Nisch, dem Amtssitz des Statthalters der bulgarischen Provinz, um ihn von Walters Ankunft zu unterrichten. Auch Ende Mai trafen Volkmar und seine Anhänger in Prag ein.

Emich und sein Haufen zogen nach Köln. Am 29. Mai war die Nachricht von den Massakern in Worms und Mainz in Köln eingetroffen; Panik erfaßte die Juden von Köln, und sie flohen in die benachbarten Dörfer und in Häuser ihrer christlichen Bekannten, die sie über den Pfingstmontag, den 1. Juni, und den folgenden Tag versteckt hielten, während Emich in der Nähe war. Eine größere Gruppe seiner Anhänger meinte wohl, auch das Moseltal müsse von Juden gesäubert werden, trennte sich in Mainz von der Hauptmasse und langte am 1. Juni in Trier an.

In Köln verhinderte der Einfluß des Erzbischofs weitere Ausschreitungen, denn er ließ die Juden aus der Stadt bringen und auf sieben seiner Dörfer verteilen, nämlich Neuss, Wevelinghofen, Altenahr, Althofen, Xanten und Moers; der Erzbischof von Trier gewährte dagegen den meisten Angehörigen der dortigen jüdischen Gemeinde in seinem Palast Unterschlupf. Ihre Verfolger zogen weiter nach Metz, wo zweiundzwanzig Juden den Tod fanden. In Köln gelangte Emich zum Schluß, daß sein Werk im Rheinland vollendet sei. Anfang Juni machte er sich mit dem Großteil seines Heerhaufens mainaufwärts nach Ungarn auf den Weg. (Urban besprach gerade die Grundzüge mit Graf Raimund und verabredete sich mit ihm für Juli in Nîmes auf dem letzten Konzil dieser Reise.)

Der Statthalter von Nisch, ein gewissenhafter, aber unbedeutender Beamter namens Niketas, war ebenfalls ohne Weisung bezüglich einer Truppe wie derjenigen Walters. Er schickte deshalb seinerseits einen Boten aus, um die Nachricht so rasch wie möglich nach Konstantinopel zu bringen. Inzwischen verlangte Walter in Belgrad Lebensmittel für seine Gefolgsleute. Die Ernte war noch nicht eingebracht, und die Garnison konnte nichts erübrigen; also begannen Walter und seine Truppen, die Umgegend zu plündern. Da griff der Befehlshaber zu den Waffen. Im Verlauf der Gefechte wurden mehrere von Walters Leuten erschlagen und andere in einer Kirche lebendig verbrannt. Am 11. Juni traf der atemlose Bote des Statthalters von Bulgarien in Konstantinopel mit der Nachricht ein, ein fränkisches Heer sei durch Ungarn herabgekommen und habe bei Belgrad das Reichsgebiet betreten. (An diesem Tag segnete Urban in Carcassonne die Materialien für den Wiederaufbau der Kathedrale Saint-Nazaire.) Der 48jährige Kaiser Alexios war überrascht, denn der Papst hatte ihm mitgeteilt, die Truppen würden den Westen nicht vor dem 15. August 1096 verlassen; daher sah er sich genötigt, seine Vorkehrungen zu beschleunigen.

Mitte Juni kehrten die Judenverfolger aus Trier und Metz

nach Köln zurück, um sich, wie sie hofften, Emich wieder anzuschließen. Doch dieser erschien mit seiner riesigen Schar an der
ungarischen Grenze und forderte arrogant den Durchzug. Das
verweigerte König Koloman, da er fürchtete, dieser Anführer
könnte die Ungarn mit den Heiden verwechseln. Er entsandte
Truppen, die als Garnison die Brücke von Wieselburg schützen
sollten. Diese überspannte einen Arm der Donau, nahe der
Mündung der Leitha in die Donau, und zwar in einem waldi-
gen, sumpfigen Gebiet. Vergebens versuchte Emich, den Übergang über die Brücke zu erzwingen, dann entschloß er sich, eine
andere Brücke zu bauen.

Im romanischen Bulgarien

Walter konnte schließlich nach Nisch weiterziehen, wo Niketas
ihn freundlich empfing und ihm Verpflegung zur Verfügung
stellte, ihn jedoch festhielt, bis er aus Konstantinopel Antwort
erhalten hatte. Niketas wurde vom Kaiser angewiesen, Walter
unter militärischem Geleit weiterzuschicken. Von einer Eskorte
begleitet, setzten Walter und sein Heer ihre Reise in Frieden
fort. Da traf Petrus von Amiens mit seinem Pilgerzug am
20. Juni in Semlin ein. Es hat den Anschein, als habe der Statthalter, seiner Herkunft nach ein ghuzzischer Türke, angesichts
des Ausmaßes des Zuges einen Schrecken bekommen. Er versuchte mit seinem Kollegen jenseits der Grenze, die polizeili-
chen Vorkehrungen zu straffen.
   Die Pilger erfuhren von den Leiden, die Walters Leuten wi-
derfahren waren, und befürchteten, die beiden Statthalter heck-
ten gemeinsam eine Verschwörung gegen sie aus; sie waren
empört über den Anblick der Waffen der sechzehn Missetäter,
die noch an den Stadtmauern hingen. (Urban besuchte die Abtei von Alet und am 24. Juni die von Saint-Pons de Thomières.)
Dennoch wäre wohl alles gut verlaufen, hätte es nicht über den
Verkauf eines Paars Schuhe einen Streit gegeben. Dieser führte
zu einem Aufruhr, der sich in eine regelrechte Schlacht verwandelte. Entgegen Petrus' ausdrücklichem Wunsch griffen seine

Leute unter Führung Gottfried von Burels die Stadt an, und es gelang ihnen, die Zitadelle zu erstürmen. Viertausend Ungarn sollen dabei getötet und ein großes Vorratslager erbeutet worden sein.

Wenn man bedenkt, daß Chronisten im nachhinein Personen zu Helden machen und Helden wie Götter verherrlichen, fragt man sich, was sie damit bezweckten. Von der Schlacht zwischen Tours und Poitiers im Oktober 732, bei welcher der Hausmeier Karl Martell »das Abendland vor den Fluten des Islam« gerettet haben soll, wollen die Chronisten wissen, daß 375.000 Sarazenen den Tod gefunden haben. Dabei hat diese Schlacht nie stattgefunden! In dem Bestreben, Petrus von Amiens nachträglich zum Führer eines Kreuzzuges hochzustilisieren, ließen die Chronisten eine Erstürmung der Festung entstehen, bei der viertausend Ungarn und mehr ihr Leben ließen. Die ganze Grenzortschaft zählte gerade so viele Einwohner! Um viertausend erschlagen zu können, muß man die doppelte Anzahl Angreifer rechnen, und das in einem unbewaffneten Pilgerzug aus Frauen, Kindern und Männern bäuerlicher und handwerklicher Herkunft! (Am 24. Juni zog die größere Gruppe, die sich in Mainz von Emichs Hauptheer getrennt hatte, den Rhein hinab und brachte die Juden in Neuss, am 27. in Wevelinghofen, am 28. in Athofen und am 29. in Moers um. Dann zerstreute sie sich.)

Man muß sich angesichts dieses vollkommenen Zusammenbruchs aller Ordnung – sollte dies angenommen werden – fragen: Wie lange hatte Petrus geglaubt, würde er seine zusammengewürfelte Schar diszipliniert halten können? Er führte einen Pilgerzug, die bewaffneten Teilnehmer dienten nach seiner Vorstellung als Pilgerschutz, um Gefahren und Überfälle abzuwenden. Es war kein Kriegszug, und die Ungarn waren keine Irrgläubigen wie die Romanen, sondern treue Untertanen der lateinisch-römischen Kirche. Das hier war auch nicht Jerusalem, das es zu erobern und von allen Heiden zu säubern galt, sondern eine Grenzstadt in einem befreundeten christlichen Reich; zudem stellte es einen Bruch aller feierlichen Vereinbarungen mit Koloman dar, dem ungarischen König, der bisher sowohl die Franzosen als auch den gewaltigen Pilgerzug des Eremiten ungehindert durch sein Land hatte ziehen lassen. Petrus scheint zu diesem Zeitpunkt nur noch geringen Einfluß auf diese seltsame Pilgerschar gehabt zu haben. Denn kaum waren die Totschläger, die sich wahrscheinlich nach wie vor für fromme Pilger und brave Christen hielten, mit ihrer Tat fertig, fürchteten sie die Vergeltung des ungarischen Königs. So machten sie sich eilends daran, die Save zu überqueren, auf der die Petschenegen als romanische Söldner patrouillierten.

Am Ufer fanden die Pilger nur 150 Boote. Sie schafften sämtliches Holz herbei, dessen sie in den Häusern habhaft werden konnten, um Flöße zu bauen. Sie warfen sich ins Wasser, klammerten sich in Trauben an Baumstämme, an Bretter, an Schilfbündel. Roh gezimmerte Flöße wurden mit Gepäck und Beute beladen, auch mit geraubten Herden. Niketas, der ihr Vorgehen von Belgrad aus mit Besorgnis verfolgte, versuchte, die Überquerung des Flusses zu überwachen und sie zu nötigen, nur eine bestimmte Furt zu benutzen. Seine Truppen bestanden hauptsächlich aus Petschenegen-Söldnern, auf deren blinden Gehorsam er sich verlassen konnte. Sie wurden in Kähnen in den Fluß hinausgeschickt, um alle Überquerungen außer an der einen, festgesetzten Stelle zu verhindern. Jedenfalls kam es auch jetzt am romanischen Ufer der Save sogleich wieder zu einem Scharmützel, das nur deshalb nicht in eine Schlacht ausartete, weil Niketas selbst, der erkannt hatte, daß er zu wenig Truppen besaß, um mit einer solchen Horde fertigzuwerden, die Petschenegen zurückzog, Belgrad räumte und bis nach Nisch zurückwich. Bei seinem Abzug ließen die Bewohner Belgrads die Stadt im Stich und flüchteten in die Berge.

Im Romanenreich

Das Pilgerheer des Eremiten erzwang sich am 26. Juni den Übergang über die Save. Das Heer drang nach Belgrad ein, plünderte es von oben bis unten aus und steckte es in Brand. Sodann marschierte es durch die Wälder sieben Tage lang Richtung Nisch. (Am 28. Juni war Urban in Maguelone, wo ihn der

Bischof von Nîmes, Bertrand von Montredon, erwartete, und weihte feierlich die ganze Insel. Gegen Ende Juni begab er sich in Richtung Provence. Raimund gab ihm bis Nîmes das Geleit.) Am 30. Juni begannen Volkmar und seine Anhänger, in Prag die Juden in Massen umzubringen. Die weltlichen Behörden waren außerstande, ihnen Einhalt zu gebieten; und der heftige Einspruch des Bischofs Kosmas verhallte ungehört. Seit zwei Wochen fochten Emich und seine Leute eine Reihe von Scharmützeln mit den Ungarn am Brückenkopf, während sie sich gleichzeitig daranmachten, eine eigene zweite Brücke über die Donau nach Ungarn zu bauen. Walter und sein Heer, die, von der Eskorte der Romanen begleitet, ihre Reise in Frieden fortgesetzt hatten, gelangten Anfang Juli nach Philippopel, wo Walters Onkel, Walter von Poissy, starb. (Am 2. Juli empfing Urban Ivo von Chartres in Montpellier, der aus Paris gekommen war, um die ersten Vorschläge des exkommunizierten Königs von Frankreich für seine Unterwerfung unter die Kirche zu überbringen.) Am 3. Juli gelangte Petrus mit seinem Pilgerzug nach siebentägigem Marsch durch die Wälder nach Nisch. Unverzüglich schickte er einen Boten zu Niketas und ersuchte um die Überlassung von Lebensmitteln, die man dringend benötigte; zugleich versprach er feierlich, Wohlverhalten zu üben.

Niketas hatte Konstantinopel vom Herannahen des Petrus verständigt und wartete auf die Regierungsbeamten und militärischen Begleitmannschaften, die den Pilgerzug aus dem Westen nach der Hauptstadt begleiten sollten. Er verfügte in Nisch über eine starke Garnison, die er durch an Ort und Stelle angeworbene Petschenegen und ungarische Söldner verstärkt hatte. Andererseits war es untunlich und gefährlich, einem so großen Haufen ein längeres Verweilen in Nisch zu gestatten. Daher wurde Petrus ersucht, Geiseln zu stellen, während Lebensmittel für seine Leute beschafft wurden, um alsdann so bald wie möglich weiterzuziehen. Anfangs ging alles gut. Gottfried Burel und Walter von Breteuil wurden als Geiseln übergeben. Die einheimische Bevölkerung ließ die Pilger nicht nur alle Vorräte aufkaufen, die sie benötigten, sondern mancher gab den ärmeren Pilgern auch Almosen. Einige baten sogar, sich der Pilgerfahrt anschließen zu dürfen. Am nächsten Morgen setzten sich die Pilger auf der Straße nach Sofia in Marsch.

Von Prag aus marschierte Volkmar in Ungarn ein. In Nitra (Neutra), der ersten größeren Stadt jenseits der Grenze, versuchte er eine ähnliche Aktion gegen die Juden wie in Prag. Als die Bewohner feststellten, daß die Krieger im Namen Christi unverbesserliche Aufrührer waren, griffen sie sie kurzerhand an und zersprengten sie. Viele wurden erschlagen, andere gefangengenommen. Was aus den Überlebenden und aus Volkmar selbst wurde, ist unbekannt.

Gottschalk und seine Leute, die die Straße durch Bayern genommen hatten, machten in Regensburg halt, um die dortigen Juden umzubringen. Einige Tage später betraten sie bei Wieselburg (Mosen) ungarisches Gebiet. König Koloman erteilte Befehl, ihnen bei der Beschaffung von Verpflegung zu helfen, solange sie sich gesittet aufführten. Aber sie begannen unverzüglich, das Land zu plündern und Wein, Korn, Schafe und Ochsen zu rauben. Die ungarischen Bauern widersetzten sich. Es kam zu Gefechten; mehrere Leute kamen ums Leben, und ein junger ungarischer Bursche wurde gepfählt. Koloman brachte Truppen heran, um sie in Schach zu halten, und umzingelte sie etwas weiter südlich bei Stuhlweißenburg (Székesfehérvár). Die Krieger mußten ihre sämtlichen Waffen und alles gestohlene Gut aushändigen. Aber die Mißhelligkeiten dauerten an. (Am 5. Juli traf der päpstliche Zug in Nîmes gerade rechtzeitig zur Eröffnung des Konzils ein, das am folgenden Tag beginnen sollte. Am 6. Juli weihte der Papst die Kathedrale von Nîmes in Gegenwart des Grafen von Toulouse ein.)

Als der Pilgerzug des Eremiten Nisch verließ, steckten einige Teilnehmer, die in der vorigen Nacht mit einem Einwohner der Stadt Streit gehabt hatten, mutwillig mehrere Mühlen am Fluß in Brand. Als Niketas dies vernahm, schickte er Truppen aus, um die Nachhut anzugreifen und einige Gefangene zu machen, die er als Geiseln zurückbehalten konnte. Petrus ritt auf seinem Esel etwa eine Meile weiter vorn im Zug und wußte nichts von dem Vorfall, bis ein Mann namens Lambert vom Ende des Zuges herangelaufen kam, um ihn zu verständigen. Eilends ritt er zurück, um sich mit Niketas zu besprechen und Lösegeld für die Gefangenen zu vereinbaren. Aber noch während sie verhandelten, verbreiteten sich Gerüchte von Kämpfen und Verrat im übrigen Zug. Eine Truppe von Hitzköpfen machte daraufhin kehrt und griff die Stadtbefestigungen an. Die Garnison schlug sie zurück und ging zum Gegenangriff über; während Petrus, der hinzugeeilt war, um seine Leute zurückzuhalten, noch versuchte, mit Niketas wieder Verbindung aufzunehmen, bestand ein anderer Trupp darauf, den Angriff zu erneuern.

Daraufhin ließ Niketas seine sämtlichen Streitkräfte auf die Pilger los, die vernichtend geschlagen und in alle Winde zersprengt wurden. Viele wurden erschlagen; zahllose andere, Männer, Frauen und Kinder, wurden ohne Unterschied ergriffen und verbrachten ihre restlichen Tage als Gefangene. Petrus büßte unter anderem seine Truhe mit dem Pilgerzugsschatz ein. Petrus der Eremit, Reinhold von Breis, Walter von Breteuil, Gottfried Burel und Foucher von Orléans fanden sich durch Zufall. Ihnen blieben etwa fünfhundert Leute; im Glauben, daß sie allein mit dem Leben davongekommen seien, flohen sie auf eine Berghöhe. Am nächsten Morgen jedoch stießen noch weitere siebentausend Versprengte zu ihnen, und sie setzten ihren Marsch fort. Bei der verlassenen Stadt Béla Palanka machten sie drei Tage halt, um die Ernte einzubringen, da sie nichts mehr zu essen hatten. Hier schlossen sich ihnen zahlreiche weitere Nachzügler an. Als sie schließlich weiterzogen, hatten sie etwa ein Viertel ihres Gesamthaufens eingebüßt.

Petrus traf am 8. Juli die Boten, die Kaiser Alexios ihm entgegengesandt hatte. Er ließ Petrus wissen, daß auf kaiserlichen Befehl hin die Verproviantierung der Reisenden gesichert sei. Die einzige Beschränkung bestand in der Anordnung, daß sich der Pilgerzug nicht länger als drei Tage in derselben Stadt aufhalten dürfe. Alexios machte auch bekannt, daß er die bisher erfolgten Ausschreitungen nicht bestrafen werde, »denn er weiß, daß die Täter sie schon schwer genug gebüßt haben.«

Am 12. Juli langten sie in Sofia an, wo eine starke romanische Militäreskorte und Beamte des Kaisers Alexios sie erwarteten, um sie kontrolliert bis nach Konstantinopel zu geleiten. Eine

Menge von über zwanzigtausend Menschen, darunter viele Frauen und auch Kinder, Händler, Bauern, Zuhälter, Dirnen, alles mögliche Gesindel, aber auch Mönche und weltliche Geistliche, Städter, dann freilich Ritter des niederen Adels mit Gefolgschaft, vielleicht auch Knechte – ein Abbild der Gesellschaft jener Zeit, deren Moral wahrhaftig keine christliche und deren Tugenden alles andere als evangelisch waren, eine solche Menge, die plündernd, streitend, kämpfend und in vollkommener Unordnung in ein großes Reich wie das romanische eindrang, mußte dem Kaiser und seiner Verwaltung, mußte der Bevölkerung dieses Reiches äußerstes Unbehagen einflößen. Romania war an Pilgerzüge gewöhnt, auch zweitausend Mann starke, wie zuletzt 1089 unter Führung Roberts I. des Friesen, des Grafen von Flandern. Doch die hohen Herren, die den Zug führten, sorgten für Disziplin und zahlten für die Verpflegung; Ausschreitungen kamen kaum vor. Von hier an verlief die Reise des Eremiten glatt und ohne Zwischenfälle. Währenddessen erreichte Walter mit seinen Leuten bereits (Mitte Juli) Konstantinopel.

An der Schwelle des Heiligen Krieges

Die Arbeit des Konzils zu Nîmes war am 15. Juli beendet. Indem der Papst bestimmte rechtliche Verpflichtungen bezüglich des geplanten Heereszugs verkündete, mahnte er von neuem jene, die eher eine Last als eine Hilfe sein würden. Daraus erkennt man, daß der Papst von einem Pilgerzug nicht gepredigt hatte, vielmehr von Rittern, die das Kreuz nehmen sollten, um als Soldaten Christi im Osten zu kämpfen. Sein Anführer war Raimund von Saint-Gilles, Markgraf der Provence und Graf von Toulouse, der ihn noch bis Nîmes begleitet hatte. In Nîmes erfuhr sein Aufruf eine unerwartete, ja eine unerwünschte Weiterung: König Philipp von Frankreich unterwarf sich in der Angelegenheit seines Ehebruchs völlig dem Papst, bestätigte seine gute Absicht und ließ wissen, daß sein Bruder, Hugo von Vermandois, ihn vertreten werde. Diese Einmischung der Nordfranzosen war dem Papst nicht recht, denn sie durchkreuzte seine Pläne. Man mußte dem einen Riegel vorschieben. Raimund mußte amtlich und endgültig zum Heeresführer erklärt werden. In dem Versprechen, die eroberten Gebiete Kleinasiens als päpstliches Lehen zu erhalten, übergab Raimund seine Besitztümer dem Benediktinerkloster von Saint-Gilles:

»Ich, Raimund, mit Erlaubnis Gottes Graf von Toulouse und Rouergue, Herzog von Narbonne, Markgraf der Provence, will mein Seelenheil und das meiner Vorläufer sichern. Ich habe mich auf das Konzil von Nîmes begeben, das der verehrungswürdige Papst Urban II. abgehalten hat. In seiner Gegenwart wie in der des ganzen Konzils habe ich zur Sühne meiner früheren Sünden und auch, um künftiges Heil zu erlangen, Verzicht geleistet.

Zugunsten des frommen Abts Odilo und auch der Brüder, die hier mit ihm sind, verzichte ich voll und ganz auf alle Würden von Saint-Gilles, sowohl im sogenannten flavinischen Distrikt wie in den umgebenden Ländereien, ebenso wie auf alle guten oder schlechten Gewohnheitsrechte, von denen ich oder meine Vorläufer auf dieser Domäne Gebrauch gemacht haben. Das ist unser Wille. So sei es.«

Erst jetzt schickte Urban die Bischöfe von Grenoble und Orange zu den Genuesen, um eine Flotte für den Transport der Truppen zu sichern. Auch von hier versuchte er, die unerwünschte Beteiligung des Königs von Frankreich am päpstlichen Unternehmen für sich gewinnbringend umzuwandeln: Er schrieb dem König, falls das Unternehmen dazu führte, von irgendeinem lohnenden Gebiet Besitz zu ergreifen, würde der Papst Hugo, des Königs Bruder, als König jener Gebiete anerkennen. Kaum hatte der König den päpstlichen Brief erhalten, setzte er im Namen seines Bruders einen Brief an den Kaiser von Romania auf, damit man ihn mit der Ehrerbietung, die seinem Rang gebührte, aufnehmen würde.

Petrus in Konstantinopel

Zu dieser Zeit verließ Petrus von Amiens Sofia und kam nach Philippopel. Als er dort das Unglück seines »Volkes« schilderte, empfing er von den versammelten romanischen Städtern »viele romanische Geschenke in Silber, auch Pferde und Maultiere.« Beim Anbruch des dritten Tages zog er weiter. In Adrianopel empfingen ihn neue Abgesandte des Kaisers mit einer Friedensbotschaft. Er verbrachte den 24. und 25. Juli außerhalb der Stadt. (Ende Juli war der Papst in Cavaillon und am 1. August in Apt.) Am 1. August traf Petrus von Amiens ohne weiteren Zwischenfall in Konstantinopel ein. An die dreieinhalb Monate hatte diese riesige Pilgerschar gebraucht, um von Köln bis an den Bosporus zu gelangen; und viele, die den Rhein frohgemut verlassen hatten, begierig nach Abenteuer und Ruhm, lagen jetzt in namenlosen Gräbern irgendwo auf dem Balkan, schmachteten als Sklaven slawischer Häuptlinge oder romanischer Grundbesitzer oder litten an Krankheiten und mehr noch an den Folgen der Strapazen, die sie hatten überstehen müssen, um zumindest das erste wichtige Etappenziel auf ihrem Weg nach Jerusalem zu erreichen.

Dennoch schienen alle Mißlichkeiten und Gefahren, die man mehr oder minder glücklich bewältigt hatte, dieser weniger frommen als elenden und inzwischen völlig verwilderten Pilgerschar nicht jenes Gefühl der dankbaren Besinnung eingeflößt zu haben, das wohl notwendig gewesen wäre, um sich in der glanzvollen Metropole der romanischen Christenheit endlich als zivilisierte Menschen, als Christen unter Christenbrüdern aufzuführen. Bei der strengen Beobachtung durch die romanische Polizei und die umfangreiche Bewachung erscheint uns der Bericht des Chronisten Guibert von Nogent unglaubwürdig, wenn er tadelnd vermerkt, daß die Pilger stehlend und plündernd die überfüllten Basare Konstantinopels heimgesucht hätten; oder wenn er zornig beschreibt, wie sie »die Paläste der Stadt verwüsteten, viele Gebäude in Brand setzten und sogar die Bleiplatten von den Dächern der Kirchen herabrissen«, um mit dieser Beute »noch ein schändliches Geschäft zu machen, das Gott mißbilligte«. Denn man hatte die Pilgerschar des Eremiten angewiesen, vor den Toren der Stadt zu lagern. (Urban verließ am 1. August Frankreich.)

Der Eremit wurde zur Audienz geladen und ausnehmend höflich empfangen. Er kannte den Kaiser bereits aus der Audienz von 1093 auf dem Weg zurück aus dem Heiligen Land. Der Kaiser war begierig zu erfahren, ob Petrus seinen Brief an den tapferen Recken Robert den Friesen, den Grafen von Flandern, weitergeleitet habe. Petrus versicherte dies mit dem Bedauern, daß der Graf kurz vor seinem Eintreffen verstorben sei. Sein Sohn, Robert II., habe den Brief in Empfang genommen und versprochen, der allerchristlichsten Majestät zu antworten. Bei dieser Gelegenheit erklärte der Eremit dem Kaiser Zweck und Ziel seiner Reise und kündigte an, daß er im Auftrag Gottfrieds IV., des Herzogs von Niederlothringen, handele, der bald mit einem stattlichen Heer folgen werde.

Das waren keine angenehmen Nachrichten für Kaiser Alexios. Erst erschien unerwartet ein Heereszug von annähernd zehntausend Mann, der größte Heerhaufen, den man je aus dem Westen in Romania gesichtet hatte, dann folgte ein Pilgerzug von unermeßlichen Dimensionen – der letzte größere Pilgerzug war 1090 der des Grafen von Flandern gewesen, und der bestand aus etwa tausend Teilnehmern! –, und schließlich erfuhr er nebenbei, daß ein Herzog mit einem Kriegszug auf dem Weg nach Jerusalem durch sein Land ziehen wolle und in etwa zwei Wochen eintreffen werde. Die Nachricht, die er gerade vor einer Woche vom jungen Grafen von Flandern erhalten hatte, wonach er das Versprechen seines Vaters einlösen wolle, nahm sich äußerst bescheiden neben diesen Zahlen aus.

Petrus bat sodann den Kaiser um Hilfe. Er habe alles verloren, sagte er, und zwar »durch die Unvorsichtigkeit und Rebellion der Männer in seiner Schar«. Alexios ließ ihm zweihundert Golddenare auszahlen und spendete außerdem für die Seinen einen Scheffel kleiner Münzen, die man »tartarons« nannte. Der Kaiser zeigte sich besorgt um das Leben der Pilger in den unruhigen Gebieten im südwestlichen Kleinasien, da dort marodierende türkische Horden ihr Unwesen trieben. Er riet abzuwarten, bis das angekündigte Heer eintreffe, dann könne man im Schutz der bewaffneten Ritter reisen. Er ließ den Pilgerzug nach einem Lagerplatz begleiten, den er für seine Söldner auf der asiatischen Seite des Bosporus hatte einst errichten lassen.

Emich und Ungarn

Endlich war die Brücke über die Leitha Anfang August fertig. Nun gelang es den ›Streitern Christi‹, sich den Übergang über die von ihnen gebaute Brücke zu erzwingen und die Festung Wieselburg selbst zu belagern. Ihr Heer war gut ausgerüstet und besaß Belagerungsmaschinen von solcher Durchschlagskraft, daß der Fall der Stadt unmittelbar bevorzustehen schien. Aber plötzlich verbreitete sich das Gerücht, der König selbst nahe mit voller Heeresmacht heran, und Panik stürzte Emichs Heer in Verwirrung. Die Garnison machte daraufhin einen Ausfall und drang ins Feldlager der Belagerer ein. Emich war außerstande, seine Leute zusammenzuhalten. Nach kurzer Schlacht wurden sie völlig vernichtet. Die meisten von ihnen fielen auf dem Schlachtfeld; aber Emich selbst und einigen seiner Ritter gelang es, auf ihren schnellen Pferden zu entkommen. Emich und seine Gesellen kehrten schließlich in ihre Heimat zurück. Die französischen Ritter, darunter Clarambald von Vendeuil, Thomas von La Fère und Wilhelm von Melun »der Zimmermann«, schlossen sich anderen Zügen an, die im Osten unterwegs waren. Der Zusammenbruch von Emichs Heereszug, der so rasch auf den Zusammenbruch der Heereszüge Volkmars und Gottschalks folgte, machte auf die westliche Christenheit einen tiefen Eindruck.

Den meisten guten Christen erschien er als eine Strafe, welche der Allerhöchste den Mördern von Juden zuteil werden ließ. Andere, welche den ganzen Heiligen Krieg für töricht und falsch gehalten hatten, erblickten in der Katastrophe Gottes unverhüllte Mißbilligung des gesamten Unternehmens. Doch sowohl die einen als auch die anderen irrten darin, diese drei Heerestruppen hätten im Zusammenhang mit dem Heiligen Krieg des Papstes gestanden. Denn Urban predigte Südfranzosen und setzte den Aufbruch auf den 15. August 1096 fest. Petrus von Amiens führte einen Pilgerzug und keinen Heereszug an, und dieser war am 1. August planmäßig vor Konstantinopel eingetroffen.

DER REISEZUG NACH JERUSALEM

Am 5. August stießen die Leute Walter Sans-Avoirs, die schon seit Mitte Juli vor Konstantinopel lagerten, sowie eine größere Gruppe italienischer Pilger zum Pilgerzug des Eremiten. Gemeinsam wurden die »Kelten«, wie die Romanen diese Abendländer nannten, am nächsten Tag über den Bosporus nach Kleinasien übergesetzt, und zwar von romanischen Fährleuten. Vom kleinasiatischen Ufer aus führte man sie an der Küste des Marmarameeres entlang nach Nikomedia, das seit seiner Verwüstung vor fünfzehn Jahren verlassen war. Hier kam es zu einem Zerwürfnis zwischen den Deutschen und Italienern einerseits und den Franzosen andererseits. Die Deutschen waren keine Pilger, sondern Kämpfer; die Führung des Eremiten entsprach daher nicht ihren Vorstellungen. Deshalb wählten sie einen italienischen Ritter namens Reinhold zu ihrem Führer, während die Franzosen sich Gottfried Burel unterordneten.

Bei Nikomedia umrundeten die romanischen Führer die Bucht und wandten sich nach Westen entlang der Südküste des Golfs von Nikomedia zu dem befestigten Feldlager – von den Romanen Kibotos, von den Abendländern Civetot genannt –, das Alexios für seine eigenen angelsächsischen Soldtruppen 40 km westlich von Nikomedia in der Nähe von Helenopolis nicht weit von der Mündung des Drakon errichtet hatte. Inzwischen stand das Feldlager verlassen da. Hier sollte der Pilgerzug auf die Ankunft Gottfrieds warten. Es war ein günstig gelegener Lagerplatz, da der Landstrich fruchtbar war und weitere Verpflegung sich leicht auf dem Seeweg aus Konstantinopel heranschaffen ließ. Petrus hatte den dringenden Rat des Kaisers nicht vergessen, keineswegs ohne Waffenschutz durch das Land zu ziehen. Aus der Sicht des Eremiten war mit dem Übersetzen nach Kleinasien der Zweck des Pilgerzugs erfüllt, Kaiser Alexios vom Herannahen Gottfrieds von Bouillon zu unterrichten, auf daß dieser und seine Leute angemessen empfangen und verpflegt werden konnten.

Das mochte des Eremiten Absicht gewesen sein, der mit nahezu zwanzigtausend Pilgern – darunter alte Männer, Frauen, Kinder und Kranke – friedlich unterwegs war. Die deutschen, italienischen und französischen Kämpfer hingegen suchten ein Betätigungsfeld. Mit der Begründung, ein derart gewaltiger Haufen benötige ständig Verpflegung, wetteiferten die drei bewaffneten Gruppen miteinander in fortgesetzten *Besorgungszügen* ins umliegende Land. Zuerst plünderten sie die unmittelbare Nachbarschaft aus; dann drangen sie vorsichtig auf türkisch besetztes Gebiet vor, unternahmen Überfälle und raubten die Dorfbewohner aus, die sämtlich romanische Christen waren. Petrus beobachtete ihr Treiben mit gemischten Gefühlen. Er wußte, daß die Türken in den westlichen Provinzen des Reiches Vasallen des Kaisers waren, daher bezeichnete man sie als Rum-Seldschuken, wie man früher die Armenier unter persischer Oberhoheit Pers-Armenier genannt hatte. Außerdem hatte er auf seiner früheren Pilgerreise ins Heilige Land die Türken kämpfen gesehen und wollte sie nicht provozieren, den Pilgerzug zu überfallen. Er wußte, daß die Türken eine braune Haut hatten, daß ihre Reiter kleine, sehr schnelle Pferde besaßen, daß sie ohne Panzerhemd kämpften. Ihre Krummsäbel, ihre Bogenschützen waren furchterregend. Sie zogen es vor, sich in gewisser Entfernung zu halten, die Feinde zu umgehen, ständig zu reizen, sie auszuräuchern, sie verdursten zu lassen. Er wußte aber auch, daß sie nicht der Feind waren, jedenfalls nicht hier in Kleinasien. Es war Jerusalem, das es zu erreichen, zu befreien und zu übernehmen galt. Aber wo blieb Gottfried?

Gottfried IV. Herzog von Niederlothringen

Gottfried von Bouillon, Herzog von Niederlothringen, erscheint in der späteren Legende als Inbegriff des untadeligen christlichen Ritters und unvergleichliche Heldengestalt der Kreuzzugsgeschichte schlechthin. Er wurde um 1061 in Baysy geboren als dritter Sohn des Grafen Eustachius II. von Boulogne und dessen Gemahlin Ida, einer Tochter des Herzogs Gottfried II. des Bärtigen von Niederlothringen. Als Liebling seiner Mutter erhielt er ihr Leibgedinge Bouillon als Besitz. Der damals zwanzigjährige Gottfried hatte dem Kaiser treu gedient. Man sagte, daß er am 2. Juni 1083 als erster auf den Wällen stand, als der Kaiser sich Roms bemächtigte. Dafür wurde er mit den Grafschaften Verdun und Antwerpen belohnt. 1088 verlieh ihm der Kaiser das Herzogtum Niederlothringen, aber nur zur Verwaltung, nicht als Erbe. Seine Brüder Eustachius und Balduin nahmen an seinem Zug teil, der älteste, Eustachius, offenbar ohne Begeisterung.

Gottfried war groß, wohlgestaltet und von heller Hautfarbe, mit flachsgelbem Haupthaar und Bart, das Idealbild des nordischen Ritters. Aber er war ein mittelmäßiger Krieger, und als Persönlichkeit wurde er von seinem Bruder Balduin überschattet. Dieser hatte schwarzes Haar und einen schwarzen Bart und war größer als Gottfried. Er sollte ursprünglich Geistlicher werden und hatte in Reims, Cambrai und Lüttich studiert, ehe er Ritter wurde. Sicher träumte er davon, sich im Orient ein Lehen zu erobern. Da Balduin nicht an Rückkehr dachte, nahm er seine normannische Frau, Godvere von Tosni, und die Kinder mit. Sonst war Gottfried zurückhaltend und sehr fromm. Seine Verwaltung des Herzogtums ließ an Tatkraft und Tüchtigkeit zu wünschen übrig. Es war auch abzusehen, daß der 22jährige Konrad sich bald mit seinem Vater Heinrich IV. versöhnen und das Herzogtum, das ihm der Vater seit 1076 reserviert hatte, selbst regieren würde. Deshalb – wie bereits ausgeführt – sah Gottfried seine Berufung darin, das Haus David dorthin zurückzuführen, wo es hingehörte, nämlich nach Jerusalem. Sein Zug war »Die Reise nach Jerusalem« und hatte mit den Plänen des Papsttums für einen Heiligen Krieg nicht das geringste zu tun.

Er führte seine Vorbereitungen mit großer Gründlichkeit durch, denn auch er wie sein Bruder Balduin hatte nicht die Absicht zurückzukehren. An sich wollte er bereits Mitte April aufbrechen, wie mit Petrus von Amiens verabredet worden war, doch die Finanzierung und Zusammenstellung des Zuges war auf unvorhergesehene Schwierigkeiten gestoßen und hatte sich deshalb bis August verzögert. Man wußte, daß er auf der Suche nach Geld die Gaben jüdischer Gemeinden »angenommen« hatte. Man wußte nicht, daß sie sein Unternehmen mitfinanzierten. Er verkaufte dem Bischof Richer von Verdun, gegen den er Krieg führte, seine Städte Rosay und Stenay an der Maas. Dem Bischof von Lüttich gab er sein Schloß Bouillon gegen viertausend Mark Silber und ein Pfund Gold zum Pfand. So war er in der Lage, ein Heer von beträchtlichem Umfang auszurüsten.

Zahlreiche Ritter aus Wallonien und Lothringen begleiteten die Brüder Eustachius, Balduin und Gottfried. Unter anderem waren es: ihr Vetter Balduin von Bourcq, Herr von Rethel, Balduin II., Graf von Hennegau, Garnier von Grez, Reinhold, Graf von Toul, und sein Bruder Peter, Warner von Gray, auch Peter von Stenay, Dudon von Konz-Saarbrücken, Balduin von Stablo, die Brüder Heinrich und Gottfried von Esch, Hugo, Graf von Saint-Pol und sein Sohn Enguerrand, Siegfried, Pfalzgraf bei Rhein, Conan, Graf von Montaigu, mit seinen Söhnen Gozelo und Lambert, Gottfried von Löwen, Johann von Namur, Gerhard von Chérizy, Peter von Tardenois, die friesischen Ritter Echo von Liankama und Friedrich Botnia u.v.a. Nicht zuletzt begleiteten die Eremitenmönche der Abtei Orval den Zug auf dem Weg nach Jerusalem. Erst Mitte August waren sie reisefertig und nahmen den Landweg an der Donau entlang über Wien und Ungarn wie vor ihnen Petrus der Einsiedler.

Wie wir dargestellt haben, zeigt sich eine deutliche Abgrenzung der einzelnen Heere, die sich »im Namen des Kreuzes« in Richtung Osten aufmachten. Während der Papst von dem Zug Gottfrieds von Bouillon, des Herzogs von Niederlothringen, dessen Ziel Jerusalem war, nichts ahnte, sammelte sich ein anderes Heer im Norden Frankreichs mit dem Ziel Ostanatolien. Der eigentliche und geplante Kriegszug sammelte sich im Süden Frankreichs mit dem Ziel Antiochia.

Hugo Graf von Vermandois

Der etwa 40jährige Hugo Le Maisné, der Jüngere – ein Beiname, der sogar von lateinischen Chronisten zu seinen Lebzeiten höchst unzutreffend mit »Magnus« übersetzt wurde –, Bruder König Philipps von Frankreich, machte sein Gepäck fertig. Väterlicherseits waren die Brüder Urenkel von Hugo Capet, mütterlicherseits stammten sie von Anna von Kiew ab. Der junge Hugo war mit viel weniger Lehen ausgestattet als die großen Lehnsträger des Königs; auch verdankte er es nur seiner Heirat, daß er Graf von Vermandois geworden war. Und die Grafschaft grenzte im Norden an der Grafschaft Flandern. Guibert von Nogent schreibt: »Andere waren ihm an Macht und Reichtum überlegen, aber an glänzender Abkunft und ehrenhaftem Betragen stand er hinter niemand zurück.« Da die drei Könige des Westens exkommuniziert waren, stand er dem Geblüt nach an erster Stelle. Übrigens würde ihn eine gewisse Zahl großer Herren begleiten.

Seinen Grundbesitz übergab er seinen Söhnen, Raoul und Heinrich, seine Tochter Isabella vermählte er mit Robert, dem Grafen von Meulan. An den Kaiser des Ostens richtete er einen sehr hoheitsvollen Brief, damit man ihn mit der Ehrerbietung, die seinem Rang gebührte, empfangen würde. Ende August 1096 machte er sich mit einem kleinen Heerhaufen, der aus seinen Lehenspflichtigen und einigen Lehensrittern seines Bruders bestand, nach Italien auf den Weg, da er sich in Bari einschiffen wollte. Urban bereiste gerade die Lombardei. Hier leistete Hugo dem Papst den Treueid und erhielt das Petrus-Banner, womit seine Reise zu einer Neuauflage der Belehnung Roussels von Bailleul wurde. (Die Seerepublik Genua erklärte sich bereit, zwölf Galeeren und ein Frachtschiff zur Verfügung zu stellen, zögerte ihre Entsendung jedoch vorsichtig bis Juli 1097 hinaus, bis sich zeigte, ob der Heereszug auch eine wirklich ernstzunehmende Bewegung sei. Daher mußte Raimund von Toulouse den Landweg über Norditalien und Dalmatien nehmen.)

Die Festung Xerigordon

Niemand von den Streitern wußte vom Auftrag des Eremiten, von seiner Erfahrung mit dem Feind. Sie warteten bereits seit fünf Wochen auf die Ankunft Gottfrieds. Die Untätigkeit quälte sie. Und es wurde Mitte September, ohne daß Gottfrieds Heer zu ihnen gestoßen war. Da beschlossen einige tausend Franzosen, ihren Plünderungsradius auf das Gebiet des türkischen Sultans Kilidsch-Arslan (in den Chroniken heißt er Soliman), der in Nikaia (45 km südöstlich von Civetot) residierte, auszuweiten. Sie plünderten und verwüsteten die Vorstädte Nikaias, trieben das Vieh und die Herden fort und, nach den Worten von Anna Komnene, mißhandelten und massakrierten die christlichen Einwohner auf grausame Weise. Sie sagt ihnen nach, sie hätten kleine Kinder am Spieß gebraten. Eine aus der Stadt entsandte Abteilung türkischer Truppen wurde nach heftigem Gefecht zurückgeschlagen. Sodann kehrten die Franzosen nach Civetot zurück, wo sie ihre Beute an ihre Kameraden und die romanischen Seeleute im Lager verkauften.

Dieser einträgliche Raubzug der Franzosen erregte die Eifersucht der Deutschen. Einige Tage später machte sich Reinhold mit einem Haufen von zweihundert Berittenen und dreitausend Mann zu Fuß, darunter auch Priestern und Bischöfen, auf den Weg. Sie marschierten über Nikaia hinaus, plünderten und raubten unterwegs, übten jedoch mehr Nachsicht als die Franzosen und verschonten die Christen, bis sie zu einer Burg namens Xerigordon, fünf Kilometer von Nikaia entfernt, kamen. Es gelang ihnen, sie zu erobern; und da die Festung mit Vorräten jeglicher Art wohlversorgt war, planten sie, die Burg zu einem Stützpunkt für ihre Raubzüge ins umliegende Land zu machen. Sobald der Sultan von dem Handstreich erfuhr, sandte er einen hohen militärischen Befehlshaber an der Spitze einer großen Streitmacht aus, um die Burg zurückzuerobern.

In Italien war Papst Urban II. damit beschäftigt, ein Übergreifen der Predigttätigkeit des Eremiten Petrus und des Eremiten Robert von Arbrissel auf Norditalien zu verhindern. Er wollte nicht, daß ein Pilgerzug seinen Heiligen Krieg gegen

Antiochia vereitelte. Italienische Pilger zogen ohnehin stetig über die Via Egnatia von Dyrrhachion nach Konstantinopel. Daher schrieb er beispielsweise an die Stadt Bologna, dankte ihren Bürgern für ihren Eifer und warnte sie, nicht ohne Erlaubnis ihrer Priester nach Osten zu reisen. Auch sollten jungverheiratete Gatten nicht ohne Zustimmung ihrer Ehefrauen wegziehen. Aus seinem Brief an die Priester wiederum geht hervor, daß ihn die schrankenlose Begeisterung »ein wenig beunruhigte«. Man könne zwar ihre Ausbreitung nicht verhindern, jedoch könne man die Erlaubnis zum Aufbruch und das Versprechen der Sündenfreiheit verweigern.

Xerigordon lag auf einer Anhöhe; sein Wasser kam von einem Brunnen knapp außerhalb der Festungsmauern und einer Quelle im Tal. Das türkische Heer traf am 29. September vor der Festung ein, schlug einen Überfall Reinholds aus dem Hinterhalt zurück – nur ein Teil seiner Truppe konnte sich hinter die Mauern zurückziehen, der andere wurde aufgerieben –, setzte sich in den Besitz von Brunnen und Quelle und hielt die Deutschen in der Burg selbst fest eingeschlossen.

Die Nachricht von der Eroberung Xerigordons durch die Deutschen hatte das Feldlager zu Civetot Anfang Oktober erreicht. Petrus eilte nach Konstantinopel, um nachzusehen, wo Gottfried von Bouillon mit seinem Zug blieb. Dieser erreichte gerade Anfang Oktober die ungarische Grenze an der Leitha. Von hier aus schickte er eine Gesandtschaft unter Gottfried von Esch, der den ungarischen Hof bereits von früher her kannte, an König Koloman, um Erlaubnis zum Durchzug zu erbitten. Ebenfalls Anfang Oktober traf Hugo, Graf von Vermandois, mit seinem Haufen in Bari ein. Auf seiner Reise nach Süden hatten sich ihm unterwegs Drogo von Nesle, Clarambald von Vendeuil und Wilhelm »der Zimmermann«, Graf von Melun, sowie andere französische Ritter angeschlossen, die von Emichs verhängnisvoller Expedition zurückgekehrt waren. Der Normanne Wilhelm, Enkel Roberts Guiskard, beschloß in Bari, sich Hugo anzuschließen. Von Bari aus schickte Hugo eine Gesandtschaft von vierundzwanzig Rittern unter Führung Wilhelms »des Zimmermanns« nach Dyrrhachion hinüber, um den Statthalter von seiner bevorstehenden Ankunft zu unterrichten und um gebührenden Empfang zu ersuchen.

Nach acht Tagen tödlicher Durstqualen beschloß Reinhold am 7. Oktober, sich zu ergeben. Er öffnete dem Feind die Tore von Xerigordon, nachdem er, so die abendländischen Chronisten, das Versprechen erhalten hatte, man werde ihn am Leben lassen, wenn er dem Christentum abschwörte. Alle, die dem Glauben treu blieben, wurden hingemetzelt. Reinhold und jene, die gleich ihm abschworen, wurden nach Antiochia und Aleppo und weit hinein nach Khorasan in Gefangenschaft verschleppt.

Dem ungarischen König Koloman war in jüngster Zeit von den Kriegern des Abendlandes allzu übel mitgespielt worden, als daß er eine neuerliche Invasion hätte willkommen heißen können. Er hielt Gottfrieds Gesandtschaft acht Tage lang fest und teilte dann mit, er wolle mit Gottfried zu einer persönlichen Unterredung in Ödenburg zusammentreffen. Gottfried traf in Begleitung einiger seiner Ritter ein und wurde eingeladen, einige Tage am ungarischen Hof zu verbringen. Zu der Zeit schickte der Statthalter von Dyrrhachion, Johannes Komnenos, seinem Kaiser und Vater die Mitteilung vom Herannahen Hugos von Vermandois und traf selbst Anstalten, ihn willkommen zu heißen.

Hugos tatsächliche Ankunft vollzog sich jedoch nicht ganz so würdevoll, wie er gehofft hatte. Die kleine Flottille, die er zur Überquerung der Adria gemietet hatte, geriet in einen Sturm und wurde zerstreut. Einige Schiffe kenterten, und die Ruderer, die Insassen, die Pferde ertranken. Hugos Boot wurde bei Kap Palli, einige Meilen nördlich von Dyrrhachion, an Land geworfen und zerschellte. Dort fanden ihn zwei der vom Kaiser bestellten Wachen, eine der Wachen lieh ihm sein Pferd. So kam es, daß der Bruder des Königs von Frankreich vor dem Dux von Dyrrhachion als Schiffbrüchiger und sozusagen allein auf einem geliehenen Pferd erschien. Dieser stattete ihn unverzüglich neu aus, bewirtete ihn festlich und erwies ihm jegliche Aufmerksamkeit, ließ ihn jedoch aufs strengste überwachen, bis Anweisungen von Alexios eintrafen.

Kaiser Alexios und die Abendländer

Der 48jährige Kaiser Alexios Komnenos berief einen Krisenstab ein, um die noch nie dagewesene Situation zu besprechen.

● Erst hatte er von Papst Urban erfahren, daß ein Heereszug von annähernd siebentausend Mann Berittenen und zu Fuß an Mariä Himmelfahrt 1096 aufbrechen würden, um sich in seinen Dienst zu begeben und Antiochia zu befreien. (Der oft zitierte Text dieses Briefes ist eine nachträgliche Erdichtung und somit Fälschung.)

● Danach hatte ihm der neue Graf von Flandern geschrieben, er werde das Versprechen seines Vaters einlösen, was eine Truppe von etwa fünfhundert Berittenen bedeuten würde, die er bei der Befreiung des Heimatorts seiner Familie in Zentralanatolien einsetzen könnte.

● Dann hatte er von dem Eremiten Petrus, dem Führer des größten Pilgerzugs, den er je gesehen hatte, erfahren, daß noch ein anderer Heereszug unter Gottfried von Niederlothringen auf dem Weg durch Ungarn, Bulgarien und Romania sei, um ins Heilige Land zu ziehen und Jerusalem zu befreien. Nach den Worten des Eremiten müßte dieser Zug Mitte August erwartet werden.

● Schließlich hatte er einen Brief des Grafen Hugo von Vermandois, Bruder des Königs von Frankreich, erhalten, der ihn sehr amüsiert hatte. »Es geziemt sich«, hatte dieser geschrieben, »daß man mich mit dem Pomp empfängt, der meiner hohen Abkunft zukommt.« Daraufhin hatte Alexios an seinen Sohn Johannes, Dux von Dyrrhachion, geschrieben und ihn gebeten, »auf dem Festland und entlang der Küste aufzupassen und ihm sofort die Ankunft dieses (Franken) zu melden, den er in Ehren empfangen müsse«. Er hatte auch an den Befehlshaber der Flotte, Nikolas Maurokatakalon, geschrieben, dessen Schiffe an der Küste Patrouillendienst taten, und ihm befohlen, »ständig wachsam zu sein«. Und nun war dieser »hohe Gast« in Dyrrhachion eingetroffen.

Bislang hatte Alexios nur die fanatisierten Horden und Räuber ohne Disziplin, ohne militärischen Anführer und sogar ohne

Ziel zu Gesicht bekommen. Die Ankunft der Barone ließ ihn das Schlimmste fürchten, insbesondere der Herzog von Niederlothringen, von dessen Heereszug er nur durch Petrus den Eremiten Kenntnis hatte. »Dem Anschein nach unternahm dieser einen Zug nach Jerusalem«, schreibt seine Tochter Anna Komnene später. »In Wahrheit wollte er den Selbstherrscher vom Thron stoßen und sich der Stadt bemächtigen.« Aber wenn auch die Nachrichten beunruhigend waren, der Kaiser hatte sich nicht träumen lassen, ein solch großes Heer zu besitzen, um die verlorenen Gebiete Kleinasiens dem Reich zurückzuführen. Söldner wurden gewöhnlich mit Plünderung und Beute bezahlt, Söldner der Garde mit Sold. Womit belohnte man Barone und ihre Mannschaften? Mit erobertem Land?

Die Soldaten, die ihm bereits dienten, wie die Waräger (sie bestanden inzwischen ausschließlich aus Angelsachsen, die England nach der normannischen Eroberung verlassen hatten) und Petschenegen, genügten gerade, um den Palast und die Grenzen abzuschirmen. Und so entsandte er Admiral Manuel Butumites, Hugo nach Konstantinopel zu geleiten.

DER PÄPSTLICHE ZUG

Der 54jährige Graf Raimund IV. von Toulouse, gemeinhin nach seinem Lieblingsbesitz als Graf von Saint-Gilles bekannt, machte, wie Wilhelm von Malmesbury schreibt, »sich über sein graues Haar Gedanken«. Er nahm seine dritte Frau, Elvira, und den gemeinsamen Sohn Alfons mit. Sie war die Tochter einer Konkubine von Alfons VI., Königs von León und Kastilien. Seine zweite Frau war Mathilde, Tochter Rogers von Sizilien, gewesen. Sein Kaplan, Raimund von Aguilers, faßte später für den Bischof von Viviers den Reisebericht ab. Dabei half ihm Pons von Balazun, einer der tapfersten Ritter des Grafen von Toulouse.

Obwohl Raimund sich vor dem Konzil von Clermont bereit erklärt hatte, den Kriegszug, dessen Abmarsch für den 15. August 1096 vorgesehen war, zu führen, und dem Papst den Lehnseid leistete, war er erst im Oktober soweit, seine Länder verlassen zu können. Die Verwaltung seiner Länder in Frankreich übergab er seinem natürlichen Sohn Bertrand, verkaufte oder verpfändete einige seiner Ländereien, um Geld für den Heereszug flüssig zu machen, scheint jedoch bei der Ausrüstung seiner Truppen eine gewisse Sparsamkeit an den Tag gelegt zu haben. Er befehligte ein beträchtliches Heer, mehr als zehntausend Mann zu Fuß und mehr als tausend Berittene, von denen viele zur südfranzösischen Aristokratie gehörten. Unter ihnen waren Peter, Vizegraf von Castillon, Peter-Raimund von Hautpoul, Gaston, Vizegraf von Béarn, Oloron von Montaner, Herr von Saragossa, Wilhelm V., Herr von Montpellier, der schon zweimal im Heiligen Land gewesen war und an der Belagerung von Mallorca teilgenommen hatte, Gouffier von Lastours, Wilhelm von Sabran, Raimund von Turenne, Rambald, Graf von Orange, Gerhard von Roussillon, Raimund von Forez und Isoard von Gap. Adhémar von Le Puy, der päpstliche Legat und somit geistliche Führer des Heiligen Krieges und Träger des Petrus-

Banners, war der wichtigste Prälat im Unternehmen; er brachte seine Brüder François-Lambert von Monteil, Herrn von Peyrins, und Wilhelm-Hugo von Monteil und dessen Leute mit.

Nach Adhémar war Bischof Wilhelm von Orange der bedeutendste Geistliche unter der gewichtigen Zahl von Prälaten, Äbten, Priestern und Mönchen, auch von Frauen, die sich anschlossen. Isarn, Bischof von Toulouse, mußte es Émerie von Altejas verbieten, eine weibliche Truppe aufzustellen. Mitte Oktober setzten sich Raimund von Toulouse und Adhémar von Monteil, Bischof von Le Puy, in Marsch. Ihre Gefolgsleute kamen aus Burgund, der Auvergne, der Gascogne, aus Gothien und der Provence. Der Heereszug überquerte die Alpen am Col de Genèvre und zog sodann durch Norditalien nach dem Nordufer des Adriatischen Meeres, als sich in Civetot eine Katastrophe abzeichnete.

Die Katastrophe von Civetot

Der Sultan setzte nach dem Sieg von Xerigordon auf psychologische Kriegsführung. Noch bevor die Niederlage der Deutschen in Civetot bekannt geworden war, ließ er einen von zwei türkischen Spähern vor Civetot das Gerücht in Umlauf setzen, die Deutschen hätten sogar Nikaia selbst erobert und die Beute unter sich aufgeteilt. Wie erwartet, rief diese Nachricht im Feldlager wilde Aufregung hervor. Die Kämpfer verlangten stürmisch, eilends nach Nikaia ziehen zu dürfen, und zwar über Straßen, die der Sultan sorgfältig mit Hinterhalten belegt hatte.

Als sich die Wahrheit über das Schicksal der Deutschen unter Reinhold herausstellte, schlug die Aufregung im Feldlager zu Civetot in Panik um, und man verlangte Rache für Xerigordon. Walter Sans-Avoir bewog seine Genossen, bis zur Rückkehr des Eremiten zu warten, der binnen acht Tagen eintreffen sollte. Andere Führer wie Reinhold von Breis, Walter von Breteuil, Fulk von Orléans und die Deutschen Hugo von Tübingen und Walter von Teck unterstützten ihn.

Petrus kehrte jedoch nicht zurück; hinzu kam auch die Kunde, die Türken rückten in voller Stärke gegen Civetot heran. Da beharrte Gottfried Burel darauf, daß es feige und töricht sei, nicht gegen den Feind vorzurücken. Und er setzte sich durch. Im Morgengrauen des 21. Oktober 1096 verließen fünfhundert Berittene und etliche tausend Mann Fußvolk Civetot und ließen die Pilger des Eremiten zurück. Alles ging in größtem Tumult vor sich. Fünf Kilometer vom Lager entfernt gerieten sie in gebirgiges und bewaldetes Gelände. Es war der zerklüftete Bergzug, durch den sich der Drakon in engen Schluchten sein Bett gegraben hatte. Und dort lagen die Türken im Hinterhalt. Unversehens brach ein Hagel von Pfeilen aus dem Wald hervor und tötete oder lähmte die Pferde; während die Rösser noch wild durcheinanderstoben und ihre Reiter abwarfen, griffen die Türken an. Die Berittenen, von den Türken bedrängt, wurden auf das Fußvolk zurückgeworfen. Binnen weniger Minuten befand sich der gesamte Heerhaufen in wilder Unordnung auf der Flucht zurück nach Civetot.

Im Feldlager schliefen die meisten Pilger noch; hier und dort zelebrierte ein Priester die Frühmesse. In sie hinein brach eine Horde Fliehender, denen der Feind hart auf den Fersen war. Sie wurden niedergemetzelt, noch ehe sie Zeit hatten, sich von der Stelle zu rühren. Einige entflohen in die umliegenden Wälder, andere ans Meer, aber nur wenige entkamen. Nachdem die erste Hitze des Gefechts zur Mittagsstunde vorüber war, führten die Türken die meisten Gefangenen in die Sklaverei. Einigen dreitausend, die mehr Glück hatten als die übrigen, gelang es, ein altes Schloß am Meeresstrand zu erreichen und sich darin zu verschanzen. Die einzigen überlebenden Führer waren Gottfried Burel, dessen Hitzköpfigkeit das Unheil heraufbeschworen hatte, Walter von Breteuil, Wilhelm von Poissy, Heinrich von Schwarzenberg, Friedrich von Zimmern und Rudolf von Brandis, die fast ohne Ausnahme schwer verwundet waren.

Bei Einbruch der Abenddämmerung gelang es einem Romanen, der sich beim Heer befunden hatte, ein Boot aufzutreiben und nach Konstantinopel zu segeln, um Petrus und dem Kaiser von der Schlacht zu berichten. Alexios befahl einigen Kriegsschiffen mit starken Truppenverbänden an Bord, unverzüglich nach Civetot in See zu stechen. Beim Eintreffen des romanischen Schlachtschiffgeschwaders hoben die Türken die Belagerung des Schlosses auf und zogen sich landeinwärts zurück. Die Überlebenden wurden an Bord genommen und nach Konstantinopel zurückgebracht. Dort gab man ihnen in den Vororten Unterkunft, aber ihre Waffen wurden eingezogen.

Das war das Ende der ›unautorisierten‹ Heerhaufen, die seit dem Frühjahr 1096 auf eigene Faust ihr Unwesen getrieben hatten – Emich, Volkmar, Gottschalk, Walter Sans-Avoir –, aber auch des Pilgerzugs des Eremiten Petrus von Amiens. Auch wenn die bekannten Kreuzzugsautoren diese Haufen als ›Kreuzzug des Volkes‹ bezeichnen, war er keiner. Sie waren kopflos, hatten keinen Auftrag, kein klares Ziel und keinen erkennbaren Feind. In Prag metzelten sie Juden und in Ungarn rechtgläubige Christen nieder. Und die Türken, gegen welche sie gekämpft hatten, waren Reichsvasallen, die sich gegen Plünderungen und Mord gewehrt hatten. Wir sollten die Idee des Heiligen Krieges, der vom Papsttum ausgerufen wird, nicht auf diese Horden verwenden, da dies lediglich zur Verzerrung der geschichtlichen Ereignisse und zu falschen Schlußfolgerungen führen würde.

Dennoch sollten wir hier Bilanz ziehen. Warum war dieser Zug gescheitert? Erinnern wir uns, daß Kaiser Alexios die Anweisung gegeben hatte, der Pilgerzug möge sich nicht länger als drei Tage an einem Ort aufhalten. Bei einer Masse von etwa dreißigtausend Menschen wäre eine Gegend in drei Tagen ›leergefressen‹! Der unendlich lange Zug muß den Einheimischen wie eine Heuschreckenplage erschienen sein. Ganz gleich, ob der Zug des Eremiten die Verpflegung bezahlte oder erbeutete, mehr Verpflegung war beim besten Willen nicht aufzutreiben. Und nun verweilten sie vom 6. August bis 21. Oktober, ganze 77 Tage, am selben Ort, nämlich in Civetot. Das Hauptanliegen der Bewaffneten konnte daher naturgemäß der Nahrungssuche gegolten haben. Daß das ohne Plünderung nicht möglich gewesen war, versteht sich von selbst, macht es jedoch für die Einheimischen nicht erträglicher.

Der Fehler lag von Anfang an in der Logistik. Petrus der Eremit brach auf mit dem Einverständnis, daß Gottfried ihm unmittelbar, im Abstand von vielleicht zwei Wochen, folgen würde. Niemand hatte Erfahrung mit der Organisation eines solch gewaltigen Zuges. Gottfried stieß auf unerwartete Schwierigkeiten bei der Finanzierung und Zusammenstellung seines Zuges, daß er nicht vor dem vom Papst für *seinen* Kriegszug festgesetzten Termin aufbrechen konnte. Damit verspätete er sich ganze vier Monate! Diese Zeitdifferenz konnte nicht aufgeholt werden und führte zu mehr als Engpässen, sowohl bei der Verpflegung als auch bei dem Verlauf. Denn was sollte Petrus mit der großen Pilgerschar tun, wenn Gottfrieds waffengestützte Legitimation fehlte? Sobald er vor Kilikien angelangt wäre, hätte er Gebiete betreten, die nicht einmal dem Namen nach unter der Oberhoheit des romanischen Kaisers standen. Und die Erfahrungen der letzten Jahre würden dafür sprechen, daß ihm und seiner Schar die Einreise verwehrt würde.

Bohemunds Normannenzug

Seit Robert Guiskards Tod im Juli 1085 war der Bürgerkrieg in Süditalien immer wieder aufgeflackert. Robert hatte sich 1058 von seiner ersten Gemahlin, Bohemunds normannischer Mutter Alberada von Buonalbergo, scheiden lassen, um Sichelgaita von Salerno zu ehelichen. Seitdem galt Bohemund als natürlicher Sohn und kam als Erbe des Herzogs nicht in Betracht. So hinterließ Robert sein Herzogtum Apulien und Kalabrien seinem Sohn Roger Borsa aus seiner Ehe mit Sichelgaita. Bohemund erhob sich gegen seinen Halbbruder, und es gelang ihm, sich Tarents und des Gebiets von Otranto in der Ferse der Halbinsel zu versichern, ehe beider Onkel, Roger von Sizilien, eine Art Waffenstillstand zwischen den Brüdern zusammenflicken konnte. Bohemund erkannte den Waffenstillstand nie als endgültig an und fuhr fort, Roger Borsa aus dem Hinterhalt weiter zuzusetzen. Im Sommer 1096 jedoch hatte sich die ganze Familie zusammengetan, um die aufständische Stadt Amalfi zu bestrafen.

Als der etwas über 40jährige Bohemund von seinem Neffen Wilhelm in Bari erfuhr, ein gewisser Hugo, Graf von Vermandois, brüste sich damit, mit dem Segen des Papstes in den Osten zu ziehen, um sich ein Königreich zu erobern, wurde er hellhörig. Seit 1059 war dies die Aufgabe seines Vaters Robert Guiskard gewesen; dafür hatte man gekämpft, Kalabrien (1060), Apulien (1071) und Sizilien (ab 1072) für den Bischof von Rom erobert, und dann im Mai 1080 Dyrrhachion, Makedonien, Thrakien und 1082 Griechenland (diese Expedition mußte jedoch wegen Unruhen in Apulien abgebrochen und die eroberten Gebiete geräumt werden). Bohemund konnte nicht zulassen, daß die Früchte vierzigjähriger Arbeit einem Tunichtgut in den Schoß fielen. Er überdachte seine Lage und stellte nüchtern fest, daß sein Onkel Roger von Sizilien ihm nie gestatten würde, das ganze Herzogtum Apulien an sich zu reißen. Er würde besser fahren, wenn er sich ein Königreich im Orient suchte. Er wies seinen Neffen an, Hugo von Vermandois zu begleiten und zu beschatten.

Clermont lieferte das Drehbuch für sein Schauspiel. Im Angesicht seines vor Amalfi versammelten Heeres nahm er seinen schweren scharlachroten Mantel ab und riß ihn in Stücke, um daraus Kreuze für seine Hauptleute zu fertigen. Seine Lehensleute beeilten sich, seinem Vorbild nachzueifern, und mit ihnen viele Vasallen seines Bruders und seines sizilianischen Onkels. Was der Papst die ganze Zeit zu vermeiden versuchte, nämlich eine normannische Teilnahme am päpstlichen Kriegszug, trat nun ein.

Dennoch brauchte Bohemund ein wenig Zeit, um seine Streitkräfte marschbereit zu machen. Er ließ seine Länder mit gewissen Sicherungen in der Obhut seines Bruders zurück und brachte genügend Geld auf, um für die Kosten aller, die mit ihm zogen, aufzukommen. Noch bevor er sich einschiffte, schickte er eine Gesandtschaft zum Herzog von Dyrrhachion, um dessen Bedenken zu zerstreuen. Schließlich hatten die Normannen bereits einmal diese Stadt erobert. Sie seien Ritter des Kreuzes, Soldaten Christi, die sich dem Kaiser unterordnen und an seiner Seite den Feind bekämpfen wollten. In Bohemunds Begleitung befanden sich sein Neffe Tankred (Wilhelms älterer Bruder und Sohn seiner Schwester Emma und des Markgrafen Odo), seine

Vettern Richard und Rainulf von Salerno und Rainulfs Sohn Richard; weiterhin Gottfried, Graf von Rossignolo, und seine Brüder, Robert von Ansa, Hermann von Cannae, Humfried von Monte Scabioso, Albered von Cagnano und Bischof Girard von Ariano, allesamt Normannen aus Sizilien, während sich Robert von Sourdeval und Boel von Chartres unter den Normannen aus Frankreich befanden, die sich Bohemund anschlossen. Sein Heer war kleiner als das Gottfrieds, aber wohlgerüstet und gut ausgebildet.

Raimunds Zug durchquerte gerade Istrien ohne Zwischenfall; dann jedoch mühte es sich vierzig Wintertage lang über die felsigen Pfade Dalmatiens, das man Slawonien nannte, unablässig von wilden slawischen Stämmen belästigt, die sich an seine Nachhut hefteten. Die Gegend war »einsam, gebirgig, weglos. An dieser Küste sahen wir während drei Wochen weder Tiere noch Vögel«. Raimund von Aguilers, der das schrieb, schildert die Einwohner als »wild und grob«. Sie wollten keinen Handel treiben, folgten sogar dem Heer und töteten »die geschwächten Männer, die alten Frauen, die Armen und die Kranken, die wegen ihrer Behinderung dem Zug nur aus der Ferne folgen konnten«. Raimund selbst blieb dann bei der Nachhut, um sie zu schützen, und rettete bei einer Gelegenheit seine Leute dadurch, daß er eine Sperre aus gefangenen und grausam zugerichteten Slawen quer über die Straße errichtete.

Hugo von Vermandois blieb Gast des Herzogs von Dyrrhachion und war über die schmeichelhaften Aufmerksamkeiten, die man ihm erwies, hocherfreut; aber einige seiner Gefolgsleute konnten sich des Eindrucks nicht erwehren, daß er wie ein Gefangener behandelt werde. Er blieb dort, bis der hohe Hofbeamte Admiral Manuel Butumites als kaiserlicher Gesandter eingetroffen war, um ihn nach Konstantinopel zu geleiten. Seine Reise dorthin verlief in Annehmlichkeit, wenngleich er genötigt wurde, einen Umweg über Philippopel zu machen.

Der Eindruck, den König Koloman von Gottfrieds Besuch am ungarischen Hof hatte, bewog ihn, den Durchzug des Heeres zu gestatten, unter der Bedingung, daß Balduin, den er als den gefährlichsten unter den Rittern erachtete, mit Frau und Kin-

dern als Geisel in seiner Hand zurückblieb. Als Gottfried zum
Heer zurückkehrte, weigerte sich Balduin vorerst, sich zu stellen; später willigte er ein; und Gottfried und seine Truppen reisten bei Ödenburg ins Königreich ein. Koloman versprach, sie
mit allem Lebenswichtigen zu mäßigen Preisen zu versorgen,
während Gottfried seinerseits durch Herolde überall im Heer
kundtun ließ, daß jegliche gewalttätige Ausschreitung mit dem
Tod bestraft werden würde. Nachdem diese Vorsichtsmaßnah-
men getroffen waren, zogen die Krieger friedfertig durch Ungarn, vom König und seinen Truppen auf der ganzen Wegstrecke streng überwacht.

Bohemunds Heer schiffte sich in Bari, Otranto und Brindisi
ein und ging an verschiedenen Plätzen des Epiros an der Küste
zwischen Dyrrhachion und Avlona an Land; am 1. November
versammelte es sich in Avlona bei einem Dorf namens Dropoli
im oberen Tal des Flusses Viusa. Die Landungsvorkehrungen
waren im Einvernehmen mit den romanischen Behörden zu
Dyrrhachion getroffen worden, denen wahrscheinlich daran lag,
die Hilfsmittel der Städte längs der Via Egnatia nicht noch weiter zu überfordern; aber die Marschroute, die sein Heer nehmen
sollte, wurde wahrscheinlich von Bohemund selbst gewählt. Er
besaß aus seinen Feldzügen vor fünfzehn Jahren eine gewisse
Kenntnis des Landes südlich der Hauptstraße. Johannes Komnenos konnte keine Truppen erübrigen; und Bohemund war so
in der Lage, sich ohne kaiserliche Polizeibegleitung auf den Weg
zu machen.

DER KRIEGSZUG GEGEN ANATOLIEN

Der Eremit Robert von Arbrissel, der seit Februar 1096 in Nordfrankreich die Pilgerfahrt predigte, ahnte nichts von den Absichten der Großen im Orient. So wie Petrus von Amiens einen
Pilgerzug auf die Beine bekommen hatte, blieben auch die Predigten Roberts nicht ohne Wirkung. Die ersten Ritter aus dem
niederen Adel hatten bereits unter Walter Habenichts den
Orient erreicht. Doch die Massenhysterie, die er verbreitet hatte, trieb die Kleinen, es ihren Herren nachzumachen. Man
konnte rührende Szenen erleben, wie Guibert von Nogent uns
berichtet. Leute beschlugen die Hufe ihrer Ochsen wie die von
Pferden, sie spannten sie vor zweirädrige Karren, auf die sie einige Vorräte und die kleinen Kinder luden, die sie mitnahmen.
Beim Anblick aller Schlösser, aller Städte unterwegs streckten
die Kinder die Hände aus und fragten, ob das noch immer nicht
Jerusalem sei. »Keiner von ihnen hielt sich damit auf, den Wert
seiner Einkünfte zu schätzen oder zu prüfen, ob er auf sein
Haus, seine Weinberge, seine Felder verzichten könne. Jeder
schickte sich dazu an, seine wertvollsten Besitztümer noch billi-
ger wegzugeben, als wenn er es für sein eigenes Lösegeld hätte
tun müssen.«

Das Land litt in diesem Winter 1095/1096 unter Hungersnot.
Die Geizhälse rechneten sich aus, was ihnen der Verkauf von
Scheffeln Getreide bringen würde, das sie gehortet hatten. Ausgerechnet jetzt hatte Christus riesige Menschenmassen zum
Aufbruch angefeuert. »Die Reichtümer vieler Leute kamen alsbald an den Tag. Was teuer schien, während alle Welt zu Hause
blieb, wurde plötzlich verschleudert, als alle sich zur Abreise
entschlossen. Da so viele die Sache zu Ende bringen wollten,
wurden sieben Schafe für fünf Denare verkauft. Der Mangel an
Getreide verwandelte sich ebenfalls in Überfluß. Da jeder nur
damit beschäftigt war, Geld aufzutreiben (...), verkaufte er alles,

über das er verfügen konnte. (...) Inmitten dieser Eile kaufte man alles ein, was man mitnehmen wollte, und zwar teuer, während man die Dinge für nichts verkaufte, die das Geld bringen sollten.«

Robert II. Graf von Flandern

Der vom Kaiser Angesprochene und vom Papst Aufgerufene im Norden war der 31jährige Robert II., Graf von Flandern. Er war der Sohn Roberts I. des Friesen und ein Vetter von Herzog Robert II. der Normandie und der Gattin Stephans, des Grafen von Blois und Chartres, denn sein Vater war der Bruder der Königin Mathilde. Von seinem Vater hatte er die Kraft und Brutalität geerbt, vielleicht auch den Geschmack an weiten Reisen und großen Anlässen. Tatsächlich hatte Robert der Friese schon 1089 zur Verbüßung seiner Sünden eine Pilgerfahrt nach Jerusalem unternommen. Die schwerste Sünde war der Mord an Gottfried III. dem Buckligen, der ein Onkel von Gottfried von Bouillon war. Auf dem Rückweg war Robert der Friese 1090 zeitweilig in die Dienste des Kaisers Alexios getreten, dem er eine Verstärkung von fünfhundert Reitern im Kampf gegen die Türken versprochen hatte. Das Versprechen löste jetzt der Sohn ein. Ihm folgten etwa sechshundert Berittene und mehr als viertausend Mann Fußvolk aus Brabant unter Balduin von Aalst, dem Grafen von Gent. Während seiner Abwesenheit wurden seine Länder von seiner Gemahlin, der Gräfin Clementia von Burgund, verwaltet.

Robert II. Herzog der Normandie

Robert II., Herzog der Normandie, wurde vom Papst nicht angesprochen, sondern erfuhr von seinem Vetter, dem Grafen von Flandern, was der Kaiser geschrieben und der Papst angedeutet hatte. Und die Aussicht auf eine größere Herrschaft im Orient reizte ihn sehr, denn es war nicht gut um ihn bestellt.

Er war das älteste von fünf Kindern, die Königin Mathilde ihrem Gatten, Wilhelm dem Eroberer, geschenkt hatte. Man nannte ihn Courteheuse, Courtecuisse oder Gambaron, was alles »dicke Beine« bedeutet. Mit 42 Jahren war er dick und rund, aber ein tüchtiger Ritter, geschickt und mutig, auch großmütig und jovial. Er liebte ein fröhliches Leben und machte nur, was er sich in den Kopf gesetzt hatte. Die Lust, »mal wieder unter einem Dach zu schlafen«, hatte ihn oft, mitten aus einem Feldzug heraus, nach Hause zurückgeführt.

Er war um 1054 geboren worden. Ganz jung hatte man ihn mit Margarete von Maine, Tochter Herberts Eveille-Chien, verlobt, aber sie starb, ehe sie das heiratsfähige Alter erreicht hatte. Da sein Vater ihm die Verwaltung der Normandie verweigert hatte, rächte er sich, indem er das Land plünderte. Als er 23 oder 24 Jahre alt war und »bis zum Überdruß gelangweilt«, hatte es satt, immer dieselben Zurückweisungen und Predigten seines Vaters anzuhören. Er widersetzte sich ihm und seinen Brüdern energisch und ließ sich dann auf der anderen Seite der Grenze nieder. Dort nahm König Philipp von Frankreich ihn unter seinen Schutz und gab ihm das Schloß Gerberoy in der Region von Beauvais.

Als sein Vater und seine Brüder 1079 nach Gerberoy kamen, forderte Robert seinen Vater zum Zweikampf heraus. Er verwundete ihn und tötete sein Pferd. Mit Schande bedeckt, verfluchte der König von England seinen Sohn und sagte sich auf immer von ihm los. Aber schon im nächsten Jahr hatten sich die beiden Männer ausgesöhnt, um zusammen gegen König Malcolm von Schottland zu Felde zu ziehen. 1083 hatte sich Robert nochmals mit seinem Vater gestritten, wurde verbannt und versuchte vergebens, Mathilde von Tuszien, reiche Erbin und Freundin des Papstes, zu heiraten.

Auf dem Totenbett empfahl Wilhelm der Eroberer seinen zweiten Sohn, Wilhelm Rufus, als Erbe für den Thron von England. Da das Königreich erobert war, blieb für Robert nur die Normandie. Von seinen drei Söhnen war nur Heinrich bei der Beisetzung zugegen. Robert, der sich betrogen fühlte, war nicht gekommen. Was Wilhelm Rufus betraf, so war der nach England geeilt, um Robert zu überholen und sich selbst die Krone aufzusetzen.

Immerhin war Robert endlich Herzog der Normandie geworden. Sofort vertrieb er die Garnisonen, die sein Vater eingerichtet hatte, und begann dann, gegen den neuen König von England Verschwörungen anzuzetteln. Doch taten sich die beiden Brüder zusammen, um den jüngsten, Heinrich, beim Mont Saint-Michel zu belagern. 1091 versöhnten sich schließlich die drei und befehdeten Malcolm von Schottland. Zum Schluß heiratete Heinrich dessen Tochter. Damit war die Geschichte dieser unruhigen, aufrührerischen, streitsüchtigen, jähzornigen Männer aber noch nicht zu Ende.

Zu der Zeit, als der Papst in Clermont vom Osten sprach, war das Herzogtum Normandie in Anarchie versunken. Heinrich hatte den Cotentin erobert, Wilhelm Rufus hatte zwanzig Burgen in seiner Hand. Die großen Herren plünderten sich gegenseitig aus und gehorchten Robert nicht mehr. In Rouen bestätigte ein Konzil im Februar 1096 die Beschlüsse von Clermont. Der Papst schickte Gerento, den Abt von Saint-Bénigne in Dijon, in die Normandie. Er hatte den Auftrag, unter den Brüdern Frieden zu stiften, denn nur auf dieser Grundlage war die Aushebung normannischer Kontingente möglich. Es wurde Sommer, bis der Abt von Dijon sein Ziel erreichte; aber das Resultat entsprach seinen Anstrengungen.

Alain Fergant, Herzog der Bretagne, vertraute seinem Nachbarn Robert, daß er sich dem Grafen von Flandern anschließen wolle, von der Elite der alten Provinz begleitet. Die Elite habe sich am 2. September in Nantes (dem Hauptort der südlichen Grafschaft des Herzogtums Bretagne) bei Robert von Arbrissel versammelt; Bischof Benoît habe die Waffen gesegnet. Um seinen Feinden im Inland wie im Ausland zu entkommen, entschloß sich Robert, ebenfalls seinen Vetter Robert von Flandern in den Osten zu begleiten. Der Friedensvertrag unter den Brüdern, den die Kirche garantierte, lieferte unter anderem dem Herzog der Normandie das Geld, das er für seinen Kriegszug brauchte. Er verpfändete sein Herzogtum um zehntausend Mark Silber an seinen Bruder Wilhelm Rufus. Die Verpfändungsurkunde wurde im September 1096 unterzeichnet. Diese große Summe brachte er auf, indem er den Engländern eine Steuer von vier Schilling je Kopf Rindvieh auferlegte, die Kirchen beraubte und die Geistlichen erpreßte. Anselm, der Erzbischof von Canterbury, wurde gezwungen, seine Domäne Peckam als Pfand für sieben Jahre zur Verfügung zu stellen, um zweihundert Mark aus dem Schatz der Kathedrale entleihen zu können.

Zwei seiner alten Freunde wollten teilnehmen, Ivo und Alberich von Grandmesnil, außerdem die Bischöfe Gilbert von Evreux und Odo von Bayeux. Dieser (ein Halbbruder Wilhelms des Eroberers) war kürzlich von Wilhelm Rufus aus England vertrieben worden und zog es wohl vor, nach der Abreise Roberts nicht in der Normandie zu bleiben. Walter, Graf von Saint-Valéry, und sein Sohn Bernhard waren dabei, die Erben der Grafen von Montgomery und Mortagne, Girard von Gournay, Hugo von Saint-Pol und die Söhne Hugos von Grandmesnil, aber auch Ralph Guader, ein englischer Adliger und Graf von Norfolk. Er lebte im Exil in der Bretagne auf den Gütern seiner Mutter. Insgesamt waren es fast tausend Berittene und siebentausend Mann zu Fuß. Bannerträger wurde der Ritter Pain Peverel. Robert nahm seinen Kaplan Arnulf von Choques mit. Er war der Sohn des Priesters, der Roberts Schwester und künftige Äbtissin von Sainte-Trinité in Caen, Cäcilia, erzog.

Stephan Graf von Blois und Chartres

Schließlich machte sich sein Schwager Stephan von Blois und Chartres (die Grafschaft Chartres grenzte im Norden an das Herzogtum Normandie) mit ihm auf den Weg, aber auf eigene Verantwortung. Stephan verschwägerte sich mit Robert durch die Heirat mit Adele, einer Tochter Wilhelms des Eroberers, einer kraftvollen Frau. Stephan war der älteste Sohn von Theobald III., Graf der Champagne, von Brie, Blois und Chartres. Er war ein mächtiger Herr, ruhig, fromm, großzügig der Kirche gegenüber, vorsichtig und bescheiden. Man wußte nicht recht, warum er das Kreuz genommen hatte. War er beim Konzil von

Clermont zugegen? War es nicht seine Frau, die die Entscheidung traf? Ihm stand ein einzigartiges Abenteuer bevor. Er brachte etwas mehr als zweitausend Leute mit, davon 250 bis 300 Berittene. Unter ihnen waren Evrard von Puiset, Gottfried Guérin, Caro Asini. Sein Kaplan hieß Alexander.

Mitte September zog Robert von der Normandie mit seinem Heer nach Pontarlier, wo sich Stephan von Blois, Robert von Flandern und Alain Fergant von der Bretagne mit ihm vereinigten. Von hier zog das Heer südwärts über die Alpen nach Italien. Mitte November (Gottfried zog noch immer durch Ungarn, Raimund an der dalmatinischen Küste nach Süden, Hugo war mit Polizeibegleitung auf dem Weg nach Philippopel, Bohemund marschierte ohne Polizeibegleitung am Fluß Viusa aufwärts in Richtung Osten) traf es beim Durchzug durch Lucca mit Papst Urban zusammen, der sich auf dem Weg von Cremona nach Rom einige Tage in der Stadt aufhielt. Urban empfing die Führer in Audienz und erteilte ihnen seinen besonderen Segen. Das Heer zog weiter nach Rom und suchte die Grabstätte Petri auf, lehnte es jedoch ab, sich in den Kampf zwischen den Anhängern Urbans II. und denen Clemens III. einzumischen, der die Stadt in Unruhe hielt.

Von Rom zog das Heer über Monte Cairo (heute Monte Cassino) weiter nach dem normannischen Herzogtum im Süden. Hier wurde ihm von Roger Borsa, dem Herzog von Apulien, ein freundlicher Empfang bereitet (Rogers Gemahlin Adele, die verwitwete Königin von Dänemark, war die Schwester des Grafen von Flandern), und Roger erkannte den Herzog von der Normandie als das Oberhaupt des normannischen Volkes an. Der Herzog von Apulien bot seinem Schwager viele kostbare Gastgeschenke; aber dieser wollte nichts annehmen außer einer heiligen Reliquie, dem Haar der Heiligen Jungfrau, sowie den Gebeinen der Heiligen Matthäus und Nikolaus, die er seiner Gemahlin übersandte, damit sie in der Abtei Watten aufbewahrt würden. Robert von der Normandie und Stephan von Blois beschlossen, den Winter in Kalabrien zu verbringen. Aber Robert von Flandern zog mit seinen Leuten rasch nach Bari weiter und schiffte sich Anfang Dezember nach Epiros ein.

In Konstantinopel hieß Kaiser Alexios Komnenos den königlichen Sproß Hugo von Vermandois herzlich willkommen und überschüttete ihn mit Zuvorkommenheit, nicht ohne Grund. Er geizte weder mit den Ehrbezeugungen noch mit dem Pomp, den der Graf wegen seines königlichen Geblüts beanspruchte, bot ihm Geschenke an, gab ihm Geld und führte ihm alle schmeichelnden Versuchungen von Konstantinopel vor. Der eitle Pfau brauchte nicht lange, bis er die Absicht seiner Reise in den Osten preisgab, und die Erinnerung des Kaisers an Roussel von Bailleul lebte wieder auf. Alexios gelangte zur Überzeugung: Was immer die offiziellen Gründe für den Heereszug sein mochten, das wahre Ziel der ›Kelten‹ bestand darin, Fürstentümer im Osten für sich zu erwerben.

Hiergegen hatte der Kaiser von Romania nichts einzuwenden, wenn es unter seiner Oberhoheit geschah. Solange das Kaiserreich Länder zurückgewann, die vor den türkischen Eroberungen dem Reich gehört hatten, sprach viel für die Errichtung ›christlicher‹ Pufferstaaten an seinem äußersten Rand, wie es Armenien einmal gewesen war. Aber eben als Vasallen, nicht als unabhängige kleine Staaten, wie es Roussel praktiziert hatte. Dann lieber türkische Föderaten als Pufferzone. Wenn der Ansturm der Abendländer nicht mehr aufzuhalten war, dann sollten sie mit erobertem Land belohnt werden als Lehensmänner des Kaisers; Alexios wollte jedoch völlig sicher sein, daß er eindeutig als oberster Lehensherr all dessen betrachtet wurde, was neu begründet würde.

Hugo, der arme Prinz aus dem Abendland, der vom prachtvollen Aufwand und von der Freigebigkeit des Kaisers völlig geblendet war, leistete auch diesem gern den Treueid für künftige Gründungen. Ob es mit dem Herzog von Niederlothringen ebenso glatt verlaufen würde?

Gottfried in Romania

Nach dreitägigem Aufenthalt in Magjeloz, nahe der romanischen Grenze, wo neue Verpflegung aufgenommen wurde, gelangte Gottfried Ende November nach Semlin und setzte sein Heer ohne Zwischenfall über die Save nach Belgrad über. Danach wurden ihm die Geiseln (sein Bruder Balduin nebst Familie) zurückgegeben. Die kaiserlichen Behörden waren auf seinen Empfang vorbereitet, hatten sie ihn doch schon seit Monaten erwartet. Ein Grenzposten eilte nach Nisch, dem Amtssitz des Statthalters Niketas, wo ein Geleit für Gottfried bereits wartete. Der Zug verlief weiterhin friedlich, weil Gottfried, unterstützt von seinem energischen Bruder Balduin, für strenge Ordnung sorgte. Die Geleitmannschaft machte sich unverzüglich auf den Weg und traf Gottfried auf halbem Weg in den serbischen Wäldern zwischen Belgrad und Nisch. Vorkehrungen für seine Versorgung waren bereits getroffen worden, und das Heer durchzog die Balkanhalbinsel ohne Mißlichkeiten. In der ersten Dezemberwoche erhielt er in Philippopel Nachricht vom Eintreffen eines Hugo von Vermandois in Konstantinopel und erfuhr von den prachtvollen Geschenken, die er und seine Genossen erhalten hatten. Der Kaiser wollte Gottfried auf diesem Weg ›weichkochen‹, damit er ihm um so bereitwilliger den Treueid leistete. Balduin von Hennegau und Gottfried von Esch waren hiervon so tief beeindruckt, daß sie schon beim nächsten Morgengrauen das Lager verließen, um in ihrer Gier die ersten bei der Verteilung von Geschenken zu sein.

Richard vom Prinzipat

Um diese Zeit machten die Romanen eine unangenehme Erfahrung mit den Normannen. Ein Bruder Roberts Guiskard, der vor fünfzehn Jahren auf dessen Seite gegen Romania gekämpft hatte, Richard vom Prinzipat mit Namen, folgte dem Beispiel seines Neffen Bohemund und war im November entschlossen, sich direkt nach Chimarra (nördlich der Insel Korfu) zu wenden. Er hatte für sechstausend Goldstücke einen großen Dreimaster gemietet, mit zweihundert Ruderern und drei Schaluppen im Schlepp. Auf ihnen hatten sich fünfzehnhundert Soldaten mit achtzig Pferden eingeschifft.

Am 6. Dezember stieß er auf die Flotte des Admirals Manuel Maurokatakalon. Dieser kommandierte seine Zweiruderer, Dreiruderer und ›Dromonen‹ (Eilschiffe) »wie Tausendfüßler«, so der anonyme Ritter, der das Reisetagebuch über die Truppen Bohemunds führte. Da setzte Richard den alten Krieg wieder fort. Trotz der Aufforderung der Romanen, sich ruhig zu verhalten, begann er den Kampf. Die Romanen lernten voller Staunen die Bogen der Normannen kennen, die sie von den Arabern Siziliens übernommen hatten. Deren Geschosse waren imstande, »einen Schild zu durchlöchern, auch einen Panzer aus dickem Eisen, eine Statue aus Bronze zu durchbohren oder in einen tiefen Wall einzudringen. Das alles bringt die ›tzangra‹ fertig, eine wahrhaft teuflische Tat«.

Es gab für die romanischen Seeleute noch einen anderen Anlaß zur Verwunderung. In den Reihen der Normannen kämpfte wie rasend ein Priester. Anna Komnene schreibt dazu: »Die Idee, die man sich von einem Priester macht, ist bei den Lateinern nicht dieselbe wie bei uns.« Nach vierundzwanzig Stunden des Kampfes mußte Richard vom Prinzipat sich ergeben. Nur der Priester kämpfte weiter. Obgleich dreimal verwundet, bombardierte er die Romanen mit Hilfe seiner Schleuder. Als er keine Steine mehr hatte, benutzte er Roggenbrote, um den Kampf fortzusetzen! Als er schließlich an Land gerudert wurde, ließ sich der Priester zu dem romanischen Anführer bringen, den er im Gefecht auf See hatte töten wollen. Als er vor ihm stand, rühmte er den prachtvollen Kampf, umarmte ihn, bot ihm eine silberne Schüssel an – und starb.

Ausschreitungen vor Konstantinopel

Gottfried von Bouillon war wütend. Hatte er so viel Zeit verloren, daß die Truppen des Papstes ihm zuvorgekommen waren? Nach seinen Informationen führte ein Graf Raimund von Toulouse den päpstlichen Heereszug an; wer war dieser Hugo von Vermandois? Welche Rolle spielte er? Wohin wollte er? Wie groß war sein Heerhaufen? Wußte der Kaiser nicht, daß er, Gottfried, auf dem Marsch war? Er mußte es gewußt haben, warum sonst wurde er an der Nordgrenze des Kaiserreichs erwartet. Was war aus Petrus von Amiens und seinem Pilgerzug geworden? Unverzüglich führte Gottfried seinen Zug weiter nach Adrianopel, dann nach Selymbria am europäischen Nordufer des Marmarameeres, wo er am 12. Dezember ankam und die Zelte auf üppigen Wiesen errichten ließ. Er war nur noch zwei, drei Tagesmärsche von Konstantinopel entfernt. Hier kam es zum Eklat, denn die Soldaten, die Ritter, selbst die Zivilisten, darunter viele Frauen und Mönche, begannen zu plündern. Es kam wieder zu erschreckenden Übergriffen gegen die verängstigte Bevölkerung. Acht Tage lang litt die Bevölkerung Thrakiens unter den Exzessen der Abendländer, unter den Plünderungen und Gewalttaten, die nicht bloß die Stadt Selymbria, sondern auch das Hinterland verwüsteten.

Albert von Aachen gibt dafür eine Erklärung. Es soll aus Rache geschehen sein, da Hugo le Maisné und seine Gefährten Gefangene des Kaisers seien und »in Ketten« gehalten würden. Freilich dürfen wir nicht vergessen, daß alle abendländischen Chronisten den Kaiser als hinterlistigen Schacherer darstellen, während die romanischen die Abendländer als Barbaren und Menschenfresser beschreiben. Gottfried hatte von dem Franzosen noch nie etwas gehört, noch wußte er, was dieser in Konstantinopel suchte. Gerade die Nachrichten, die er gezielt erhalten hatte, übertrieben die Gastfreundschaft des Kaisers dem Franzosen gegenüber. Es gab also keinen Grund für eine Racheaktion. Vielmehr waren die Truppen ungehalten, daß sie unter polizeilicher Bewachung standen, während andere sich in der Hauptstadt gütlich taten.

Wie dem auch sei – Kaiser Alexios schickte eine Gesandtschaft (zwei Franzosen in seinem Dienst, Radulph Peeldelau und Roger, Sohn des Dagobert), um Gottfried Vorhaltungen zu machen und ihn zu veranlassen, dem Plündern ein Ende zu bereiten und seinen Zug in Frieden fortzusetzen. Gottfried brach am 20. Dezember das Lager ab und machte sich nach Konstantinopel auf, das er am 23. Dezember erreichte. Auf Verlangen des Kaisers schlug er sein Feldlager außerhalb der Stadt längs des nordwestlichen Ufers des Goldenen Horns zwischen Kosmidion und Hagios Phokas auf. Prompt gesellte sich Petrus von Amiens zu ihm.

Abgesehen von der kleinen Schar Hugos von Vermandois, war das der größte abendländische Heereszug, den die Goldene Stadt seit dem Eintreffen des Pilgerzugs des Eremiten am 1. August gesehen hatte. Diesmal jedoch war es ein Zug von Bewaffneten, nicht von frommen Pilgern. Und die Nachricht von ihren Plünderungen um Selymbria ließ die Romanen keine gute Meinung mehr von diesen abendländischen Christen haben, die sie ausnahmslos als Barbaren betrachteten. Die Tochter des Kaisers, Anna Komnene, drückt es vorsichtig aus, wenn sie schreibt: »Das Volk der Kelten ist sehr heißblütig und feurig; wenn es einmal seinem stürmischen Wesen nachgegeben hat, kann man es nicht mehr aufhalten.«

VOR KONSTANTINOPEL

Sobald Gottfried sich in seinem Lager eingerichtet hatte, schickte Alexios Hugo »den Jüngeren« von Vermandois und Wilhelm »den Zimmermann« von Melun zu ihm, um ihn zu bewegen, den Kaiser aufzusuchen. Gottfried war sich nicht sicher, wie er sich verhalten sollte. Er wollte sich nicht lange aufhalten, denn Jerusalem wartete auf ihn, und wußte nicht, was er am Hofe des Kaisers sollte. So kehrte Hugo ohne Antwort an Alexios in den Blachernenpalast zurück. Weihnachten verbrachte Gottfried »ganz ruhig und voller Freude vor den Mauern von Konstantinopel«, dabei feierten die Romanen dieses Fest nicht, denn für sie war Christus am 6. Januar geboren, das Fest der Heiligen Drei Könige im Abendland. Das Jahr begann für die Romanen am 1. September, und sie zählten gerade das Jahr 6605 nach Erschaffung der Welt.

Bohemund hingegen verbrachte Weihnachten in Kastoria, ehe er weiter nach Pelagonia zog. Epiros war nicht ungefährlich. Die Küste war sumpfig, in die Bergkette dahinter waren tiefe Schluchten eingeschnitten. Bohemund kannte indes das Land gut. Zusammen mit seinem Vater hatte er es 1080 erobert und dann wieder verloren. Das Heer zog geradewegs über die Pindos-Pässe und langte kurz vor Weihnachten in Kastoria im westlichen Makedonien an. Die Normannen von damals hatten keineswegs nur gute Erinnerungen hinterlassen. Darüber berichtet der anonyme Ritter: »In Kastoria wollten wir uns verproviantieren, aber die Bevölkerung wollte es nicht zulassen, weil sie große Angst vor uns hatte. Sie weigerte sich, uns als Pilger anzuerkennen, und glaubte, daß wir nur das Land verwüsten und die Leute umbringen wollten. Wir haben uns die Ochsen, Pferde, Esel und alles, was wir finden konnten, angeeignet.« Also doch in altbewährter Normannenart!

Gottfried von Niederlothringen und der Kaiser

Alexios war verärgert, denn seine Bitte war ein freundlich ver-packter Befehl. Gottfried befand sich mit einem großen Heer auf *seinem* Boden und das ausschließlich mit *seiner* Einwilligung. Gewiß, der Zug wollte nach Jerusalem weiterziehen, aber bis da-hin würde er dem Kaiserreich eine Menge an Verpflegung geko-stet haben. Und sollte er die Heilige Stadt tatsächlich befreien können, so sollte dies im Auftrag des Kaisers und unter seiner Oberhoheit erfolgen. Außerdem mußte dafür Sorge getragen werden, daß die beiden Heere Gottfrieds und Bohemunds sich nicht vereinten. Der Normanne war seit Anfang November mit etwa fünfhundert Reitern und dreitausendfünfhundert Mann zu Fuß auf romanischem Boden, bewegte sich jedoch ohne Geleit-mannschaft vorwärts. (Seit Anfang Dezember befand sich auch Robert II., Graf von Flandern, mit sechshundert Berittenen und mehr als viertausend Mann Fußvolk auf romanischem Boden. Wir besitzen keine Chronik über seinen Zug, daher wissen wir lediglich, wann er in Konstantinopel ankam.) Deshalb ließ Ale-xios ein Netz von Hilfstruppen zwischen Gottfrieds Lager und dem sich nähernden Heer Bohemunds aufstellen. Sie hatten den Auftrag, jeden Boten der einen oder anderen Seite abzufangen.

Die Sorge war unbegründet, denn keiner wußte etwas von der Existenz des anderen. Bohemund wollte Hugo ausschalten, und Gottfried wollte die Genehmigung des Kaisers weiterzuziehen erlangen. Folglich mußte Gottfried ›zur Vernunft gebracht‹ werden, indem die Lieferungen gesperrt wurden, die der Kaiser seinen Truppen versprochen hatte. Während Gottfried noch im-mer zögerte, begann Balduin bereits, die Vororte auszurauben, bis Alexios versprach, die Blockade aufzuheben. Der Kaiser nutzte einsetzenden Regen und Kälte, um Gottfried den Vor-schlag zu machen, die Zelte aufzugeben, den Schlamm zu mei-den und in den Gebäuden der Vorstadt Pera am Bosporus nörd--lich von Konstantinopel Quartier zu nehmen, wo es besser gegen die Winterwinde geschützt sei, wo die kaiserliche Polizei es aber auch genauer überwachen konnte.

Eine Zeitlang unternahm keiner der beiden Seiten weitere

Schritte. Der Kaiser versorgte die lothringischen Truppen mit ausreichenden Lebensmitteln, und Gottfried sorgte für Aufrechterhaltung der Ordnung. Ende Januar lud Alexios Gottfried erneut ein, ihn aufzusuchen, doch Gottfried wurde trotziger. Er wußte inzwischen, was der Kaiser von ihm wollte, war jedoch nicht bereit, sein Reich von Jerusalem aus der Hand des Kaisers in Empfang zu nehmen. Seine göttliche Autorität stand höher als die eines gewählten Kaisers, der sich nicht durch göttliches Blut wie er auszeichnete. So schwankte Gottfried zwischen Einsicht und Rechthaberei; einerseits wollte er vor den übrigen Heereszügen, deren Ankunft baldigst erwartet wurde, nach Jerusalem aufbrechen, andererseits konnte er die Bedingungen des Kaisers nicht annehmen.

Der päpstliche Zug naht

Raimund hatte seine Reise mit reichlichen Proviantvorräten angetreten; und nach den Worten des Chronisten seines Zuges, Raimund von Aguilers, hatte er seine Aufgabe erstaunlich gut durchgeführt. Im Kampf verlor er keinen einzigen Mann, und während er im Winter durch die Einöde zog, fehlte es niemals an Lebensmitteln. Aber als sie schließlich Skodra erreichten, gingen ihre Vorräte zur Neige. Raimund verschaffte sich eine Unterredung mit dem ortsansässigen Fürsten von Zeta, Konstantin Bodin, der den Südfranzosen als Entgelt für kostbare Geschenke erlaubte, auf den Märkten der Stadt nach Belieben einzukaufen. Aber es waren keine Lebensmittel aufzutreiben.

Das Heer mußte unter zunehmendem Hunger und Elend seine Reise fortsetzen, bis es Anfang Februar nördlich von Dyrrhachion die romanische Reichsgrenze erreichte. Raimund und Adhémar hofften sich jetzt am Ende ihrer Mißhelligkeiten. Johannes Komnenos hieß den Heereszug zu Dyrrhachion willkommen, wo Abgesandte des Kaisers und eine Petschenegen-Truppe bereits warteten, um sie über die Via Egnatia zu geleiten. Der Statthalter übermittelte eine Botschaft des Alexios an Raimund. »Seit langem, sehr geliebter Graf, sind der weit verbreitete Ruf deiner Weisheit und der Duft deiner Ehrenhaftigkeit bis zu uns gedrungen. Wir empfehlen dir inständig, unsere Länder ohne Streit und Skandal zu durchqueren und dich eilig zu uns zu begeben ...«

Freundschaftlich, aber auch mit gebotener Vorsicht ließ der Kaiser das Heer aus Toulouse, das ihm bei der Rückeroberung Antiochias helfen sollte, aus nächster Nähe durch seine Söldner zusammenhalten und verbot jede Abweichung. Es fiel ihm auf, daß Bohemund von Tarent, Robert von Flandern und Raimund von Toulouse zeitgleich in sein Reich einzogen. Gottfried von Bouillon war aus anderen Gründen in Romania, das wußte Alexios, aber sollten die abendländischen Heere einem einzigen Willen gehorchen, war das Kaiserreich in Gefahr. Raimund schickte eine Gesandtschaft nach Konstantinopel voraus, um seine Ankunft anzukündigen; und nach einigen Ruhetagen in Dyrrhachion setzte sich das Heer wieder in Marsch.

Bohemund führte seine Leute währenddessen ostwärts zum Vardarfluß. Schließlich erreichte er ihn Mitte Februar, nachdem er gute sieben Wochen gebraucht hatte, um eine Wegstrecke von kaum mehr als 170 km zurückzulegen. Da es keine Brücken gab, mußte man auf improvisierten Flößen übersetzen oder schwimmen oder sich im eisigen Wasser am Schwanz der Pferde festhalten. Plötzlich wurden sie von Petschenegen umzingelt. Von diesen erfuhr er, daß sein Heer nicht erwartet wurde, da man nicht wußte, welche Route er nehmen würde. Die Petschenegen, die als Polizeitruppe im Sold des Kaisers standen, hatten das Land vor Invasoren verteidigen wollen. Daraufhin schickte Bohemund Boten an Alexios.

Als Bohemunds Heer unter den Stadtmauern von Thessalonike vorbeizog und sich auf dem Weg nach Serra/Seres befand, kamen ihm die Boten, die Bohemund bei der Landung im Epiros an den Kaiser geschickt hatte, auf ihrer Rückkehr aus Konstantinopel entgegen und brachten einen hohen kaiserlichen Beamten und eine Botschaft des Kaisers mit. Alexios schlug vor, daß Bohemund seiner Truppe mit einem kleinen Gefolge voraneilen möge. Jedenfalls wurde dem Heer reichlich Verpflegung zur Verfügung gestellt; als Gegenleistung versprach Bohemund, keinen Versuch zu machen, irgendwelche Städte am Weg zu betreten.

Der Vasalleneid

Vergessen wir nicht, daß hier recht ansehnlich große und bewaffnete Heere in das Romanenreich »eingedrungen« waren, die weder bestellt noch erwünscht waren. Entweder hatten sie feindliche Absichten, dann mußte man ihnen als Feind begegnen, oder sie kamen als Verbündete, dann durfte die einheimische Bevölkerung nicht unter ihnen leiden. Bei aller Begeisterung des Abendlandes für diesen ›Kreuzzug‹, nachdem er Jerusalem erobert hatte, dürfen wir nicht außer acht lassen, daß der Kaiser von Romania in seinem eigenen Reich das Sagen hatte und nicht die Führer des Kreuzzugs. Nicht nur, daß die Heere eine Genehmigung für die Durchreise benötigten, sie verschlangen Unmengen von Verpflegung, die ohne logistische Planung nicht zu bewerkstelligen war. Von Anfang an waren diese ›christlichen‹ Heere auf das Wohlwollen und die Unterstützung des Kaisers angewiesen. Da sie gekommen waren, um zu kämpfen und Gebiete zu erobern, mußte ihr Rechtsstatus durch einen Vasalleneid gegenüber dem Souverän geregelt werden.

So neu war dies den Führern aus dem Westen nicht: Der König von England mußte für seine französischen Besitzungen dem König von Frankreich den Vasalleneid leisten. Auch die Argumente der Autoren, Gottfried beispielsweise sei Vasall des deutschen Kaisers gewesen, weshalb er keinen Lehenseid in Konstantinopel leisten konnte, stimmen nicht. Gottfried war als Herr von Bouillon, Graf von Verdun und Antwerpen und Herzog von Niederlothringen Reichsvasall Heinrichs IV., nicht jedoch als König von Jerusalem. Die Heilige Stadt gehörte einstmals zum Romanenreich, der Kaiser von Romania war auch der Schirmherr der rechtgläubigen Christen im Heiligen Land; seine Oberhoheit versteht sich von selbst und hat mit einem Treueid im Abendland nicht das geringste zu tun, denn Alexios beanspruchte ja nicht die Oberhoheit für die Besitzungen im deutsch-römischen Reich, sondern ausschließlich für seine ehemaligen Gebiete.

Alexios mußte mit Gottfried zu einem Ergebnis kommen, noch bevor ein weiterer Heereszug seine Position stärken konnte. Sein Hauptargument war die Abhängigkeit des Zuges von der Verpflegung durch den Kaiser. Deshalb beschloß er Ende März, Gottfried diese Abhängigkeit vor Augen zu führen, und setzte die Lieferungen an Gottfrieds Lager herab. Als erstes hielt er das Pferdefutter zurück; sodann, beim Herannahen der Osterwoche, den Fisch; und schließlich das Brot. Die Lothringer beantworteten diese Maßnahmen mit Raubzügen in die Nachbardörfer, bei denen sie schließlich mit den Petschenegen zusammenstießen, die in diesem Bezirk Polizeidienste versahen. Als ›Vergeltung‹ überfiel Balduin die Polizei aus einem Hinterhalt. Sechzig Polizeisoldaten wurden gefangengenommen. Von diesem kleinen ›Erfolg‹ ermutigt, entschied sich Gottfried zu einer Machtdemonstration vor den Toren der Goldenen Stadt, um das Übersetzen nach Kleinasien zu erzwingen. Er zog seine Truppen vor den Stadtmauern zusammen und begann, das zum Palastviertel Blacherna führende Gyrolimne-Tor anzugreifen.

Bohemunds Heer traf am 1. April in Russa (dem heutigen Keschan) in Thrakien ein. Die Einwohner folgten den Anweisungen des Kaisers und zogen aus, »begrüßten freudig den Herrn Bohemund und brachten uns reichlich Vorräte«. Nun beschloß Bohemund, sich mit nur zehn Rittern eilends nach Konstantinopel zu begeben, um sich zu vergewissern, was eigentlich zwischen dem Kaiser und den angeblich bereits angelangten westlichen Führern verhandelt wurde. Er ließ seine Leute unter dem Befehl Tankreds zurück, der sie in ein fruchtbares Tal abseits der Hauptstraße führte, wo sie die Ostertage verbrachten.

Es war Gründonnerstag, der 2. April; Konstantinopel war auf einen Überfall der ›verbündeten‹ Christen aus dem Westen unvorbereitet. Noch immer bemühte sich der Kaiser, Gottfried zur Vernunft zu bringen. Er befahl seinen Truppen, sich demonstrativ vor dem Hagios Romanos-Tor zu zeigen, ohne jedoch mit dem Feind ins Gefecht zu geraten, und seine Bogenschützen auf den Stadtmauern wurden angewiesen, über ihre Köpfe hinwegzuschießen. Die Lothringer ließen von ihrem Angriff ab und zogen sich zurück.

Am nächsten Tag schickte Alexios Abgesandte ins Lager mit dem Versprechen, daß Gottfrieds Truppen nach Kleinasien übergesetzt würden, sobald Gottfried den Lehnseid geleistet hatte. Gottfried sah endlich seine Abhängigkeit von der Versorgung durch den Kaiser ein und erklärte sich willens, den Lehnseid zu schwören. Die feierliche Eidesleistung fand am Ostersonntag, dem 3. April, statt. Gottfried, Balduin und ihre führenden Ritter schworen nach einem Aufenthalt von 102 Tagen, den Kaiser als obersten Herrscher über alle Länder anzuerkennen, die sie erobern würden, und den kaiserlichen Beamten alle jene zurückeroberten Landstriche zu übergeben, die vormals dem Kaiser gehört hatten. Dann nahm der Kaiser Gottfried als Sohn in die kaiserliche Familie auf und belehnte ihn mit dem Heiligen Land. Alsdann erhielten sie riesige Geldgeschenke und wurden vom Kaiser auf einem Gastmahl festlich bewirtet. Sobald die Feierlichkeiten vorüber waren, wurden Gottfried und seine Truppen nach Chalkedon auf die asiatische Seite des Bosporus überführt und marschierten nach einem Feldlager bei Pelekanon an der Straße nach Nikomedia weiter.

Das war die zweite Panne bei der »Reise nach Jerusalem« des Hauses David. Die logistischen Schwierigkeiten, die Gottfried beim Aufbruch aus Stenay in Niederlothringen zu einer viermonatigen Verspätung gezwungen hatten, führten zur Vernichtung des Pilgerzugs bei der Katastrophe von Civetot vom 21. Oktober 1096. Und durch den dreieinhalbmonatigen Aufenthalt vor Konstantinopel war sein Vorsprung dahingeschmolzen, so daß die übrigen Heereszüge ihn langsam, aber sicher einholten. Die Einsicht, daß die Weiterfahrt ohne kaiserlichen Nachschub und Schutz nutzlos sei, machte ihn und seine Pläne von den Befehlen des Kaisers abhängig. Und dieser schien alle Heereszüge bündeln zu wollen, um sie im Auge behalten zu können. Sonst müßte er an vielen ›Fronten‹ gleichzeitig präsent sein.

Robert von Flandern und der Kaiser

Unmittelbar danach, am 4. April, erreichte der Heerhaufen des Grafen Robert II. von Flandern die äußeren Vororte von Konstantinopel und wartete bei Sosthenion, am Ufer des Marmarameeres. Sobald sich Gottfried zuverlässig jenseits des Bosporus befand, brachte der Kaiser Robert von Flandern und die Barone seines Zuges, darunter den Grafen von Aalst und den Grafen von Toul, auf dem Seeweg in die Hauptstadt. Alexios legte Wert darauf, daß Gottfried und Balduin bei der Eidesleistung zugegen waren, denn er betrachtete seinen ›Adoptivsohn‹ als Führer des Heereszuges aller, die nach Jerusalem wollten. Außerdem lag Antiochia bekanntlich auf dem Weg dorthin! Der flämische Haufen machte bei der Eidesleistung keine Schwierigkeiten. Vom Grafen von Flandern erfuhr nun der Kaiser, daß der Herzog der Normandie und der Graf von Blois in diesem Frühjahr nachkommen würden. Von diesem Zug wußte der Kaiser noch nichts. Wie viele würden noch folgen?!

Robert von der Normandie und Stephan von Blois verweilten bis zum Frühjahr 1097 in Süditalien. Ihr Mangel an Begeisterung teilte sich ihren Gefolgsleuten mit, von denen viele heimzuwandern begannen. Ende März zog das Heer schließlich nach Brindisi, und am 5. April begann es sich einzuschiffen; nach viertägiger Flaute landete es in Dyrrhachion. Die romanischen Behörden bereiteten ihm einen guten Empfang und versahen es mit einer Geleittruppe, um es über die Via Egnatia nach Konstantinopel zu führen.

Bohemund von Tarent und der Kaiser

Am 9. April traf Bohemund in Konstantinopel ein und wurde außerhalb der Stadtmauern, im Kloster der Hl. Kosmas und Damian, einquartiert und am nächsten Tag vom Kaiser zunächst allein in Audienz empfangen, damit er sich über dessen Motive vergewissere. Es war ein diplomatischer Bohemund, der ihm entgegentrat, nicht der Feind von einst. Der Normanne wußte wohl, daß nur Verhandlungsgeschick ihn ans Ziel brachte. So stellte er sich dem Kaiser völlig zur Verfügung und erklärte sich gerne bereit, die Oberhoheit des Kaisers anzuerkennen, und regte sodann an, man solle ihn zum Groß-Domestikos des Ostens (= Oberbefehlshaber aller kaiserlichen Streitkräfte in Asien) ernennen. Der Kaiser nahm ihm den Lehnseid ab, erklärte jedoch, der Augenblick für eine solche Ernennung sei noch nicht gekommen, aber Bohemund werde sie sich zweifellos durch seine Tatkraft und treue Ergebenheit verdienen. Dann belehnte er den Normannen »jenseits von Antiochia mit einem Gebiet von fünfzehn Tagesmärschen in der Länge und acht Tagesmärschen in der Breite«. Auch hier wurden Gottfried und Balduin, die sich noch immer im Palast befanden, Zeugen der Eidesleistung, nicht jedoch der Belehnung.

Tankred, dem die Politik seines Onkels mißfiel und der sie nicht verstand, zog mit seinem Vetter Richard von Salerno bei Nacht durch die Stadt, um so die Eidesleistung zu vermeiden. Der wütende Bohemund mußte für ihn garantieren und versprechen, »daß er kommen würde, um Tankreds Hände in die des Königs zu legen«. Viele im Heer waren enttäuscht, daß der »überaus mutige Bohemund« den Treueid geleistet hatte, ohne besonders darum gebeten worden zu sein. »Vielleicht kommt es noch dazu, daß unsere Anführer uns betrügen«, schreibt betrübt der anonyme Ritter.

Raimund von Toulouse und der Kaiser

In Thessalonike verließ der Bischof von Le Puy das Heer, um seine Verletzungen sachgemäß behandeln zu lassen. Er blieb in der Stadt, bis sein Bruder in der Lage war, aus Dyrrhachion nachzukommen und sich ihm anzuschließen. Ohne seinen mäßigenden Einfluß verschlechterte sich die Disziplin des Heeres, aber es kam zu keinen ernstlichen Unzuträglichkeiten, bis man am 12. April nach Russa in Thrakien gelangte. Noch vor zwölf Tagen waren die Einwohner von Russa »sehr fröhlich« ausgezogen, um Bohemund zu begrüßen, jetzt aber hatte das Stadtvolk keine Lebensmittel zum Verkauf mehr übrig. Da verlor die Truppe Raimunds die Geduld, wie sie später erklärte. Mit dem Kriegsruf »Toulouse, Toulouse!« stürmten sie die Wälle und plünderten die Stadt.

Sechs Tage darauf stießen sie bei Rodosto auf die Boten, die Raimund zum Kaiser geschickt hatte und jetzt zurückgekehrt waren. Sie erzählten, daß man sie ausgezeichnet empfangen und mit Geschenken überhäuft habe. Auch fügten sie hinzu, daß der Kaiser den Grafen mit Ungeduld erwarte, um mit ihm über den Zug nach Antiochia zu verhandeln. Ferner berichteten sie von anderen Truppen aus Lothringen, Apulien und Flandern, die bereits eingetroffen seien. Da Raimund von keinem anderen Zug etwas wissen konnte, befürchtete er, wichtige Entscheidungen zu versäumen, und machte sich rasch auf den Weg nach Konstantinopel. Jetzt war niemand zur Stelle, um Zucht und Ordnung im Heer aufrechtzuerhalten. Die Südfranzosen begannen unverzüglich mit Raubzügen durch das Land. Aber inzwischen hatte die Petschenegen-Polizeitruppe Verstärkung erhalten, um ihnen entgegenzutreten. Regimenter des romanischen Heeres, die in der Nähe stationiert waren, kamen herbei, um die Räuber anzugreifen. In der nun folgenden Schlacht wurden Raimunds Leute gründlich geschlagen und ergriffen die Flucht; ihre zurückgelassenen Waffen und ihr Troß fielen den Romanen in die Hände.

Raimund traf am 21. April in Konstantinopel ein und wurde in einem Palast knapp außerhalb der Stadtmauern einquartiert. Er wurde gebeten, sich so bald wie möglich in den kaiserlichen Palast zu begeben. Die Kunde von dem Unglück seiner Leute erreichte Raimund just im Augenblick, da er sich zur Audienz beim Kaiser begab, wo ihm nahegelegt wurde, den Lehnseid zu leisten.

Weder im Falle Gottfrieds noch Bohemunds oder Roberts von Flandern kollidierte die Eidesleistung mit dem Ziel des Heereszuges, da alle drei dem Papst keinen Lehnseid geleistet hatten. (Der Graf von Flandern empfing in Rom lediglich den päpstlichen Segen.) Hugo von Vermandois hatte in Rom den Lehnseid geleistet und das Petrus-Banner empfangen. Dies galt auch für Raimund von Toulouse. Doch Raimund konnte sich die Anwesenheit der genannten Fürsten in Konstantinopel nicht erklären, da *er* den päpstlichen Heereszug führte. Hugo hatte keine Probleme mit der Eidesleistung, da er es Roussel von Bailleul gleichtun und seine wahren Absichten bis später zurückstellen sollte. Gern hätte Raimund den päpstlichen Legaten und seinen Rat bei sich gehabt. Also versuchte er, Zeit zu gewinnen, und erklärte, er sei nach Osten gekommen, um Gottes Werk zu verrichten, und Gott sei jetzt sein einziger oberster Lehensherr. Wenn der Kaiser jedoch die vereinigten Heereszüge selbst anführe und befehlige, werde er willig unter ihm dienen.

Das hatte der Kaiser bereits erwogen und beschlossen. Antiochia und Ostanatolien waren weit, das Sultanat der Rum-Seldschuken jedoch vor der Tür. Bei seiner Thronbesteigung hatte Alexios notgedrungen den Sultan als Foederatus anerkannt, womit er zum Reichsvasallen geworden war, um sich auf den Normannen Robert Guiskard zu konzentrieren, der damals das romanische Reich überrannte. Sultan Suleiman war jedoch 1086 gestorben, und Alexios hatte dessen Sohn Kilidsch Arslan nicht als Foederatus anerkannt. Mit einem derart gewaltigen Heer wollte er es nun wagen, Nikaia, die Hauptstadt des Sultanats, zu erobern, denn eine solche Gelegenheit böte sich nicht ein zweites Mal. Zumal Kilidsch Arslan sich gerade an seiner Ostgrenze befand, wo er sich mit den Danischmandiden um die Oberhoheit über Melitene am Euphrat stritt.

Schließlich willigte Raimund am 26. April ein, einen abgeänderten Eid zu schwören, kraft dessen er versprach, Leben und Ehre des Kaisers zu achten und dafür zu sorgen, daß ihm selbst oder seinen Leuten nichts geschähe, was ihm zum Schaden gereichen könne. Ein Eid dieser Art war unter Lehnsträgern in Südfrankreich nichts Ungewöhnliches; und Alexios gab sich mit ihm zufrieden. Bohemunds Heer war nach Konstantinopel befohlen worden und wurde nun am 26. April über den Bosporus gebracht, um sich mit Gottfrieds Heer zu Pelekanon zu vereinigen. Inzwischen hatte sich Raimunds Heer einigermaßen kleinlaut zu Rodosto neu versammelt, wo es die Ankunft des Bischofs von Le Puy abwartete, der es nach Konstantinopel führen sollte.

Mehrere Heere aus verschiedenen Teilen Westeuropas und aus ebenso verschiedenen Motiven und Zielen überfluteten das Reich Romania. Der tatsächliche Umfang der Heere läßt sich nur mutmaßen. Mittelalterliche Schätzungen sind stets stark übertrieben, aber der Pilgerzug Petrus' des Einsiedlers einschließlich aller kämpfenden Franzosen, Deutschen und Italiener zählte wahrscheinlich annähernd zwanzigtausend. Die Hauptheere Gottfrieds, Raimunds und der Nordfranzosen waren ein jedes einschließlich der Nichtkämpfenden weit über zehntausend Köpfe stark. Bohemunds Heer war etwas kleiner; hinzu kamen noch verschiedene andere Gruppen. Alles in allem müssen zwischen dem Sommer 1096 und dem Frühjahr 1097 sechzig- bis hunderttausend Menschen aus dem Westen ins Kaiserreich eingereist sein.

Nur eines von diesen Heeren war vom Papst aufgerufen und galt als Heiliger Krieg mit Petrus-Banner gegen die ›Irrgläubigen‹ und Romania. Hugos kleiner Haufen wurde zwar ebenfalls mit dem Petrus-Banner ausgestattet, hatte jedoch kein konkretes Ziel. Sie mögen alle in den Annalen des Abendlands als Kreuzritter, Soldaten Christi, Helden des Glaubens bezeichnet werden, die auf dem Ersten Kreuzzug (eine Bezeichnung, die erst im 15. Jahrhundert aufkam!) gen Osten gezogen waren; doch rechtlich und historisch waren sie in Konstantinopel zu Söldnern des romanischen Kaisers geworden und sollten daher als das bezeichnet werden, was sie geworden sind: die Kaiserlichen.

DER FELDZUG IN KLEINASIEN

Gottfrieds Heer hatte jedoch gerade am 26. April Pelekanon verlassen und zog nach Nikomedia, wo es drei Tage wartete und sich mit Bohemunds Heer unter dem Befehl Tankreds sowie mit Petrus von Amiens und den Resten seines Pilgerzugs vereinigte. Das Unternehmen stand unter Führung des romanischen Generals Manuel Butumites, der eine Abteilung romanischer Genietruppen mit Belagerungsmaschinen mit sich führte. Am 28. April brachte Raimund sein Heer über den Bosporus, kehrte jedoch selbst zurück, um noch vierzehn Tage am Hof zu verweilen, wo sich Bohemund noch aufhielt. Hier wurden Einzelheiten des Heereszuges gegen Antiochia besprochen. Aber zunächst sollten die Abendländer als Söldner des Kaisers Nikaia belagern und bezwingen. Beim Abschied war Raimunds Einstellung zum Kaiserreich von Grund auf verändert, und er stand in herzlichem Einvernehmen mit Alexios, in dem er jetzt einen mächtigen Kaiser erblickte.

So hatte der Kaiser Gottfried mit dem Heiligen Land, Bohemund mit einem Gebiet jenseits von Antiochia und Raimund mit Antiochia selbst belehnt. Weder Hugo noch Robert von Flandern hatten konkrete Zusagen erhalten. Bohemund sollte neben Butumites wie ein General im Sold des Kaisers fungieren und auf seine Interessen achten; mit ihm wurde die Versorgung des Heeres vor Nikaia im einzelnen festgelegt. Ein Heereszug fehlte noch: Robert, Herzog der Normandie.

Von Nikomedia aus führte Butumites das gesamte Heer nach Civetot und wandte sich dann südwärts. Am 6. Mai traf er vor Nikaia ein. Die Stadt war seit dem vierten Jahrhundert stark befestigt; ihre Umfassungsmauern, insgesamt vier Meilen lang und mit zweihundertvierzig Wachtürmen besetzt, waren von den Romanen instand gehalten worden. Alexios hatte Manuel Butumites angewiesen, mit der Garnison der Stadt Verbindung aufzunehmen, denn die Übergabe einer unversehrten Stadt war ihm wichtiger als die gewaltsame Eroberung. Gottfried schlug sein Lager vor der Nordmauer, Tankred das seine vor der Ostmauer auf. Die Südmauer war Raimunds Heer vorbehalten.

Robert von der Normandie und der Kaiser

Abgesehen von einem Unfall beim Überqueren eines Wildbachs im Pindos, bei dem eine plötzliche Überschwemmung mehrere Teilnehmer hinwegspülte, verlief Roberts Reise angenehm. Nach viertägigem Aufenthalt vor den Mauern von Thessalonike traf man am 10. Mai in Konstantinopel ein, nachdem man durch das Tal des Strymon gezogen war und den Weg über Christopolis, Rodosto und Selymbria genommen hatte. Ein Feldlager war für das Heer außerhalb der Stadtmauern bereitgestellt; und die ›Kelten‹ wurden in Gruppen zu fünft oder sechst täglich in die Stadt eingelassen, um die Sehenswürdigkeiten zu besichtigen und in den Kirchen ihre Andacht zu verrichten. Die Pracht und Schönheit der Stadt erfüllten sie mit höchster Bewunderung, wie uns der Chronist Fulcher von Chartres berichtet, der im Gefolge Stephans, Graf von Blois und Chartres, am Zug teilnahm; und sie genossen die erholsame Ruhe und Annehmlichkeiten, die sie ihnen bot. Sie waren dem Kaiser dankbar für die Münzen und seidenen Gewänder, die er verteilte, und für die Lebensmittel und Pferde, die er zur Verfügung stellte. Ihre Führer leisteten unverzüglich den Lehnseid und wurden mit prachtvollen Geschenken belohnt.

Stephan von Blois, der seiner Gemahlin pflichtgetreu Bericht erstattete und ihr im folgenden Monat schrieb, wußte sich vor Begeisterung über seinen Empfang durch den Kaiser kaum zu beruhigen. Er verweilte zehn Tage im Palast, wo der Kaiser ihn wie seinen eigenen Sohn behandelte, ihm viele gute Ratschläge und zahlreiche kostbare Geschenke gab und sich erbot, seinen jüngsten Sohn erziehen zu lassen. Besonderen Eindruck auf Stephan machte des Kaisers Freigebigkeit gegenüber allen Angehörigen des Heereszugs, gleichgültig welchen Ranges sie waren, und seine verschwenderische und gut funktionierende Organisation der Versorgung für die bereits im Feld stehenden Truppen. »Dein Vater, meine Liebe«, schrieb er mit Bezug auf Wilhelm den Eroberer, »machte viele große Geschenke, aber er war fast nichts, verglichen mit diesem Mann.«

Die Belagerung von Nikaia

Die türkische Garnison in Nikaia war groß, benötigte jedoch Verstärkung. Boten, von denen die Kaiserlichen einen abfingen, wurden eilends zum Sultan geschickt, um ihn zu drängen, unverzüglich Truppen durch die Südtore hereinzubringen, ehe die Stadt völlig eingeschlossen war. Aber das türkische Heer war weit weg. Bohemund stieß am 13. oder 14. Mai zu seinen Truppen. Bis zu seinem Eintreffen waren die Kaiserlichen durch unzureichende Versorgung geschwächt; von jetzt an jedoch flossen den Belagerern dank seiner Vereinbarungen auf dem Land- und Seeweg reichlich Vorräte zu. Noch bevor die Vorhut des türkischen Heeres herannahen konnte, traf Raimund am 16. Mai mit seinem Heer ein und belagerte die Südmauer.

Die ersten türkischen Entsatztruppen trafen unmittelbar nach Raimund vor Nikaia ein und mußten feststellen, daß die Stadt zu Land völlig eingeschlossen war. Sie zogen sich nach einem kurzen erfolglosen Scharmützel mit Raimunds Streitkräften wieder zurück, um das Eintreffen des türkischen Hauptheeres abzuwarten, das unter Führung des Sultans herannahte. Als die Befehlshaber der Garnison gewahrten, daß sich ihr Entsatz zurückzog, forderten sie Butumites auf, unter sicherem Geleit in die Stadt zu kommen, um die Bedingungen der Übergabe zu besprechen. Butumites willigte ein; gleich darauf traf jedoch Kunde ein, daß der Sultan nicht mehr fern sei, und die Verhandlungen wurden abgebrochen.

Der Sultan kam am 21. Mai mit seinem Heer von Süden herauf und griff die Kaiserlichen unverzüglich an, um sich mit einem Überraschungsschlag den Eintritt in die Stadt zu erzwingen. Raimund und der Bischof von Le Puy, der die rechte Flanke befehligte, hatten die Hauptwucht des Angriffs zu tragen; aber Robert von Flandern und seine Truppen kamen Raimund zu Hilfe. Bei Anbruch der Nacht beschloß der Sultan, sich zurückzuziehen. Das kaiserliche Heer war stärker, als er vermutet hatte; er hatte nicht mit vierzig- bis siebzigtausend Mann gerechnet.

Das Heer Roberts von der Normandie und Stephans von Blois verbrachte vierzehn Tage in Konstantinopel, ehe es am 24. Mai nach Asien übergesetzt wurde. Sogar die Überquerung des Bosporus gefiel Stephan, der gehört hatte, daß die Meerenge gefährlich sei, sie aber nicht gefahrvoller fand als die Marne oder Seine. Das Heer zog am Golf von Nikomedia entlang und an Nikomedia selbst vorbei, um sich der Hauptmacht der Kaiserlichen vor Nikaia anzuschließen. Alexios zog nach Pelekanon, wo er sowohl mit seiner Hauptstadt als auch mit Nikaia in Verbindung bleiben konnte.

Nikaias Übergabe

Als schließlich auch Robert von der Normandie und Stephan von Blois am 3. Juni mit ihren Streitkräften vor Nikaia anlangten, waren die gesamten abendländischen Heere gebündelt. Die Blockade war jedoch unvollständig, da Zufuhren über den See in die Stadt gelangten. Alexios stellte daraufhin Butumites eine kleine Flottille zur Verfügung. Als die Garnison die romanischen Schiffe erblickte, setzte sie sich mit Butumites in Verbindung und verhandelte über die Bedingungen der Übergabe. Am Morgen des 19. Juni sahen die Abendländer die kaiserliche Standarte von den Türmen der Stadt wehen. Die Übergabe hatte während der Nacht stattgefunden; kaiserliche Polizeitruppen, in der Hauptsache Petschenegen, waren durch die Tore auf der Seeseite in die Stadt eingezogen, um Plünderungen vorzubeugen.

In der Tat waren die Abendländer der Ansicht, daß man sie um ihre Beute geprellt habe. Sie hatten gehofft, das reiche Nikaia brandschatzen und die türkischen Edelleute um schweres Lösegeld erpressen zu können. Statt dessen gewahrten sie, wie diese mitsamt ihrer beweglichen Habe unter militärischer Bewachung nach Konstantinopel oder zum Kaiser nach Pelekanon gebracht wurden. Der Kaiser ordnete jedoch unverzüglich an, daß jedem Soldaten eine Lebensmittelspende zu machen sei, während die Fürsten nach Pelekanon gerufen wurden, wo er ihnen Geschenke von Gold und Juwelen aus des Sultans Schatzkammer überreichen ließ.

Stephan von Blois, der zusammen mit Raimund von Toulouse nach Pelekanon reiste, war von dem Berg von Gold, der ihm als Anteil zufiel, völlig überwältigt. Als Gegenleistung für seine Geschenke verlangte Alexios von jenen Rittern, die den Lehnseid noch nicht geleistet hatten, daß sie ihn jetzt ablegten. Die Heere hatten vor der Hauptstadt gelagert, und nur den Baronen war Audienz gewährt worden. Die Ritter kamen der Aufforderung nach. Selbst der aufsässige Tankred huldigte, wenn auch widerwillig. Im Feldlager der abendländischen Heere drängten die Ritter, den Marsch nach Antiochia fortzusetzen. Stephan von Blois war voller Zuversicht. »In fünf Wochen«, schrieb er seiner Gemahlin, »werden wir in Jerusalem sein; es sei denn«, so fügte er prophetischer hinzu, als er wissen konnte, »wir werden vor Antiochia aufgehalten.«

Daß es hier nicht um einen Heiligen Krieg ging, erkennt man an der Behandlung, die der Kaiser seinen türkischen Gefangenen zuteil werden ließ. Den Hofbeamten und Befehlshabern wurde gestattet, sich freizukaufen, während die Sultanin, die Tochter des Emirs Tschaka, mit königlichen Ehren in Konstantinopel empfangen wurde, wo sie verbleiben sollte, bis Nachricht von ihrem Gatten eintraf, an welchem Ort er sie in Empfang zu nehmen wünsche. Sodann sollte sie mit ihren Kindern ohne Lösegeld zu ihm geschickt werden. Im Orient, und dazu gehörte auch Romania, kannte man wohl den Wert höflichen Entgegenkommens gegenüber einem besiegten Feind; aber den westlichen Chronisten erschien diese Haltung heuchlerisch und treulos.

Am 26. Juni, eine Woche nach dem Fall von Nikaia, begann sich die Vorhut in Bewegung zu setzen; die übrigen Abteilungen des Heeres folgten während der nächsten zwei Tage, um sich bei der Brücke über den Blauen Fluß wieder zu versammeln. Die Führung hatte nun der romanische Feldherr Tatikios. Die Verwundeten blieben zurück und traten in kaiserliche Dienste; sie wurden Butumites unterstellt, um Nikaia wieder instand zu setzen und die Garnison zu bilden.

Die Schlacht von Dorylaion

Ende Juni kehrte Sultan Kilidsch Arslan an der Spitze seiner gesamten Truppen mit seinem Vasallen Hassan, dem Emir der kappadokischen Türken, und dem Danischmandidenheer – mit dem Emir hatte er Frieden und ein Bündnis geschlossen – nach Westen zurück. Am 30. Juni lag er in einem Tal nahe Dorylaion und wartete darauf, das kaiserliche Heer anzugreifen, sobald es von der Paßhöhe herabkam. An jenem Abend schlug die erste Heersäule in der Ebene unweit Dorylaion ihr Feldlager auf. Bei Sonnenaufgang am 1. Juli stürzten die Türken mit lautem Kampfgeschrei den Berghang herab und fielen mit dem Ruf *Allâhu-akbar* (Gott ist der Größte; Raoul von Caen gibt den Ruf verstümmelt als *Allachibar!* wieder) über die Truppen her. Das Feldlager war bald von den Türken eingeschlossen.

Gegen Mittag erschienen die Kaiserlichen von der zweiten Heersäule, Gottfried und Hugo mit ihrem Volk vorne und Raimund und die Seinen gleich hinter ihnen. Die Türken wichen zurück und konnten eine Vereinigung der beiden Heere nicht verhindern. Nun bildete das kaiserliche Heer eine langgezogene Front – Bohemund, Robert von der Normandie und Stephan von Blois auf der Linken, Raimund und Robert von Flandern in der Mitte, Gottfried und Hugo auf der Rechten – und gingen zum Angriff über. Die Türken waren auf eine regelrechte Schlacht nicht aus und auf einen Gegenangriff nicht vorbereitet, denn die unübersehbare Masse von über sechzigtausend Streitern hätte die Schlacht zu ihren Ungunsten entschieden. Vielmehr setzten sie auf den Überraschungseffekt ihres Überfalls als eine Etappe im Zermürbungskrieg auf dem Weg nach Süden. Ihr Zaudern verwandelte sich in Panik, als der Bischof von Le

Puy urplötzlich mit einer Abteilung Südfranzosen, von romanischen Führern begleitet, die sie die Bergpfade hinaufgeleiteten, auf der Berghöhe in ihrem Rücken mit dem Ruf *Deus le volt!* (Gott will es!) auftauchte.

Die türkischen Linien lösten sich auf, und bald war der Feind auf der Flucht. Auch wenn es sich nicht um eine Schlacht im eigentlichen Sinne gehandelt hatte, die Chronisten machten daraus den größten Sieg der Christenheit des Abendlandes gegen den Islam! Deshalb wurde die Tatsache unterschlagen, daß man als Söldner im Dienste des Kaisers von Romania unterwegs und daß der Oberbefehlshaber der Romane Tatikios gewesen war. Und je mächtiger der besiegte Feind, um so glänzender der Sieg über ihn. Deshalb vertrat der anonyme Verfasser der *Gesta Francorum* aus dem Heer Bohemunds die Ansicht, die Türken müßten als das tapferste und edelste Volk der Welt gelten, wenn sie nur Christen wären: »Wenn die Türken den christlichen Glauben bewahrt hätten, würde man nicht ihresgleichen an Macht, Mut und Kriegskunst finden.« Er erinnerte an die Legende, wonach Franken und Türken Stammesbrüder seien, da beide von den Trojanern abstammten, und fügte hinzu: »Dennoch wurden sie durch die Gnade Gottes von den Unseren besiegt.«

Der lange Marsch

Am 3. Juli setzte sich das Heer in einer einzigen geschlossenen Masse in Bewegung und schleppte sich mit Mühe gen Südosten über die Hochebene von Anatolien nach Antiochia in Pisidien, wo es sich mit Lebensmitteln versorgte. Ab Philomelion verlief der Weg quer durch ödes Land zwischen dem Gebirge und der Wüste. In der erbarmungslos sengenden Hochsommerhitze litten die schwer gepanzerten Ritter, ihre Pferde und das Fußvolk schreckliche Qualen. Mitte August gelangte das Heer nach Ikonion. Das heutige Konya hatte sich dreizehn Jahre lang in türkischen Händen befunden. (Kilidsch Arslan machte es später zu seiner neuen Hauptstadt nach dem Verlust von Nikaia.) Im Augenblick jedoch war es verlassen. Die Obstgärten im lieblichen

Meram-Tal hinter der Stadt entzückten die ermatteten Kaiserlichen. Hier rasteten sie mehrere Tage lang, um wieder zu Kräften zu kommen. In Herakleia stieß das Heer am 10. September auf eine türkische Streitmacht unter Emir Hassan und dem Danischmandiden-Emir Ghazi. Die Türken wollten ein Vordringen der Kaiserlichen in ihre Besitzungen in Kappadokien verhindern und sie zwingen, die Überquerung des Taurusgebirges hinab zur Küste zu versuchen. Aber sie griffen die Türken unverzüglich an. Auch hier war den Türken an einer regelrechten Schlacht nicht gelegen; sie zogen sich rasch nordwärts zurück und überließen die Stadt den Kaiserlichen. Damit wurde auch die Straße nach Kaisareia Mazacha geöffnet. Von dort führte eine Fortsetzung der großen romanischen Heerstraße über den Anti-Taurus nach Germanikeia/Marasch und hinab durch den niedrigen und breiten Paß der Amanos-Pforte in die Ebene von Antiochia. Sie bot außerdem den Vorteil, daß sie durch Landstriche verlief, die sich in den Händen armenischer Vasallen des Kaisers befanden; Tatikios entschied sich für diesen Weg.

Am 14. September zog das kaiserliche Heer in nordöstlicher Richtung gegen Kaisareia Mazacha. Beim Dorf Augustopolis traf es auf die Truppen Hassans und fügte ihnen eine neuerliche Niederlage zu; mehrere kleine Dörfer wurden besetzt. Tatikios übergab sie einem ortsansässigen armenischen Herrn namens Symeon auf sein eigenes Ansuchen hin, damit er sie als kaiserliche Lehen verwalte. Gegen Ende September erreichte das Heer Kaisareia/Caesarea in Kappadokien, das die Türken verlassen hatten. Sie hielten sich hier nicht auf, sondern zogen weiter nach Komana, dem antiken Placentia, einer wohlhabenden, von Armeniern bewohnten Stadt, welche die Kaiserlichen willkommen hieß. Da sie keinen kaiserlichen Statthalter hatte, ernannte Tatikios Peter von Aulps, einen provençalischen Ritter, der ursprünglich mit Robert Guiskard nach dem Osten gekommen und dann in kaiserliche Dienste getreten war. Es ist wichtig festzuhalten, daß dieser Peter von Aulps kein ›Kreuzritter‹ war, daß diese noch kein einziges Gebiet für sich einnehmen konnten, daß sie noch immer treu zu dem Eid standen, den sie dem Kaiser geleistet hatten.

Von Komana zog das kaiserliche Heer gen Südosten nach Koxon, dem heutigen Güksün, einer blühenden, von Armeniern bewohnten Stadt inmitten eines fruchtbaren Tals zu Füßen der Anti-Taurus-Kette. Dort verweilte es drei Tage lang. Die Bewohner waren kaisertreu und freundlich, und die Kaiserlichen konnten reichlich Proviant für den nächsten Abschnitt ihrer Reise übers Gebirge einkaufen. Jetzt jedoch erreichte das Heer ein Gerücht, wonach die Türken Antiochia aufgegeben hatten. Unverzüglich schickte Raimund von Toulouse als Führer des päpstlichen Heeres zur Befreiung Antiochias fünfhundert Ritter aus dem Heer unter Peter von Castillon voraus, um die Stadt in Besitz zu nehmen. Peter und seine fünfhundert Ritter eilten so rasch sie konnten nach Antiochia, aber als sie unweit des Orontes zu einer von paulikianischen ›Irrgläubigen‹ besetzten Burg kamen, erfuhren sie, daß das Gerücht, die Türken hätten Antiochia aufgegeben, falsch war und sie im Gegenteil Verstärkung in die Stadt schickten. Peter von Castillon kehrte daraufhin zum Heer zurück.

Der Weitermarsch von Koxon am 9. Oktober ging über die schwierigste Wegstrecke, die den Kaiserlichen bevorstand. Es war Anfang Oktober, und die Herbstregen hatten eingesetzt. Die Straße über den Anti-Taurus war in schauderhaftem Zustand; Meile um Meile bestand sie aus nicht mehr denn einem schlammigen Saumpfad, der steile Hänge hinauf und hart am Rand tiefer Schluchten vorbeiführte. Ein Pferd nach dem andern glitt aus und stürzte über den Rand in den Abgrund. Keiner wagte zu reiten. Die Ritter, die sich unter der schweren Last ihrer Rüstungen mühselig zu Fuß fortschleppten, versuchten, ihr Waffenzeug den leichter gerüsteten Leuten zu verkaufen, oder warfen es in ihrer Verzweiflung fort. Es schien, als laste ein Fluch über diesen Bergen. Sie forderten mehr Menschenleben, als die Türken je vernichtet hatten. Freudig erleichtert trat das Heer schließlich hinaus ins Tal rings um Germanikeia/Marasch. Hier verweilte das kaiserliche Heer einige Tage. Herr der Stadt war der armenische Fürst Thatul, vormals ein romanischer Regierungsbeamter und rechtgläubiger Christ. Tatikios bestätigte ihn in seinen Machtbefugnissen. Hier starben Balduins Gemahlin Godvere und die Kinder nach einer kurzen, aber heftigen Krankheit.

Balduin und Armenien

Während des Aufenthalts vor Nikaia hatte Balduin von Boulogne mit einem vornehmen Armenier namens Bagrat (er nannte ihn Pankraz) Freundschaft geschlossen; Bagrat, der vormals in kaiserlichen Diensten gestanden hatte, trat Balduins Gefolge bei. Wahrscheinlich lag ihm daran, den armenischen Fürstentümern am Euphrat, zu denen er Familienbeziehungen hatte, Balduins Hilfe zu verschaffen. Jedenfalls lernte Balduin von seinem neuen Freund eine ganze Menge über die armenische Frage.

Die armenische Wanderung nach Südwesten, die begonnen hatte, als die Einfälle der Seldschuken das Leben im Araxes-Tal und am Van-See allzu unsicher machten, hatte während der letzten Jahre des 11. Jahrhunderts unablässig fortgedauert. Den verschiedenen, von den Romanen enteigneten armenischen Fürsten waren Ländereien in Kappadokien, besonders im Süden, in der Nähe des Taurusgebirges verliehen worden. Viele ihrer Gefolgsleute hatten sie dorthin begleitet; als die seldschukische Invasion 1073 ernsthaft begann, hatten zahlreiche Armenier ihre Heimstätten verlassen, um sich diesen neuen Kolonien anzuschließen, bis schließlich annähernd die Hälfte der Bevölkerung Armeniens nach Südwesten abgewandert war. Das Eindringen der Türken in Kappadokien hatte sie weiter in den Taurus und den Anti-Taurus hinein getrieben, und sie breiteten sich in das Tal des mittleren Euphrat aus, wohin die Türken noch nicht gelangt waren.

Ein Armenier namens Vahram, den die Romanen Philaretos nannten, hatte in romanischen Diensten gestanden und war von Kaiser Romanos Diogenes zum Statthalter von Germanikeia/Marasch ernannt worden. Als Romanos 1071 stürzte, weigerte sich Philaretos, Michael Dukas als Kaiser anzuerkennen, und erklärte sich für selbständig. Während Michaels chaotischer Regierungszeit eroberte er die wichtigsten Städte Kilikiens, Tarsos, Mamistra und Anazarbos. Im Jahr 1077 nahm einer seiner Unterführer den Romanen nach sechsmonatiger Belagerung Edessa weg. Im Jahr darauf baten die Bürger von Antiochia, deren Statthalter soeben ermordet worden war, den Philaretos, die Macht in der Stadt zu übernehmen, um sie vor den Türken zu retten. Sein Herrschaftsgebiet erstreckte sich jetzt von Tarsos bis zu den Landstrichen jenseits des Euphrat. Im Unterschied zu den meisten seiner Zeitgenossen war er ein Rechtgläubiger und wollte sich nicht völlig vom Kaiserreich trennen. Als Michael im März 1078 abdankte, bekannte er sich in einem Treuegelöbnis zu Nikephoros Botaneiates, der ihn als Statthalter der von ihm eroberten Gebiete bestätigte.

Der letzte armenische Fürst aus der Bagratiden-Dynastie – einer Dynastie, die sich voll Stolz bis auf David und Bathseba zurückführte – wurde im Jahr 1079 auf romanischen Befehl umgebracht, nachdem er selbst den Metropoliten von Kaisareia/Caesarea auf abscheuliche Weise ermordet hatte. Daraufhin sagte sich einer seiner Verwandten namens Ruben vom Kaiserreich los und machte sich in den Bergen des nordwestlichen Kilikien selbständig. Etwa um die gleiche Zeit begründete ein anderer armenischer Machthaber namens Oschin, Sohn des Hethum, eine ähnliche Herrschaft etwas weiter in Richtung Westen. Doch sowohl Ruben als auch Oschin wurden Vasallen von Philaretos. Er erkannte Kaiser Alexios 1081 an; doch zollte er außerdem den arabischen Herren von Aleppo eine Art Huldigung.

Während Kaiser Alexios mit den Normannen auf dem Balkan beschäftigt war, verwickelte sich Philaretos auf verhängnisvolle Weise in türkische Machenschaften, und sein Staat begann zu zerfallen. Zu Beginn des Jahres 1085 wurde Antiochia, zusammen mit seinen kilikischen Städten, von seinem Sohn an Sultan Suleiman verraten. Edessa fiel im Jahr 1087 einem türkischen Häuptling namens Busan in die Hände; bei seinem Tod im Jahr 1090 wurden seine Unterführer Thoros und Gabriel Vasallen des Kalifen von Bagdad, vertreten durch seinen Reichskanzler Dscheladin (Malik-Schah). Sie waren über den Niedergang der romanischen Macht nur erfreut und zogen deren Herrschaft derjenigen der Türken vor.

Thoros gelang es im Jahr 1094, Edessa zurückzuerobern und es fürs erste durch eine türkische Garnison in der Zitadelle in Ordnung zu halten. Inzwischen wurde Melitene von seinem Schwiegervater Gabriel besetzt. Sowohl Thoros als auch Gabriel gehörten der rechtgläubigen Kirche an und hatten, wie Philaretos, ihre öffentliche Laufbahn im romanischen Staatsdienst begonnen. Die Streitigkeiten zwischen der rechtgläubigen, jakobitischen und armenischen Kirche erhöhten die Unordnung im nördlichen Syrien. Für die rechtgläubige Kirche von Konstantinopel waren die Jakobiten und Armenier Irrgläubige; für die lateinische Kirche von Rom war selbst die rechtgläubige Kirche irrgläubig.

Zur Zeit, da die Kaiserlichen im westlichen Kleinasien eintrafen, bestand eine ganze Reihe kleiner armenischer Fürstentümer, die sich von jenseits des mittleren Euphrat bis ins Herz des Taurusgebirges hinzogen. Thoros hielt noch immer Edessa, wo es ihm kürzlich gelungen war, die türkische Besatzung aus der Zitadelle zu vertreiben; sein Schwiegervater Gabriel war nach wie vor im Besitz Melitenes. In Germanikeia/Marasch herrschte Thatul als Statthalter. Thoros und Gabriel und wahrscheinlich auch Thatul waren Unterführer des Philaretos gewesen, sie gehörten der rechtgläubigen und nicht der armenischen Kirche an und führten auch weiterhin Titel, die sie vor langer Zeit vom Kaiser erhalten hatten; wann immer sich eine Möglichkeit ergab, bekräftigten sie Konstantinopel gegenüber aufs neue ihr Lehens- und Treueverhältnis. Thoros hatte von Alexios sogar den Titel eines Kuropalates erhalten. Diese Verbindung mit dem Kaiserhof verlieh ihrer Regierung eine gewisse Legitimation; eine haltbarere Grundlage bildete jedoch ihre Bereitwilligkeit, die Oberhoheit des Kalifen von Bagdad und seines Reichskanzlers, in dessen Namen die benachbarten türkischen Häuptlinge regierten, anzuerkennen. Gabriel schickte zu diesem Zweck sogar seine Gemahlin auf eine Mission nach Bagdad, um die Anerkennung durch den neuen Reichskanzler zu erwirken.

In Raban und Kaisun (südwestlich von Melitene), zwischen Germanikeia und Euphrat, hatte ein Armenier namens Kogh Vasil – Vasil der Räuber in den Augen der anderen, da er der

›irrgläubigen‹ armenischen Kirche angehörte – ein kleines Fürstentum errichtet. Thoros, Gabriel und Thatul waren jedoch gefährdet, weil sie sich durch ihre rechtgläubige Kirchenzugehörigkeit den meisten ihrer Landsleute entfremdet hatten. Die syrischen Christen, die in großer Zahl auf ihrem Gebiet ansässig waren, haßten sie; ihnen allen wurde von den Türken mißtraut, deren Uneinigkeit untereinander allein es ihnen gestattete, sich zu behaupten.

Für Balduin wurde klar, daß die Gebiete auf dem Weg nach Antiochia romanische Herrschaften waren, die von selbständigen armenischen Fürsten als Reichsvasallen gehalten wurden. Solche Gebiete standen nicht zur Disposition; sie mußten nicht befreit werden, konnten auch daher nicht als Lehen an die abendländischen Barone vergeben werden. Auch die nominelle Oberhoheit der Türken begründete keinen Befreiungskampf. Ihm gefiel von Anfang an der Teil von Bagrats Bericht, wonach die Bagratiden ihre Dynastie bis auf David zurückführten, denn genau das war das Motiv seines Bruders. Als er dazu herausfand, daß Bagrat in der Tat befugt war, Hilfe für den Fürsten Vasil zu holen, da er Vasils Bruder war, reifte in ihm der Entschluß, davon Gebrauch zu machen. Wenn er sich von Bagrat als Söldner anheuern ließe, einen armenischen Fürsten gegen Türken und Romanen gleichermaßen zu unterstützen, könnte für ihn eine eigene Herrschaft dabei herausspringen. Langsam sah sich Balduin als Herrscher über einen armenischen Staat in Kleinasien als Wiederhersteller der Herrschaft Davids.

BALDUINS GRAFSCHAFT

Um den 15. Oktober brach das Heer von Marasch wieder auf und zog in die Ebene von Antiochia hinab. Da setzte sich Balduin nach Osten in Marsch, um sein Glück im Tal des Euphrat und den jenseitigen Landstrichen zu versuchen. Er hatte nur hundert Berittene; aber sein armenischer Berater Bagrat war noch immer bei ihm; und er fügte seinem Gefolge einen neuen Feldgeistlichen bei – den Geschichtsschreiber Fulcher von Chartres. Balduin begab sich zu Kogh Vasil, Bagrats Bruder, dessen Herrschaft östlich von Marasch lag. Hier erfuhr er, daß die übrigen armenischen Fürsten, die davon Kenntnis erhalten hatten, daß Vasils Bruder abendländische Hilfe herbeizuholen gereist war, selbst Bitten um solche Hilfe geäußert hatten. Gabriel von Melitene, der von den Danischmandiden-Türken bedroht wurde, habe um fränkische Hilfe ersucht. Thoros von Edessa habe eine Botschaft geschickt, die Balduin dringlichst aufforderte, nach Edessa zu kommen. Ihn interessierte der Hilferuf des Thoros am ehesten, da seine Gebiete an die Vasils grenzten.

Die Armenier hofften bereits seit langem auf Unterstützung aus dem Westen. Schon zwanzig Jahre vorher, als bekannt wurde, daß Papst Gregor VII. einen Zug ›zur Rettung der östlichen Christenheit‹ plane, war ein armenischer Bischof nach Rom gereist, um den Papst für die armenische Sache zu gewinnen. Westliche Verbündete waren den ›irrgläubigen‹ Armeniern und selbst den ›irrgläubigen‹ Fürsten, die romanische Titel trugen, von jeher lieber gewesen als irgendwelche andere Unterstützung, die ihre Abhängigkeit von dem rechtgläubigen Kaiserreich, das sie unbedingt ›bekehren‹ wollte, noch verstärkt hätte. Die Anwesenheit eines fränkischen Heeres, das an ihren eigenen Grenzen siegreich kämpfte, bot ihnen die Gelegenheit, die sie herbeigesehnt hatten – nämlich, sich ein für allemal von türkischer wie von romanischer Oberherrschaft frei zu machen und ihre Unabhängigkeit zu behaupten. Sie hießen daher Balduin und seine Leute als Befreier willkommen.

Antiochia bereitet sich auf Belagerung vor

Sultan Suleiman von Nikaia hatte 1085 Antiochia erobert. Bei seinem Tod 1086 ging die Stadt auf den Reichskanzler des Kalifats Dscheladin (Malik-Schah) über, der den Turkmenen Yaghi-Siyan als Statthalter einsetzte. Yaghi-Siyan hatte die Stadt jetzt zehn Jahre lang regiert. Seit dem Tod Dscheladins im Jahr 1092 war der Emir Riduan von Aleppo sein nomineller Lehensherr; aber er war ein ungehorsamer Vasall und sicherte sich seine praktische Unabhängigkeit, indem er Riduans Nebenbuhler Dukak von Damaskus und Kerbogha von Mossul gegen diesen ausspielte. 1096 hatte Yaghi-Siyan Riduan in einem Krieg gegen Dukak, den er jetzt seinen obersten Gebieter nannte, sogar regelrecht verraten; aber seine Beihilfe hatte es Dukak ermöglicht, Aleppo zu nehmen, dessen Emir ihm nie verzieh.

Die Kunde vom Vormarsch des kaiserlichen Heeres versetzte Yaghi-Siyan in Besorgnis. Antiochia war das erklärte Ziel des Heeres. Yaghi-Siyans Untertanen waren in der Mehrzahl Griechen, Armenier und Syrer. Daß sie Christen waren, spielte keine besondere Rolle, denn bislang hatte sich der Statthalter Christen gegenüber duldsam gezeigt. Der rechtgläubige Patriarch Johannes Oxites residierte weiterhin in der Stadt, deren große Kirchen nicht in Moscheen umgewandelt worden waren. Das gleiche galt für die ›irrgläubigen‹ syrischen Jakobiten und Armenier. Yaghi-Siyan zog seine Streitkräfte in der Festung zusammen, legte Lebensmittelvorräte gegen eine lange Belagerung an und sah sich nach Verbündeten um. Riduan von Aleppo war kurzsichtig genug, sich aus Rache für den Verrat des Vorjahres zu weigern, ihm zu Hilfe zu kommen. Aber sein Lehensherr Dukak von Damaskus, den Yaghi-Siyans Sohn, Schams-al-Daula, persönlich aufgesucht hatte, um seine Unterstützung zu erbitten, bereitete daraufhin einen Heereszug zu seiner Rettung vor; sein Statthalter in Damaskus, der Turkmene Toghtekin, sowie der

Emir Dschanâh-al-Daula von Homs boten ihrerseits militärische Hilfe an.

Ein zweiter Abgesandter begab sich an den Hof Kerboghas, des Emirs von Mossul. Kerbogha war inzwischen der führende Herrscher im oberen Mesopotamien und der Gezira (Nordostsyrien zwischen Euphrat und Tigris). Seit dreißig Jahren war die Rückeroberung der an die Romanen verlorenen Gebiete nun im Gange, und es sah so aus, als habe der Kaiser seinerseits zur Wiedereroberung geblasen. Aleppo war durch seinen unabhängigen Emir ein Schwachpunkt in dieser Region. Konnte der Emir von Mossul auch Antiochia an sich bringen, so war Riduan eingeschlossen. Dann wäre ganz Nordsyrien eine geschlossene Front gegen die Expansionsbestrebungen des Kaisers von Romania. Der Heereszug wurde als das verstanden, was er in der Tat auch war: ein kaiserlicher Feldzug.

Rückeroberungen des Kaisers

Nach den Erfolgen bei Nikaia, Dorylaion und Kaisareia zielte die Politik des Kaisers darauf ab, den Westen Kleinasiens zurückzugewinnen, wo er mit Hilfe seiner wachsenden Seemacht eine Zufahrtsstraße zur Südküste öffnen konnte, die er unter dauernder Kontrolle zu halten vermochte. Nachdem er Nikaia neu befestigt und sich der Festungen versichert hatte, welche die Straße nach Dorylaion beherrschten, schickte er seinen Schwager, den Caesar Johannes Dukas, unterstützt von einem Geschwader unter Admiral Kaspax, aus, um Ionien und Phrygien zurückzuerobern. Das Hauptziel war Smyrna, wo der Sohn Tschakas nach wie vor über ein Emirat herrschte, das den größten Teil der ionischen Küsten und die Inseln Lesbos, Chios und Samos einschloß, während verschiedene Vasallen-Emire Ephesos und andere Städte nahe der Küste in Besitz hielten. Phrygien befand sich in Händen von Seldschuken-Führern, deren Verbindung mit dem Sultan jetzt abgeschnitten war.

Um auf die Türken Eindruck zu machen, nahm Johannes die Sultanin mit, Tschakas Tochter, für deren Rückkehr zu ihrem

Gatten noch keine Vorkehrungen getroffen worden waren. Der vereinte Angriff der kaiserlichen Land- und Seestreitkräfte war zuviel für den Emir von Smyrna, der als Gegenleistung für das Versprechen, sich in Freiheit nach Osten zurückziehen zu dürfen, ohne viel Aufhebens all seine Staaten auslieferte. Er scheint seine Schwester an den Hof des Sultans begleitet zu haben; dort verschwindet er aus der Geschichte.

Die Kaiserlichen betraten Yaghi-Siyans Gebiet bei der kleinen Stadt Marata, deren türkische Garnison bei dem Herannahen des nichtendenwollenden Heeres vernünftigerweise die Stadt räumte. Von Marata zog eine Abteilung des Heeres unter Robert von Flandern nach Südwesten, um die Stadt Artah zu ›befreien‹, deren türkische Garnison sich ebenfalls zurückgezogen hatte. Inzwischen erreichte das kaiserliche Heer am 20. Oktober den Orontes bei der Eisernen Brücke, wo die Straßen aus Marasch und Aleppo sich vereinigten, um den Fluß zu überqueren. Die Brücke war durch zwei Wachtürme beiderseits stark befestigt. Aber die Südfranzosen schritten unter Führung des Bischofs Adhémar von Le Puy sofort zum Angriff und erzwangen sich nach heftigem Kampf den Übergang über den Fluß. Die Straße nach Antiochia lag jetzt offen vor ihnen; sie konnten die Zitadelle der Stadt in der Ferne erblicken. Am nächsten Tag langte Bohemund an der Spitze der Vorhut vor den Stadtmauern an, und das übrige Heer folgte dicht hinter ihm.

Als Balduin sich dem Euphrat näherte, stand die armenische Bevölkerung auf, um ihn zu begrüßen. Die türkischen Garnisonen, die in der Gegend verblieben waren, flohen entweder oder wurden von den Einwohnern niedergemacht. Emir Baldak von Samosata, in der Umgegend der einzige türkische Herr von einiger Bedeutung, der die Straße von Edessa nach Melitene beherrschte, versuchte, Widerstand zu organisieren, vermochte aber nicht zum Angriff zu schreiten. Zwei ortsansässige armenische Edle, von den Abendländern Fer und Nikusos genannt, schlossen sich Balduin mit ihren kleinen Truppenaufgeboten an.

Ephesos fiel als nächstes nahezu kampflos in die Hände des romanischen Caesars und des romanischen Admirals; während Kaspax und seine Flotte die Küste und die Inseln wieder besetzten, zog Johannes Dukas landeinwärts und eroberte in rascher Folge die wichtigsten lydischen Städte, Sardes, Philadelphia und Laodikaia, während Yaghi-Siyan auf den sofortigen Sturmangriff auf seine Stadt wartete.

Vor Antiochia

Gemäß seinem päpstlichen Auftrag riet Raimund als einziger, man solle versuchen, die Wälle von Antiochia zu stürmen. Gott, der sie bis hierher geschützt habe, werde ihnen gewiß den Sieg schenken. Sein Glaube wurde jedoch von den anderen nicht geteilt. Die Befestigungswerke mit den unzähligen Türmen schüchterten sie ein; ihre Truppen seien müde, sie könnten sich im Augenblick keine schweren Verluste erlauben. Bohemund hatte seine eigenen Gründe, warum er sich Raimunds Vorschlag widersetzte. Sein Ehrgeiz war von Anfang an darauf gerichtet, Antiochia für sich selbst in Besitz zu nehmen. Bislang war das Unternehmen ein kaiserliches, also fiele die Stadt dem Kaiser zu. Doch Bohemund hatte gelernt, daß geheime Übergabeverhandlungen vollendete Tatsachen schufen. Vermochte er die Dinge so zu richten, daß sich die Stadt ihm persönlich ergab, würde sein Anspruch weit schwerer zu bestreiten sein. Unter seinem Einfluß wurde Raimunds Rat abgewiesen.

Das kaiserliche Heer hatte bei seiner Ankunft die Ebene von Antiochia voller Lebensmittel angetroffen. Schafe und Rinder waren in Fülle vorhanden, und die Scheunen der Dörfer enthielten noch den größten Teil der Jahresernte. So verpflegte es sich gut und reichlich, unterließ es aber, Vorräte für die Wintermonate anzulegen. Um die Mitte November erschien die genuesische Flotte im Hafen von St. Symeon, dem heutigen Suadiye, dann machte sie sich weiter südlich über den Hafen Laodikaia, das heutige Latakia, her und eroberte ihn. Laodikaia war vor den türkischen Einfällen der südlichste Hafen des romanischen Reiches gewesen. Er war um das Jahr 1084 von den Türken erobert worden, aber später unter die Oberhoheit des arabischen Emirs von Schaizar gelangt.

Gegen Ende des Herbstes 1097 befand sich die gesamte Provinz Lydien in der Hand des Caesars Johannes Dukas; und er stand bereit, sobald der Winter vorüber war, nach Phrygien einzumarschieren und bis zur Hauptstraße, welche das kaiserliche Heer herabgezogen war, vorzudringen. Der Vorsatz war, die Straße, die von Polybotos und Philomelion südwärts nach Attalia und dann entlang der Küste nach Osten verlief, wieder in romanische Hand zu bringen. An der Küste konnte die Flotte Schutz bieten, und der Anschluß an die armenischen Fürsten, die jetzt im Taurus angesiedelt waren, konnte hergestellt werden.

Mitte Dezember brach Dukak von Damaskus mit seinem Statthalter Toghtekin und Yaghi-Siyans Sohn Schams-al-Daula an der Spitze einer beträchtlichen Streitmacht aus seiner Hauptstadt auf. Bei Hama stieß der Emir mit seinen Truppen zu ihm. Am 23. Dezember nahm die Heeresführung von der Demoralisierung der Truppen Kenntnis und beschloß, daß Bohemund und Robert von Flandern sich alsbald das Orontestal hinauf gegen Hama auf arabisches Gebiet begeben, die dortigen Dörfer plündern und Nahrungsmittel beschaffen sollten. Die anderen würden unter dem Oberbefehl des Grafen von Toulouse im Lager vor Antiochia bleiben. Dieser hatte seine Truppen nördlich des Flusses verlagert, als die winterlichen Regengüsse die Niederung zwischen Fluß und Stadtmauer unbewohnbar zu machen begannen.

Balduins Besitz

Zu Beginn des Winters 1097 schloß Balduin die Besetzung des Landes bis zum Euphrat ab und eroberte die beiden Hauptfestungen Ravendel und Turbessel, wie die arabischen Ruwandân und Tel-Baschîr in lateinischer Verstümmelung hießen. In Ravendel setzte er seinen armenischen Berater Bagrat als Statthalter ein; Turbessel, das wegen seiner Nähe zur historischen Furt durch den Euphrat bei Karkemisch von Bedeutung war, wurde dem Armenier Fer als Befehlshaber unterstellt.

Am Montag, dem 28. Dezember, verließen Robert von Flandern, dann Bohemund und Tankred das Lager mit großem Gefolge. Es waren *zwei*tausend Ritter, darunter unser Anonymus, und Fußvolk (Runciman spricht von »einigen *zwanzig*tausend Mann«); sie zogen durch das Orontestal gen Süden. Ihr Abzug wurde Yaghi-Siyan unverzüglich hinterbracht. Er wartete, bis sie sich in gebührender Entfernung befanden, unternahm sodann in voller Stärke bei Anbruch des nächsten Tages einen Ausfall über die Brücke und stürzte sich auf die nördlich des Flusses gelagerten Truppen. Tatikios hatte damit gerechnet und fiel mit einer Reitertruppe unter Raimund von Toulouse über die Türken her, die kehrtmachten und sich über die Brücke auf das Meer-Tor zurückzogen. Schon wollte man sie bis hinter die Mauern verfolgen, als ein Pferd ohne Reiter aus dem Getümmel ausbrach und sofort von einem, von zwei, von zehn Südfranzosen verfolgt wurde. Zu jener Zeit gab es keine begehrtere Kriegsbeute als ein Pferd. Das Fußvolk glaubte an allgemeine Auflösung, flutete zurück und zerstreute sich. Von den Türken verfolgt, klammerten sie sich an die Reiter, um sich zu retten, an die Mähne, an den Schwanz der Pferde. Panik herrschte bis hin zum Fluß. Am folgenden Tag, dem 30. Dezember, folgte ein schwerer Erdstoß, der sogar in Edessa verspürt wurde.

An diesem Tag befand sich die Streitmacht des Dukak von Damaskus in Schaizar, wo sie erfuhr, daß ein romanisches Heer in dichtester Nähe liege. Sie zog unverzüglich weiter und stieß am folgenden Morgen beim Dorf Albara auf den Feind. Die Kaiserlichen wurden überrumpelt, und Robert, dessen Heer demjenigen Bohemunds um einiges voraus war, sah sich praktisch eingeschlossen. Aber Bohemund – nach dem Loblied des Anonymus – erkannte die Lage und hielt den Großteil seiner Truppen zurück, dann griff er ein, als das damaszenische Heer glaubte, die Schlacht gewonnen zu haben. Sein Eingreifen rettete Robert, und sie kehrten am 31. Dezember ins Feldlager vor Antiochia zurück. Sie hinterließen ein paar ausgeplünderte Dörfer und eine in Brand gesteckte Moschee, kehrten aber mehr oder weniger mit leeren Händen zurück.

Am letzten Tag des Dezember, während Balduin sich noch in

Turbessel befand, traf eine Gesandtschaft aus Edessa bei ihm ein. Thoros erwartete voller Ungeduld das Eintreffen der Franken, die sich jetzt, wie er feststellen mußte, am Westufer des Euphrat verzögerten. Seine Lage war allzeit gefährdet; jetzt aber war er besonders beunruhigt von der Nachricht, daß Kerbogha von Mossul ein riesiges Heer zusammenzog, das zwar zum Entsatz Antiochias bestimmt war, aber unterwegs ohne viel Mühe auch mit Edessa und den armenischen Staaten aufräumen konnte. Balduin gedachte, nur unter Bedingungen, die seinen Absichten zustatten kamen, nach Edessa weiterzuziehen. Thoros hatte ihn als Söldner verwenden und mit Geld und reichen Geschenken entlohnen wollen. Balduin verlangte aber mehr als das: Sein Bruder war vom Kaiser als Sohn adoptiert und mit dem Heiligen Land belehnt worden, gab es solche Sitte nicht bei den Armeniern?

Entbehrungen vor Antiochia

Der päpstliche Legat Adhémar, Bischof von Le Puy, sprach nun ein Machtwort: Es sei deutlich, daß Gott über Seine Krieger wegen ihres Hochmuts, ihres hoffärtigen Lebens und ihrer Räubereien ungehalten war. Er ordnete am 2. Januar eine dreitägige feierliche Fastenzeit an, dazu Prozessionen und Gebet, »damit sich die Seelen aus geschwächtem Körper noch mehr emporschwingen könnten«; aber angesichts der rasch herannahenden Hungersnot machte das Fasten keinen großen Unterschied, und der Fehlschlag der Lebensmittelexpedition mußte jetzt für viele den sicheren Hungertod bedeuten. Dann wollte er das Heer »von jeder Ungerechtigkeit und Beschmutzung« säubern. Zunächst wollte er diejenigen aufs strengste bestrafen, die bei Geschäften unter Christen Diebstahl oder Betrug verübten. Dann sollten »alle zügellosen, verachtenswerten Frauen von üblem Lebenswandel aus dem Heer ausgestoßen werden«, um zu vermeiden, daß die Männer »durch Ausschweifung verdorben würden«. Wer bei Hurerei oder Ehebruch ertappt werde, »dem schneide man den Kopf ab«. Das »übermäßige Trinken«, das

Würfelspiel und das gottlose Fluchen sollten ebenfalls mit dem Tod bestraft werden.

Bald ging jeder siebente Mann an Entbehrungen zugrunde. Abgesandte wurden auf der Suche nach Verpflegung bis hinaus ins Taurusgebirge geschickt, wo die Rubenier-Fürsten sich bereit fanden zu liefern, was sie konnten. Etwas Proviant kam auch von den armenischen Mönchen, die im Amanosgebirge angesiedelt worden waren, während die ortsansässigen armenischen und syrischen Christen alles nur irgend Eßbare, das sie auftreiben konnten, ins Lager brachten, doch nicht kostenlos. Für eine Eselladung Lebensmittel verlangten sie acht Hyperberi (spätere Autoren nennen die Münzen Byzantii/Besant); das aber waren Preise, die nur die wohlhabenden Krieger bezahlen konnten. Die Pferde litten noch mehr als die Menschen; schließlich verblieben dem Heer gut siebenhundert von ihnen.

Die edessische Gesandtschaft in Turbessel wurde nunmehr ermächtigt, ihr Angebot zu erhöhen: Thoros war bereit, Balduin als Sohn und Erben zu adoptieren und ihn sofort zum Mitregenten seiner Länder zu machen. Dies schien dem kinderlosen und alternden Thoros die einzig mögliche Lösung. Sie war nicht nach seinem Herzen; aber unbeliebt im eigenen Land und von seinen Nachbarn bedroht, wie er nun einmal war, hatte er keine Wahl. Aus unerwarteter Quelle in Zypern liefen Schiffe in den Hafen St. Symeon ein, die mit Lebensmitteln beladen waren – von Symeon II., dem Patriarchen von Jerusalem.

Nach dem Tod von Tutusch im Jahr 1095 erwiesen sich seine Söhne Riduan von Aleppo und Dukak von Damaskus unfähig, Ordnung zu halten. Jerusalem ging auf die Söhne Ortoks über. Ihre Regierung war zwar tyrannisch, das tägliche Leben der Christen zog sie dennoch nicht in Mitleidenschaft; und Palästina war für gewöhnlich ruhig. Der rechtgläubige und kaisertreue Patriarch Symeon II. von Jerusalem war eben aus diesen politischen Gründen ein potentieller Feind des Statthalters. Und so zogen sich der Patriarch und seine höhere Geistlichkeit nach Zypern zurück. Als er von der Belagerung Antiochias durch die kaiserlichen Truppen und von der Verpflegungsmisere erfuhr, schickte er Schiffe mit Lebensmitteln in den Hafen St. Symeon.

Die Lebensmittelpakete des Patriarchen, so reichlich sie auch kamen, vermochten das allgemeine Elend nur wenig zu lindern.

Die Entwicklung Balduins war nicht im Sinne Bagrats; das war nicht der Zweck, für den er Balduin in armenischen Verhältnissen geschult hatte. Während die Franken noch in Turbessel lagen, vermeldete Fer, der zweifellos Bagrats Nachfolger als Vertrauensmann Balduins zu werden wünschte, daß Bagrat mit seinem Bruder Vasil über diese neue Bedrohung der armenischen Freiheit beraten habe und insgeheim mit den Türken im Bunde sei. Ob Bagrat hoffe, sich zum Fürsten von Ravendel zu machen? Balduin ging kein Risiko ein. Er schickte eilends Truppen nach Ravendel, um Bagrat festzunehmen, der alsbald vor Balduin geführt und gefoltert wurde, damit er gestehe, was er getan habe. Er hatte wenig zu gestehen und entfloh bald darauf, um sich ins Gebirge und unter den Schutz seines Bruders Vasil zu begeben, bis auch dieser schließlich genötigt wurde, gleich ihm das Weite zu suchen.

Gottfried war von neuem krank, dann befiel die Krankheit auch Raimund von Toulouse. Die Führung ging wie selbstverständlich auf den päpstlichen Legaten über. Wer bei Übertretung der Gesetze zur moralischen Säuberung des Lagers ertappt wurde, erlitt strenge Bestrafung. »Die einen wurden in Ketten gelegt, die anderen mit Ruten gezüchtigt, wieder anderen wurde die Tonsur ausrasiert oder sie wurden gebrandmarkt.«

Balduin in Edessa

Balduin verließ Turbessel Anfang Februar 1098 und begab sich nach Edessa. Nur acht Ritter begleiteten ihn. Die Türken von Samosata lauerten ihm an der Stelle, wo er voraussichtlich bei Biredschik über den Euphrat gehen würde, in einem Hinterhalt auf, aber er entwischte ihnen über eine weiter nördlich gelegene Furt. Da die Flotte des Kaisers noch immer nicht in Sicht war, machte sich General Tatikios ebenfalls Anfang Februar über Lydien auf den Weg nach Norden, um die Frage der Belagerung sowie Versorgung mit Baumaterial und Mechanikern mit dem

Kaiser zu regeln. Seine Truppen blieben mit den Abendländern vor Antiochia.

Als es Dukak von Damaskus nicht gelang, die versprochene Hilfe für Antiochia zu bringen, wandte sich Yaghi-Siyan an seinen vormaligen Lehnsherrn Riduan von Aleppo. Dieser hatte mittlerweile seine eigene Tatenlosigkeit bedauert, die es den Kaiserlichen gestattet hatte, bis nach Antiochia vorzudringen. Als Yaghi-Siyan ihm jetzt seine Lehnsoberhoheit zugestand, machte er sich daran, ihm zu Hilfe zu kommen, unterstützt von seinem Vetter Sokman, dem Ortokiden aus Diarbekir, und seinem Schwiegervater, dem Emir von Hama. Anfang Februar besetzten die Verbündeten Harenc, wo sie sich zu ihrem gemeinsamen Angriff auf das kaiserliche Heerlager versammelten.

Am 6. Februar traf Balduin in Edessa ein und wurde von Thoros und der gesamten Bevölkerung mit überschwenglicher Begeisterung empfangen. Unmittelbar nach seiner Ankunft nahm Thoros ihn in aller Form an Sohnes Statt an. Die Zeremonie folgte dem üblichen armenischen Brauch jener Zeit. Balduin mußte den Oberkörper entblößen, während Thoros ein doppelt weites Hemd anlegte, das er Balduin über den Kopf stülpte; sodann rieben der neue Vater und neue Sohn die nackte Brust gegeneinander. Anschließend wiederholte Balduin die Zeremonie mit der Fürstin, Thoros' Gemahlin.

Sobald die Heeresleitung von den Türken in Harenc erfuhr, hielt sie im Zelt des romanischen Kommandanten einen Kriegsrat ab, auf dem Bohemund vorschlug, das Fußvolk solle im Lager bleiben, um etwaige Ausfälle aus der Stadt aufzufangen, während die Ritter, von denen zur Zeit nur gut siebenhundert kampffähig waren, einen Überraschungsschlag gegen das eindringende Heer führten. Sein Ratschlag wurde angenommen. Am Montag, dem 8. Februar, schlüpfte die Reiterei bei Anbruch der Nacht über die Schiffsbrücke hinaus und bezog Stellung zwischen dem Fluß und dem See von Antiochia. Bei Tagesanbruch kam das türkische Heer in Sicht; und sofort, noch ehe die türkischen Bogenschützen Aufstellung nehmen konnten, ritt die vorderste Linie der Kaiserlichen gegen sie an.

Es gelang den Angreifern nicht, die Masse des türkischen

Heeres zu sprengen; die Ritter zogen sich zurück und lockten den Feind auf das von ihnen gewählte Gelände, wo der See zur Linken und der Fluß zur Rechten die großen Scharen der Türken daran hinderten, die Flanken der Ritter zu umfassen. Auf diesem eng umgrenzten Feld griffen die Ritter zum zweitenmal an, diesmal mit voller Wucht. Unter dem Gewicht dieses Angriffs brachen die leichter bewaffneten Türken zusammen, wandten sich zur Flucht und stürzten die dichtgedrängten Reihen hinter sich in Verwirrung. Bald floh Riduans ganzes Heer in voller Auflösung zurück nach Aleppo. Als sie durch Harenc kamen, schloß sich die dortige Besatzung den Fliehenden an und räumte die Stadt.

Sobald Balduin als Erbe und Mitregent von Edessa fest im Sattel saß, erkannte er, daß seine erste Aufgabe darin bestehen mußte, den türkischen Emir Baldak von Samosata (50 km nördlich von Edessa) anzugreifen. Die edessische Miliz begleitete Balduin und seine Ritter auf dem Feldzug, der zwischen dem 14. und 20. Februar stattfand; auch ein armenischer Kleinfürst, Konstantin von Gargar, ein Lehnsmann des Thoros, zog mit. Balduin eroberte das Dorf St. Johannes nahe der Hauptstadt des Emirs, befestigte es und bemannte es mit der Mehrzahl seiner Ritter, um die Bewegungen der Türken in Schach zu halten.

Fatimiden vor Antiochia

Kaiser Alexios hatte seinem General Tatikios und Raimund von Toulouse eingeschärft, zu einer Verständigung mit den Fatimiden Ägyptens zu gelangen. Die Fatimidenkalifen von Kairo standen politisch und religiös in erbittertem Gegensatz zu den Abbasidenkalifen von Bagdad, weshalb die türkischen Truppen des Reichskanzlers in Bagdad den Auftrag hatten, ihnen Syrien abzunehmen. Jahrzehntelang herrschte ein Einvernehmen zwischen Romania und Ägypten mit Waffenstillstand und langjährigem Friedensvertrag zwischen den beiden, und die Interessensphären zwischen ihnen orientierten sich an den uralten Grenzen zwischen dem Hethiter- und dem Pharaonenreich: Der

Hundefluß nördlich des heutigen Beirut im Libanon galt als anerkannte Grenze. Noch im Herbst 1097 ließ der Kaiser die Fatimiden wissen, daß er Antiochia zurückerobern wolle und daß sein kaiserliches Heer bald dort eintreffen werde. Vor Beginn des Frühjahrs traf deshalb im Feldlager vor Antiochia eine ägyptische Gesandtschaft ein, die mit dem Kommandanten der Kaiserlichen die gemeinsame Grenze absteckte und den Kampf gegen die türkischen Besatzer auf zwei Fronten koordinierte, um den alten Zustand vor den türkischen Einfällen wiederherzustellen. Der Kaiser sollte das nördliche Syrien, Ägypten dagegen Palästina erhalten. Die Ägypter verweilten mehrere Wochen im Lager.

Am 4. März segelte eine von Engländern bemannte Flotte unter dem Befehl des verbannten Thronprätendenten Edgar Aetheling in den Hafen von St. Symeon ein. Sie brachte Pilger aus Italien und hatte unterwegs Konstantinopel angelaufen. Dort wurde sie vom Kaiser angeheuert, die von General Tatikios angeforderten Belagerungsmaterialien und Mechaniker nach Antiochia zu befördern. Dort auch hatte Edgar sich ihr angeschlossen und sich dem Befehl des Kaisers unterstellt. Auf die Kunde vom Einlaufen der Flotte machte sich der romanische Kommandant zusammen mit Raimund und Bohemund auf, um unter den Fahrgästen der Schiffe so viele kampffähige Leute wie möglich anzuwerben und die Mechaniker und das Baumaterial zur Stadt hinaufzugeleiten.

Als sie am 6. März schwer beladen auf der Straße von St. Symeon zurückkehrten, wurden sie von einem Trupp aus Antiochia aus dem Hinterhalt überfallen. Ihre Leute wurden überrumpelt, ergriffen in Panik die Flucht und ließen ihre Lasten in den Händen des Feindes zurück. Einige versprengte Nachzügler eilten ins Lager und verbreiteten das Gerücht, alle seien erschlagen worden. Auf diese Kunde hin machte sich Gottfried bereit, auszuziehen und den Rest zu retten, als die Türken einen plötzlichen Ausfall aus der Stadt machten, um ihrem eigenen, jetzt mit Beute beladenen Überfalltrupp Deckung zu verschaffen. Gottfrieds Leute, bereits in Waffen und im Begriff, sich nach der Küste aufzumachen, konnten den Angriff aufhalten, bis der Kommandant, Raimund und Bohemund unerwartet mit dem Rest ihrer Streitkräfte auftauchten. Sie waren zwar recht geschwächt, aber ihr Eintreffen ermöglichte es Gottfried, die Türken in die Stadt zurückzutreiben.

Sodann schlossen sich die Fürsten zusammen, um den Überfalltrupp bei seiner Rückkehr abzufangen. Ihre Taktik hatte vollen Erfolg. Die Türken, von ihren schweren Lasten behindert, wurden in die Enge getrieben und, während sie sich zur Brücke durchzukämpfen versuchten, überwältigt; die kostbaren Baumaterialien wurden gerettet. Stephan von Blois schrieb seiner Gemahlin in vergnügter Stimmung aus dem Feldlager und schilderte ihr die Schwierigkeiten der Belagerung, aber auch die ›siegreiche Schlacht‹ vom 6. März und unterstrich nachdrücklich seine eigene Bedeutung im Heer.

Der Graf von Edessa

Kurz nach Balduins Rückkehr wurde in Edessa mit Unterstützung Konstantins von Gargar eine Verschwörung gegen Thoros ausgeheckt. Thoros war romanischer Hofbeamter gewesen, Edessa hielt er als Vasall des Kaisers, und Balduin hatte diesem Kaiser den Lehenseid geleistet. Somit würde eine Thronbesteigung Balduins nichts an den politischen Verhältnissen ändern. Die armenischen Untertanen von Edessa haßten Thoros, weil er als Vertreter der rechtgläubigen Kirche die kirchliche Eigenständigkeit der Armenier einschränken wollte. Wenigstens würde der Franke ein solches Vorhaben nicht weiter betreiben; und der Franke hatte gerade bewiesen, daß er offensiv handeln konnte. Konstantin wagte es daher, den künftigen Herrscher von der Verschwörung zu informieren.

Am Sonntag, dem 7. März 1098, schlugen die Verschwörer los. Sie wiegelten die Bevölkerung auf, die Häuser der Beamten des Thoros anzugreifen, und zogen sodann zum Palast des Fürsten in der Zitadelle. Thoros wurde von seinen Truppen im Stich gelassen; sein Adoptivsohn kam ihm nicht zu Hilfe, sondern riet ihm, sich zu ergeben. Thoros willigte ein und erbat lediglich, man möge ihm und seiner Gemahlin freien Abzug gewähren, damit sie sich zu deren Vater nach Melitene zurückziehen könnten. Man wurde sich darüber nicht einig, daher versuchte Thoros, am folgenden Dienstag zu entfliehen. Aber er wurde gefaßt und von der Menge in Stücke gerissen. Das Schicksal der Fürstin ist nicht überliefert. Am Mittwoch, dem 10. März, wurde Balduin vom Volk von Edessa aufgefordert, die Regierung zu übernehmen.

Balduin hatte seinen Ehrgeiz, sich ein Fürstentum zu verschaffen, verwirklicht, noch bevor irgendein anderer Führer der abendländischen Heere einen solchen Erfolg verbuchen konnte. Er nahm den Titel eines Grafen von Edessa an. Jetzt erst wurde im Palast eine gewaltige Anhäufung von Schätzen entdeckt, die zum großen Teil noch aus den Tagen der Romanen stammten und denen Thoros durch seine Eintreibungen viel hinzugefügt hatte. Balduin übernahm demnach volle Staatskassen, eine gut funktionierende Verwaltung und stabile Herrschaft. Das Land war nicht durch Türken oder gar Söldner aus dem Westen geplündert worden.

ANTIOCHIA

Im März segelte die von Edgar Aetheling befehligte Flotte von St. Symeon nach Laodikaia/Latakia weiter südlich an der syrischen Küste weiter. Die Genuesen wurden vertrieben und die Stadt im Namen des Kaisers in Besitz genommen. Edgar konnte jedoch nur eine kleine Truppenabteilung zur Bewachung der Stadt zurücklassen und wandte sich an die Kaiserlichen vor Antiochia mit dem Ersuchen, seine Verteidigungskräfte zu ergänzen.

Als der Emir von Samosata die Kunde von der Thronbesteigung Balduins vernommen hatte, begriff er, daß er es mit einem aggressiven Gegner zu tun haben werde, der mit der Eroberung von St. Johannes vor den Toren von Samosata seine Visitenkarte abgegeben hatte. Daher griff er zu diplomatischen Verhandlungen und sandte Boten nach Edessa mit dem Anerbieten, sein Emirat für die Summe von zehntausend Byzantii/Besant (eigentlich hießen diese Goldmünzen Hyperpyri) zu verkaufen. Balduin nahm das verlockende Angebot an und zog im Triumph in Samosata ein. Dort stieß er in der Zitadelle auf zahlreiche Geiseln, die Baldak aus Edessa entführt hatte. Er schickte sie unverzüglich zu ihren Familien zurück. Diese Maßnahme sowie die Beseitigung der türkischen Bedrohung aus Samosata erhöhten seine Beliebtheit gewaltig. Balduin bot Baldak an, sich zusammen mit seiner Leibwache als Söldner des Grafen in Edessa niederzulassen, wovon dieser gern Gebrauch machte.

Der 40jährige Balduin von Boulogne, ein Ritter ohne Land, der davon zehrte, daß auch er aus dem Hause David stamme, kam seinem jüngeren Bruder Gottfried zuvor und gründete die erste Herrschaft eines Abendländers im Orient. Und das durch Diplomatie und ohne Kriegsführung. Mehr noch, er entpuppte sich als klarsichtiger Staatsmann: Er unterschied nicht zwischen lateinischen Christen aus dem Abendland, rechtgläubigen Christen der griechischen Kirche von Konstantinopel, den ›irrgläubigen‹ Christen der armenischen Kirche oder den jakobitischen Christen aus Syrien sowie den arabischen und türkischen Muslimen aus dem Morgenland in seinem Herrschaftsgebiet, sondern ließ sie am staatlichen Leben teilnehmen und eine Einheit bilden. Die Schlüsselpositionen lagen in den Händen der Franken, dies wurden jedoch von der Bevölkerung nicht als fremd empfunden, da das Lehensverhältnis zum Kaiser gewahrt blieb. Das war eine völlig neuartige Politik, wie sie der Orient noch nicht kannte, denn sowohl der Kaiser als auch der Papst hätten dieser Gleichberechtigung aller Volksgruppen nicht zugestimmt, sondern versucht, die Oberhoheit ihrer jeweiligen Kirche durchzusetzen. Eine weitere Bestätigung dafür, daß Balduins Vorgehen nicht vom Papst veranlaßt wurde und er nicht zum päpstlichen Heer gehörte, das den Heiligen Krieg gegen Antiochia führen und die befreite Stadt zu päpstlichem Lehen erklären sollte.

Bohemunds Plan

Der Zugewinn vom 6. März an Material und Technikern bewirkte, daß Antiochia nunmehr vollständig eingeschlossen wurde. Nun wurde die von Tatikios geplante Burg gebaut, die den Zugang zur befestigten Brücke im Westen beherrschte. Sie wurde neben einer Moschee am Friedhof errichtet und offiziell, in Ableitung vom südfranzösischen Wort für »Moschee«, als Burg *La Mahomerie* bezeichnet. Diese Burg, die in die Obhut Raimunds gegeben und am 19. März fertiggestellt wurde, bewies bald ihren Wert, indem sie den Zugang zum Brückentor sperrte.

Aber das St.-Georgs-Tor im Südwesten war noch offen. Um auch dieses letzte Tor unter Kontrolle zu bringen, schlug Bohemund nicht ohne Hintergedanken vor, neben einem alten Kloster auf dem Hügel ihm gegenüber ebenfalls eine Burg zu bauen. Bohemund hatte seine Normannen von Anfang an dort angesiedelt und überlegt, wie er seine Erfahrungen bei der Belagerung von Dyrrhachion gewinnbringend einsetzen konnte.

Dieser Bau wurde im April beendet und die Burg Tankred übergeben. Kurz nach der Errichtung seiner Burg erbeutete Tankred eine riesige Proviantlieferung, die von syrischen und armenischen christlichen Händlern herangeschafft worden und für Yaghi-Siyan bestimmt gewesen war. Solche Erfolge ließen die Kaiserlichen hoffen, daß man Antiochia nunmehr werde aushungern und zur Übergabe zwingen können.

Während jetzt die Besatzung Antiochias Hunger zu leiden begann, wurden die Verpflegungssorgen des Heeres etwas leichter. Das milde Frühlingswetter, die Möglichkeit, ohne Gefahr türkischer Überfälle zur Lebensmittelbeschaffung auszuziehen, und die Bereitwilligkeit der Händler, die ihre Waren bisher zu hohen Preisen an die Garnison verkauft hatten, mit dem Feldlager Geschäfte zu machen – all das brachte mehr Verpflegung heran und verbesserte die Stimmung des Heeres.

Im Laufe des Frühjahrs drang Johannes Dukas aus Lydien nach Phrygien vor, und zwar bis zur Hauptstraße, welche die Kaiserlichen hinabgezogen waren; im Verlauf dieses Vormarsches öffnete er die Straße nach Attalia wieder. Alexios hielt es folglich für ungefährlich, sein Haupheer weiter ins Herz Kleinasiens hineinzuführen. Anfang Mai führte er einen Feldzug in Kleinasien, um die Gebiete im nördlichen Phrygien zwischen Dorylaion und Philomelion zu sichern. Ein verzweifelter Hilferuf der Kaiserlichen vor Antiochia ging an ihn hinaus, raschestens zu ihrer Rettung Verstärkung zu schicken.

Kerbogha auf dem Anmarsch

In der ersten Woche im Mai machte Kerbogha, zum Entsatz Antiochias unterwegs, vor Edessa halt. Der Grund, der Thoros Anfang Januar veranlaßt hatte, Balduin herbeizurufen, nämlich die potentielle Gefahr, Kerbogha könnte mit seinem riesigen Heer auf dem Weg nach Antiochia ohne viel Mühe auch mit Edessa und den armenischen Staaten aufräumen, traf nun ein. Drei Wochen lang lief Kerbogha vergeblich Sturm gegen die Mauern der Stadt. Während dieser drei Wochen war Bohemund unermüdlich an der Arbeit. Er hatte irgendwann mit einem Hauptmann in Antiochia – die Chronisten nennen ihn Firuz, erstaunlicherweise ein persischer Name – eine Verbindung angeknüpft; dieser erklärte sich schließlich bereit, Bohemund die Stadt auszuliefern, wenn er den Abschnitt der Stadtmauer gegenüber Tankreds Burg befehligte, und Bohemund hütete das Geheimnis dieser Abmachung und zog niemand außer Tankred ins Vertrauen.

Ende Mai gab Kerbogha die fruchtlose Belagerung Edessas auf und setzte seinen Vormarsch fort. Bei seinem Herannahen wurde das Lager der Kaiserlichen von Panik ergriffen. Deserteure machten sich jetzt in solcher Zahl aus dem Staub, daß es zwecklos war zu versuchen, sie zurückzuhalten. Schließlich, am 2. Juni, machte sich eine große Schar Nordfranzosen unter Führung Stephans von Blois nach Alexandretta auf. Man kann darüber spekulieren, warum Stephan gerade zu diesem Zeitpunkt ›desertierte‹, noch bevor seine Reise in den Osten irgendwelche positiven Ergebnisse für ihn zeitigten. Die Behauptung eines Chronisten leuchtet jedoch ein, daß man Stephan zum Kaiser geschickt hatte, um diesem die Lage vor Antiochia zu schildern und seinen Beistand durch Verstärkungen zu ersuchen. Stephan habe zehn Tage im Palast des Kaisers verbracht und sei vom Kaiser wie ein eigener Sohn behandelt worden; diesem Vertrauen habe die Entsendung des Grafen gegolten, denn sein Bericht werde dem Kaiser eher einleuchten.

Antiochia fällt

Just an jenem Tag schickte Firuz seinen Sohn zu Bohemund mit der Mitteilung, daß er jetzt den Turm der Zwei Schwestern und den anstoßenden Abschnitt der Stadtmauer gegenüber Tankreds Burg befehlige. Er riet Bohemund, das Heer an diesem nämlichen Nachmittag zu versammeln und nach Osten hinauszuführen, als beabsichtige er, Kerbogha abzufangen; sodann sollten die Truppen nach Einbruch der Dunkelheit zur Westmauer zurückkriechen, ihre Sturmleitern heranschaffen und den

Turm erklettern, wo er nach ihnen Ausschau halten werde. Wenn Bohemund mit diesem Plan einverstanden sei, werde er am Abend seinen Sohn als Geisel zurückschicken, zum Zeichen, daß alles bereit sei. Der Kriegsrat beim romanischen Kommandanten billigte den Plan. Als die Sonne im Westen niederging, brach das Heer nach Osten auf; die Ritter zogen zu Pferd das Tal vor der Stadt hinauf, gefolgt vom Fußvolk, das sich mühsam die Bergpfade hinaufplagte. Aber mitten in der Nacht wurde im ganzen Heer der Befehl ausgegeben umzukehren und zu den West- und Nordmauern zurückzumarschieren.

Kurz nach Tagesanbruch langten Bohemunds Truppen vor dem Turm der Zwei Schwestern an. Eine Leiter wurde an den Turm gelegt; sechzig Ritter kletterten einer nach dem anderen hinauf; oben stiegen sie durch ein hoch in der Mauer gelegenes Fenster in eine Kammer ein, wo Firuz bereits ihrer harrte. Von den Zwei Schwestern aus ergriffen die Ritter von den beiden anderen Türmen Besitz, die ebenfalls Firuz unterstanden, und dies ermöglichte es den Normannen, Leitern an die dazwischenliegenden Mauerabschnitte zu legen. Während einige Soldaten die Mauer entlangliefen und die Wachmannschaften in ihren Türmen überrumpelten, eilten andere in die Stadt hinab und öffneten das St.-Georgs-Tor und das große Brückentor, wo die Masse des Heeres wartete, aber erst nachdem Bohemund sich einen angemessenen Vorsprung verschafft hatte. Die türkischen Mannschaften schlugen sich hinauf zur Zitadelle durch, Bohemund pflanzte sein purpurnes Banner an der höchsten Stelle auf, die er zu erreichen vermochte. Sein Anblick, wie es im Licht der aufgehenden Sonne flatterte, verkündete, wer jetzt der Herr der Stadt war.

Bei Anbruch der Nacht, am 3. Juni, war in Antiochia kein Türke mehr am Leben; selbst aus Nachbardörfern, bis zu denen die Kaiserlichen vorgedrungen waren, war die türkische Bevölkerung geflohen, um bei Kerbogha Schutz zu suchen. Die Häuser der Bürger von Antiochia, der Armenier, der Syrer, der Romanen wie der Araber und Türken, wurden geplündert und ausgeraubt. Die Schätze und Waffen, die sich in ihnen fanden, wurden in alle Winde verstreut oder mutwillig zerstört. Es war unmöglich, durch die Straßen der Stadt zu gehen, ohne auf Leichen zu treten, die allesamt in der Sommerhitze rasch verwesten. Aber Antiochia war wieder eine »christliche« Stadt.

Die Ernüchterung

Als der wilde Überschwang abgeklungen war und die Kaiserlichen ihre Lage nüchtern betrachteten, mußten sie feststellen, daß sie wenig besser dran waren als zuvor. Bald würden *sie* die Belagerten sein. In der Stadt fanden sie keine Lebensmittelvorräte, die sie sich erhofft hatten; in ihrem wirren Taumel hatten sie selbst den größten Teil ihres Wohlstandes zerstört. Die Zitadelle war noch nicht genommen und mußte mit Posten umstellt werden. Der romanische Kommandant erkannte die Gefahr, die daraus erwuchs, daß die Zitadelle einen eigenen Ausgang aus der Stadt hatte, und führte eine grobe Zwischenmauer auf, welche die Zitadelle von den Stadtbefestigungen abtrennte. Die Besatzung konnte von ihrer Höhe aus jegliche Bewegung in der Stadt genau verfolgen; außerdem war es unmöglich, sie daran zu hindern, mit Kerbogha Verbindung herzustellen.

Am 5. Juni erreichte dieser den Orontes bei der Eisernen Brücke; zwei Tage später schlug er unter den Stadtmauern sein Feldlager auf, an derselben Stelle, welche die Kaiserlichen noch vor kurzem besetzt hatten. Von der Zitadelle aus schickte Schams-al-Daula, Yaghi-Siyans Sohn, sofort Abgesandte zu ihm, um seine Hilfe zu erbitten. Aber Kerbogha bestand darauf, die Zitadelle mit seinen eigenen Truppen zu besetzen. Schams-al-Daula bat ihn, den Befehl behalten zu dürfen, bis die Stadt zurückerobert sei, aber vergebens. Er wurde genötigt, die Festung samt allen ihren Vorräten dem getreuen Statthalter Kerboghas, Ahmad ibn Maruan, zu übergeben.

Kerbogha hatte anfänglich geplant, von der Zitadelle aus in die Stadt einzudringen. Da die Zwischenmauer der gefährdetste Abschnitt der Verteidigungslinie war, übernahmen die Fürsten abwechselnd seine Bemannung. Nach einigen Erkundungen führte Ahmad ibn Maruan, vermutlich am frühen Morgen des 9. Juni, einen Angriff gegen diesen Abschnitt. Hugo von Vermandois, der Graf von Flandern, und der Herzog von der Normandie hatten zu diesem Zeitpunkt die Verteidigung inne und wären beinahe überrannt worden; aber schließlich trieben sie Ahmad unter schweren Verlusten zurück. Danach entschied Kerbogha, daß es weniger kostspielig sein werde, die Kaiserlichen in eine feste Blockade einzuschließen und sie erst anzugreifen, wenn sie durch Hungersnot geschwächt waren. Am 10. Juni rückte er heran und schloß die Stadt vollständig ein. Die Lebensmittel wurden wieder knapp. Ein kleiner Laib Brot kostete einen Hyperpyron, ein Ei zwei, ein Huhn fünfzehn. Viele Soldaten nährten sich nur noch von Baumblättern oder getrockneten Häuten. Adhémar von Le Puy versuchte vergeblich, Hilfsmaßnahmen für die ärmeren unter den Pilgern in die Wege zu leiten. Unter den Rittern meinten viele, Stephan von Blois habe den klügeren Weg gewählt.

In der Nacht des 10. Juni gelang es einem Trupp unter Führung von Wilhelm und Alberich von Grant-Mesnil und dem Grafen Lambert von Clermont, durch die feindlichen Linien zu schlüpfen und zum Meer hinab nach St. Symeon zu eilen, wo die genuesischen Schiffe Guynemers im Hafen lagen. Das war der zweite Verlust innerhalb von acht Tagen nach Stephan von Blois, und der päpstliche Legat sah seinen Heiligen Krieg bei weiteren Abzügen der Abendländer äußerst gefährdet. Etwas mußte geschehen, um die Fürsten zu verpflichten, bei ihm so lange zu bleiben. Und etwas geschah in der Tat.

Der päpstliche Legat

An jenem Abend waren alle Fürsten in der Oberstadt an der Zwischenmauer bei der Zitadelle versammelt, als ein Priester aus Valence namens Stephan sie zu sprechen verlangte. Er berichtete ihnen, er habe sich am voraufgegangenen Abend, im Glauben, daß die Türken die Stadt eingenommen hätten, mit einer Gruppe von Geistlichen in die Kirche Unserer Lieben Frau begeben, um einen Bittgottesdienst abzuhalten. Am Schluß des Gottesdienstes seien die anderen eingeschlafen; er jedoch habe, da er wachgelegen, vor sich eine Gestalt von wunderbarer Schönheit erblickt, die ihn gefragt habe, wer diese Männer seien, und mit Freude zu vernehmen schien, daß sie gute Christen und keine Irrgläubigen waren. Der Besucher fragte Stephan sodann, ob er ihn erkenne. Stephan war im Begriff, mit »nein« zu antworten, als er einen kreuzförmigen Heiligenschein, wie auf dem Bildnis Christi, um sein Haupt gewahrte. Der Besucher gab zu, Christus zu sein, und fragte als nächstes, wer der Oberbefehlshaber des Heeres sei. Stephan antwortete, es gebe keinen einzigen und alleinigen Befehlshaber, aber die obersten Machtbefugnisse lägen in den Händen eines Bischofs. Christus wies Stephan nunmehr an, diesem Bischof mitzuteilen, seine Leute hätten sich durch ihre Gier und Fleischeslust versündigt, aber wenn sie zum christlichen Lebenswandel zurückkehrten, werde er ihnen in fünf Tagen Schutz senden. Eine Dame von strahlendem Antlitz sei sodann erschienen und habe zu Christus gesagt, dies seien die Leute, für welche sie so oft Fürsprache eingelegt, und auch St. Peter habe sich hinzugesellt. Stephan versuchte, seine Kameraden zu wecken, damit sie seine Vision bezeugen könnten; aber noch ehe ihm dies gelang, waren die Gestalten verschwunden.

Hier wird die päpstliche Propaganda aus dem Wortlaut sichtbar. Gute Christen und keine Irrgläubige; St. Peter; die obersten Machtbefugnisse liegen in den Händen des Bischofs und päpstlichen Legaten; kein einziger und alleiniger Befehlshaber; Schutz in fünf Tagen, aber nur wenn man zum christlichen (nicht irrgläubigen) Lebenswandel zurückkehre. Adhémar hatte seine Inszenierung mit einem Gespür für Timing aufgeführt. Er war als erster bereit, die Vision als echt hinzunehmen, und bewog die Fürsten unverzüglich, beim Heiligen Sakrament zu schwören, daß hinfort keiner von ihnen ohne Zustimmung aller anderen Antiochia verlassen werde. Bohemund schwor als erster, denn er war am Ende seiner Reise und wollte die Stadt an sich bringen; sodann Raimund, denn er hatte den päpstlichen Zug des Heiligen Krieges zu seiner Bestimmung geführt und wollte die Stadt nicht aus der Hand geben; dann Robert von der

Normandie, Gottfried und Robert von Flandern, gefolgt von Hugo von Vermandois, Tankred und geringeren Fürsten. Damit waren die Weichen für die Machtübernahme des päpstlichen Legaten gestellt, dessen ›oberste‹ Machtbefugnisse in der Vision selbst von Christus anerkannt worden waren. Niemand widersprach der Angabe Stephans, es gebe keinen alleinigen Befehlshaber. Somit war die Führung Adhémars unumstritten.

Der Kaiser wird gesucht

Als die Flüchtlinge in St. Symeon eintrafen und verkündeten, das kaiserliche Heer sei unwiderruflich zum Untergang verurteilt, lichteten die Schiffe Guynemers eiligst die Anker und stachen in See. Die Flüchtlinge fuhren mit ihnen nach Tarsos. Dort stießen sie zu Stephan von Blois, der noch auf Nachricht wartete, wo sich der Kaiser gerade aufhalte. Nun beschlossen Stephan und Wilhelm von Grant-Mesnil, den Kaiser gemeinsam aufzusuchen, und schifften sich ein. In Attalia vernahmen Stephan und Wilhelm, daß der Kaiser sich in Philomelion befand. Sie ließen ihre Truppen zu Schiff weiterreisen und begaben sich selbst eilends nordwärts nach Philomelion, um dem Kaiser mitzuteilen, daß sich die Türken inzwischen bestimmt bereits in Antiochia befänden und das kaiserliche Heer vernichtet sei.

Während Alexios Mitte September Anstalten zum Weitermarsch traf, erschienen Stephan und Wilhelm in seinem Lager. Etwa um die gleiche Zeit war Peter von Aulps eingetroffen, der seinen Posten zu Komana östlich von Kaisareia/Caesarea verlassen hatte, um von einem türkischen Heer im Anmarsch zu berichten, das gegen Alexios losschlagen wolle. Wenn es sich um das Heer Kerboghas handelte, überlegte der Kaiser, dann wäre die ganze Aktion, die er seit Jahren geplant hatte, vergebens gewesen. Alexios mußte eine Entscheidung treffen, ob er die Eroberungen der letzten zwölf Monate im westlichen Kleinasien verteidigen oder sich gen Süden wenden sollte, um eine Stadt zu retten, deren Eroberung ohnehin nicht seine Idee war, sondern ihm vom Papst eingeredet wurde.

Inzwischen bröckelte das Heer Kerboghas merklich ab. Er hatte Riduan von Aleppo aufgefordert, sich ihm anzuschließen, und verstimmte dadurch dessen Bruder und Rivalen Dukak von Damaskus. Dukak erwartete einen Angriff der Fatimiden auf Palästina und eilte in den Süden zurück. Der Emir von Homs lag in einem Familienzwist mit dem Emir von Menbidsch und weigerte sich, mit ihm zusammenzugehen. Unter Kerboghas eigenen Streitkräften kam es zu Reibereien zwischen Türken und Arabern, und im Verlauf des Monats nahm die Fahnenflucht aus seinem Lager immer größere Ausmaße an.

Bohemund, der jetzt, da Graf Raimund krank darniederlag, neben dem romanischen Kommandanten den Oberbefehl führte, schickte am 27. Juni Peter den Einsiedler als Gesandten in Kerboghas Lager und gab ihm als Dolmetscher einen Normannen namens Herluin, der sowohl arabisch als auch persisch sprach. Er sollte dem Gegner den Vorschlag machen, die Entscheidung durch eine Reihe von Einzelkämpfen herbeizuführen. Kerbogha jedoch forderte trotz seiner zunehmenden Schwäche nach wie vor die bedingungslose Übergabe, und Peter kehrte mit leeren Händen zurück. Nach dem Fehlschlag der Gesandtschaft entschied sich die Heeresleitung für eine Entscheidungsschlacht.

Die Entscheidungsschlacht

Am Morgen des 28. Juni, einem Montag, teilte der Kommandant das Heer in sechs Abschnitte und ließ es zum Gefecht antreten. Der erste Abschnitt bestand aus den Franken und Flamen unter Hugo von Vermandois und Robert von Flandern; der zweite aus den Lothringern unter Gottfried; der dritte aus den Normannen der Normandie unter Herzog Robert; der vierte aus den Südfranzosen unter Adhémar; und der fünfte und sechste aus den Normannen Italiens unter Bohemund und Tankred. Zur Bewachung der Zitadelle wurden zweihundert Mann in der Stadt zurückgelassen, die Raimund von seinem Krankenlager aus befehligte. Jeder Fürst war durch sein Banner klar zu erkennen. Doch viele von ihren Rittern hatten ihre Pferde eingebüßt und mußten zu Fuß gehen oder auf Lasttieren reiten.

Kerbogha wandte die übliche Taktik an, sich zurückzuziehen und den Gegner auf unwegsameres Gelände zu locken, wo seine Bogenschützen plötzlich einen Hagel von Pfeilen in ihre Reihen schossen. Aber die Bogenschützen konnten den Vormarsch der Kaiserlichen nicht zum Stehen bringen, und die türkischen Linien begannen zu wanken. Einige von Kerboghas Emiren beschlossen, seiner Sache den Rücken zu kehren; ihr Abzug löste Panik aus. In dem vergeblichen Versuch, die Kaiserlichen aufzuhalten, während er in den eigenen Reihen die Ordnung wiederherstellte, setzte Kerbogha das trockene Gras vor seinen Linien in Brand. Sokman der Ortokide und der Emir von Homs waren die letzten, welche die Flucht ergriffen; das gesamte türkische Heer löste sich daraufhin in heillosem Durcheinander auf.

Ahmad ibn Maruan, der Befehlshaber der Zitadelle, verfolgte die Schlacht von seiner Bergspitze aus. Als er sah, daß sie verloren war, schickte er einen Herold in die Stadt, um mitzuteilen, daß er sich ergebe. Der Herold wurde in Raimunds Zelt geführt, und Raimund schickte eines seiner eigenen Banner hinaus, damit es vom Turm der Zitadelle gehißt werde. Aber als Ahmad erfuhr, daß es nicht Bohemunds Banner war, weigerte er sich, es aufzuziehen, denn er hatte bereits geheime Verhandlungen mit Bohemund geführt, die im Fall eines Sieges der Kaiserlichen in Kraft treten sollten. Er öffnete seine Tore erst, als Bohemund selbst erschien und der Garnison freien Abzug erlaubte. Der Sieg der Kaiserlichen war unerwartet, aber vollständig.

DER STREIT UM ANTIOCHIA

Nun brach ein offener Streit um die Stadt aus. Bohemund tat seine Absicht kund, die Stadt für sich zu behalten; schließlich habe er sie mit Verbindungen und List erobert. Gottfried, der nach Jerusalem weiterziehen wollte, war es gleich, wer die Stadt bekam. Raimund vertrat den Standpunkt, die Stadt sei für den Kaiser erobert worden, so solle der Kaiser darüber auch entscheiden. Adhémar unterstützte Raimunds Standpunkt, denn nur mit dem Wohlwollen des Kaisers konnte er ein, wenn auch verdecktes, päpstliches Lehen daraus machen. Raimund war der Befehlshaber der päpstlichen Truppen im Dienste des Kaisers, deren Ziel die Befreiung Antiochias war; da dies ihm auch gelungen war, sprach alles dafür, daß der Kaiser ihn damit belehnen würde. Deshalb bediente sich Adhémar Hugos von Vermandois.

Hugo erlebte den Streit um den Besitz der eroberten Stadt mit und wußte, daß ihm seine Anwesenheit nichts bringen würde. König eines Reiches in Anatolien wollte er werden, und das konnte er nur mit Zustimmung des Kaisers erreichen. Daher wollte Hugo jetzt, da Antiochia gesichert war, »heimkehren und über Konstantinopel reisen«. Angesichts der Nachricht, Alexios befinde sich auf dem Marsch in Kleinasien gen Süden, wurde Hugo beauftragt, den Kaiser aufzusuchen und ihm die Lage zu erklären. Adhémar und Raimund hofften, Hugos Mission werde Alexios veranlassen, eilends zu ihnen zu stoßen.

Und da Latakia Verstärkung benötigte und sich Herzog Robert von der Normandie für die Stadt interessierte, sollte er mit seinen Truppen dorthin ziehen. Nun hatten die Fürsten am 10. Juni geschworen, nicht ohne Zustimmung der anderen Antiochia zu verlassen. Gottfried war ungeduldig weiterzuziehen, doch nicht mehr allein. Er hatte viel Zeit und viele von seiner Mannschaft verloren. Jetzt schuldeten die anderen ihm ihre

Unterstützung bei *seinem* Kriegszug gegen Jerusalem. So kam man überein, daß man mit dem Aufbruch des Zuges nach Jerusalem bis zum 1. November warten solle.

Anfang Juli machte sich Hugo, in Begleitung Balduins von Hennegau, auf den Weg. Auf der Straße durch Kleinasien wurde seine Schar von den Türken angegriffen und übel zugerichtet. Der Graf von Hennegau verschwand, und man erfuhr sein Schicksal nie. Es war bereits Herbst, als Hugo in Konstantinopel eintraf und dem Kaiser einen vollständigen Bericht über die Ereignisse in Antiochia geben konnte. Robert von der Normandie traf in Latakia ein, und die Stadt wurde ihm namens des Kaisers zu treuen Händen übergeben. Aber Roberts einzige Vorstellung von Regierungstätigkeit bestand darin, den Untertanen soviel Geld wie möglich abzupressen. Seine Herrschaft war derart unbeliebt, daß er bereits binnen weniger Wochen gezwungen war, sich aus der Stadt zurückzuziehen, die nunmehr vom romanischen Statthalter von Zypern, Eustathios Philokales, eine Garnison erhielt.

In Antiochia wurde die Stimmung gereizt. Die Zitadelle war anfänglich von Bohemund, Raimund, Gottfried und Robert von Flandern gemeinsam besetzt worden, aber Bohemund hatte die Haupttürme in der Hand behalten. Jetzt gelang es ihm, die Truppen seiner Genossen hinauszusetzen, wahrscheinlich mit Gottfrieds und Roberts Einverständnis, so daß die Einwendungen des noch immer kranken Raimund nicht fruchteten. Dafür erhielt er die befestigte Brücke und den Palast Yaghi-Siyans. Jetzt erkrankte auch Adhémar. Die Südfranzosen, ihrer beider Führer beraubt, wurden von den Normannen Bohemunds schlecht behandelt, um sie aus der Stadt hinauszuekeln.

Bohemund verfuhr, als sei er bereits Herr der Stadt. Auf die Nachricht von Kerboghas Niederlage hin waren viele Genuesen aus Alexandretta und St. Symeon nach Antiochia geeilt, um als erste den Handel der Stadt an sich zu reißen. Bohemund gewährte ihnen am 14. Juli einen Freibrief, der ihnen einen Markt, eine Kirche und dreißig Häuser zuerkannte. Hinfort würden die Genuesen für seine Ansprüche eintreten, und er konnte auf ihre Hilfe rechnen, um seine Verbindungen mit Italien offenzuhalten. Sie erklärten sich bereit, ihn in Antiochia gegen jeglichen Widersacher zu unterstützen, außer gegen Raimund, den Grafen von Toulouse, da sie wußten, daß er der rechtmäßige Führer des päpstlichen Zuges war.

Balduin als Vorbild

Kerboghas Fehlschlag gegen Edessa erhöhte Balduins Ansehen. Während Raimund und Bohemund einander wachsam im Auge behielten, ritten die geringeren Edlen davon, um sich Balduin in Edessa anzuschließen. Unter ihnen befanden sich Fulk von Chartres, Drogo von Nesle und Reinhold von Toul sowie Reinholds Lehnsmann Gaston von Béarn. Balduin belohnte sie mit ansehnlichen Geschenken aus seiner Schatzkammer.

Andere Ritter versuchten, eigene Lehnsgüter im umliegenden Land zu gründen. Der kühnste Zug wurde von einem Limousiner in Raimunds Heer namens Raimund Pilet durchgeführt, der sich am 17. Juli über den Orontes aufmachte und drei Tage später die Stadt Tel-Mannas besetzte, deren syrische Bevölkerung ihn freudig willkommen hieß. Nachdem er eine türkische Burg in der Nachbarschaft erobert hatte, zog er weiter, um mit einem Heerhaufen, der hauptsächlich aus Einheimischen bestand, die größere Stadt Ma'arrat-al-Nu'man anzugreifen. Aber seine Rekruten waren das Waffenhandwerk nicht gewöhnt, und als sie auf Truppen stießen, die Riduan von Aleppo zur Rettung der Stadt ausgeschickt hatte, machten sie kehrt und ergriffen die Flucht. Es gelang Riduan jedoch nicht, Raimund Pilet aus Tel-Mannas zu vertreiben.

Zwischen Edessa und dem Euphrat lag gegen Südwesten die arabische Stadt Sarudsch; sie war einem Ortokidenfürsten namens Balak ibn Bahram tributpflichtig, hatte sich aber kürzlich gegen ihn erhoben. Balak schrieb jetzt an Balduin und erbat gegen Entgelt dessen Dienste, um die Stadt niederzuzwingen. Das brachte Balduin auf die Idee, die Stadt für sich selbst zu gewinnen. Er bediente sich dabei Baldaks, des ehemaligen Emirs von Samosata, und dessen Truppen, den er vorschickte, um die Bür-

ger von Sarudsch zu unterstützen und seine Ankunft vorzubereiten. Als Balduin dann vor Sarudsch anlangte, kamen ihm
Baldak und Vertreter der Stadt mit dem Angebot entgegen, Balduin die Stadt zu übergeben und ihm Tribut zu zahlen. Daraufhin belegte er die Stadt mit einer Garnison unter Fulk von Chartres und garantierte der Bevölkerung Glaubensfreiheit. Ein
Verhalten, das mit den intoleranten Vorstellungen abendländischer Glaubenskämpfer unvereinbar war.

Im Laufe des Juli brach in Antiochia eine ernste Typhusepide-
mie aus, die auf die Auswirkungen der Belagerungen und
Schlachten des letzten Monats sowie auf Unkenntnis der im
Osten nötigen gesundheitlichen Vorsichtsmaßregeln zurückzuführen war. Adhémar von Monteil, päpstlicher Legat und Bischof von Le Puy, der bereits seit einiger Zeit bei schlechter Gesundheit war, wurde ihr erstes prominentes Opfer. Er starb am
1. August.

Während die Epidemie sich in ganz Antiochia ausbreitete,
suchten die führenden Fürsten im offenen Land Zuflucht. Bohemund begab sich über das Amanosgebirge nach Kilikien, wo
er die von Tankred im vergangenen Herbst zurückgelassenen
Garnisonen verstärkte und ihre Huldigung entgegennahm. Es
sei hier daran erinnert, daß der Kaiser Bohemund »jenseits von
Antiochia mit einem Gebiet von fünfzehn Tagesmärschen in der
Länge und acht Tagesmärschen in der Breite« belehnt hatte. Daher beabsichtigte Bohemund, die Provinz Kilikien in sein Fürstentum Antiochien einzubeziehen. Gottfried zog nordostwärts
nach den Städten Turbessel und Ravendel, die ihm sein Bruder
Balduin zu treuen Händen übergab, bis Gottfried seinen Zug
nach Jerusalem fortsetzen werde. Raimunds Aufenthalt während dieser Zeit ist ungewiß. Robert von der Normandie begab
sich nach Latakia.

Die Fatimiden erobern Jerusalem zurück

Der wahre Herrscher Ägyptens war nicht der minderjährige
Kalif al-Musta'lî, sondern sein Reichskanzler *Schâhinschâh* (die

persische Entsprechung für *amîr-al-umarâ'*, Fürst der Fürsten, Großfürst) al-Afdah, der seinem Vater, dem zum Islam übergetretenen Armenier Badr al-Dschamâlî, als Wesir gefolgt war. Sobald er von Kerboghas Niederlage vor Antiochia vernahm, fiel er vereinbarungsgemäß in Palästina ein. Die ehemalige ägyptische Provinz befand sich noch in den Händen Sokmans und Ilghazis, der Söhne Ortoks, die Dukak von Damaskus als ihren obersten Herrn anerkannten. Beim Vordringen al-Afdals zogen sie sich in die Mauern Jerusalems zurück. Sie wußten, daß Dukak ihnen nicht sofort zu Hilfe kommen konnte: Aber sie hofften, die schweren Befestigungswerke Jerusalems und die Kampferprobtheit ihrer türkischen Truppen würden es ihnen ermöglichen, bis zum Eintreffen der Rettung auszuhalten.

Al-Afdals Heer war mit den neuesten Belagerungsmaschinen, darunter vierzig Steinschleudern, ausgerüstet; aber die Ortokiden widerstanden ihm vierzig Tage lang, bis die Mauern schließlich so schwer beschädigt waren, daß sie sich ergeben mußten. Es wurde ihnen gestattet, sich mit ihren Mannschaften nach Damaskus zurückzuziehen, von wo aus sie weiterzogen, um sich mit ihren Vettern in der Gegend von Diarbekir zu vereinigen. Die Ägypter besetzten nunmehr ganz Palästina und hatten im Herbst ihre Grenze bis zum Gebirgspaß des Hundeflusses, an der Küste nördlich Beiruts, vorgeschoben. Inzwischen setzten sie die Verteidigungswerke Jerusalems wieder instand.

Balduins armenische Heirat

Im September ließ die Epidemie in Antiochia nach, und die Fürsten kehrten zurück. Inzwischen hatte Balduin Biredschik und die Furt durch den Euphrat eingenommen, womit die Straße zwischen Edessa und den Festungen Turbessel und Ravendel frei wurde. Damit wurde der innere Zusammenhalt der Grafschaft Balduins gefestigt. Mit Gottfried vorübergehend in den Besitzungen westlich des Euphrat, konnte seine Grafschaft die Verbindung mit den Kaiserlichen in Antiochia sichern. Um seine neuen Ritter fest im Land anzusiedeln, ermutigte sie Balduin,

armenische Erbinnen zu heiraten. Er selbst, Witwer und nunmehr auch kinderlos, ging ihnen mit seinem Beispiel voran. Seine neue Gemahlin war die Tochter des armenischen Fürsten
Thatul von Germanikeia/Marasch, dessen Namen die lateinischen Chronisten als Taphnuz oder Tafroc wiedergeben. Er gab
seiner Tochter eine Mitgift von sechzigtausend Hyperpyri und
das undeutliche Versprechen, daß sie seine Länder erben werde.

Inzwischen war es offenkundig, daß der Kaiser in diesem Jahr
nicht mehr bis nach Syrien vordringen würde, denn die Nachricht von seinem Rückzug aus Philomelion hatte Antiochia erreicht. Am 11. September setzte Raimund von Toulouse ein
Schreiben an Papst Urban auf, in dem er über Einzelheiten der
Eroberung Antiochias Bericht erstattete, ihm den Tod seines
Legaten anzeigte und den Papst dringend ersuchte, in eigener
Person nach Osten zu kommen. Antiochia, so erklärte der Führer des päpstlichen Heeres, sei ein vom heiligen Petrus begrün-
detes Bistum, und als Erbe Petri solle er dortselbst eingesetzt
werden. Das päpstliche Anliegen wurde durch die verhüllte
Zurückweisung der Rechte des rechtgläubigen Patriarchen Johannes von Antiochia und in einem feindseligen Ton gegenüber
den einheimischen christlichen ›Sekten‹, die des Irrglaubens be-
zichtigt wurden, sichtbar.

Infolge der Kampfhandlungen war in der Ebene von Antiochia die Ernte nicht eingebracht worden, und es herrschte weiter Knappheit an Lebensmitteln. Hauptsächlich um neue Verpflegung zu beschaffen, bereitete Raimund jetzt einen Raubzug
auf arabisches Gebiet vor. Noch ehe er sich für ein Ziel entschieden hatte, wurde er von Gottfried aufgefordert, mit ihm auf
einen gemeinsamen Feldzug nach der Stadt Azaz, an der Hauptstraße von Edessa und Turbessel nach Antiochia, zu kommen.
Emir Omar von Azaz hatte sich gegen seinen Oberherrn Riduan
von Aleppo erhoben, und dieser war ausgezogen, um ihn zu
bestrafen. Einer von Omars Heerführern hatte sich in die
Witwe eines lothringischen Ritters, die er gefangengenommen
hatte, verliebt; auf ihre Anregung hin wandte sich Omar an
Gottfried in Turbessel um Hilfe. Dieser leistete gern Folge, um
den Machtbereich seines Bruders auszudehnen. Raimund nahm

Gottfrieds Aufforderung an, bestand jedoch darauf, daß Omars Sohn als Geisel ausgeliefert werde, und Balduin nahte mit Truppen aus Edessa. Beim Herannahen des abendländischen Heeres zog sich Riduan von Azaz zurück; Omar wurde im Besitz der Stadt bestätigt und huldigte Balduin. Raimund konnte in der Umgegend Lebensmittel auftreiben, erlitt aber auf der Rückkehr durch türkische Überfälle aus dem Hinterhalt schwere Verluste. Die Episode zeigt nicht nur, daß die orientalischen Fürsten bereit waren, sich bei ihren Zwisten fränkischer Hilfe zu bedienen, sondern auch, daß die Franken durchaus willens waren, Orientalen zu ihren Vasallen zu machen. Von einem Religionskrieg war noch immer keine Rede.

Das Attentat

Bei seiner Rückkehr von Azaz verriet ein Armenier Balduin, daß eine Verschwörung gegen sein Leben im Gange sei. Zwölf der angesehensten Bürger der Stadt standen angeblich mit den türkischen Emiren der Gegend von Diarbekir in Verbindung. Der unmittelbare Anlaß sei, daß die angesehenen Bürger Edessas vom Rat des Grafen ausgeschlossen waren, in welchem nur Lothringer vertreten seien. Balduins Schwiegervater Thatul befand sich zu dieser Zeit in Edessa; die Vermählung seiner Tochter hatte erst kürzlich stattgefunden. Die Verschwörer, so hieß es, planten, ihn an Balduins Stelle zu setzen oder doch zumindest Balduin zu nötigen, mit ihm die Regierung zu teilen. Sobald er diesen Bericht vernahm, schlug Balduin zu. Die zwei führenden Verschwörer wurden verhaftet und geblendet; ihren wichtigsten Mitverschwörern wurden die Nasen oder Füße abgeschnitten. Eine große Anzahl Armenier, die im Verdacht der Mitwisserschaft standen, wurden in den Kerker geworfen, und ihre Vermögen beschlagnahmt. Nach der Gewohnheit geschäftstüchtiger Orientalen hatten sie ihr Geld jedoch so gut versteckt, daß Balduins Häscher es nicht zu finden vermochten. Folglich erlaubte Balduin ihnen gnädig, sich ihre Freiheit zurückzukaufen, und zwar zum Preis von zwanzig- bis sechzigtausend Hyperpyri pro Kopf. Thatul, dessen Verbindung mit den Verschwörern sich nicht beweisen ließ, hielt es dennoch für klug, sich eiligst von seinem schrecklichen Schwiegersohn hinweg und zurück in die Berge zu begeben. Er nahm den größten Teil der Mitgift der Gräfin, von der er bisher nur siebenhundert Hyperpyri ausbezahlt hatte, wieder mit.

Im Oktober zog Raimund erneut zur Proviantbeschaffung aus. Er hatte bereits Rugia am Orontes, etwa 50 km von Antiochia entfernt, besetzt. Von hier aus griff er die ein wenig weiter südöstlich gelegene Stadt Albara an. Die Bewohner, sämtlich Muslime, ergaben sich kampflos, wurden aber entweder niedergemacht oder als Sklaven nach Antiochia verkauft; die Stadt wurde sodann mit Christen neu besiedelt. Die Moschee wurde in eine Kirche umgewandelt.

So viel zur Toleranz der ›Soldaten Christi‹ im Vergleich zu den Romanen und Orientalen.

Raimund, stellvertretend für den verstorbenen päpstlichen Legaten, ernannte einen seiner Priester, Peter von Narbonne, zum Bischof von Albara. Das war die erste dokumentierte Umwandlung einer griechischen in eine lateinische Kirche während dieses ›Kreuzzugs‹. Wiewohl ein Lateiner, wurde der neue Bischof vom griechischen Patriarchen Johannes von Antiochia geweiht.

Der Zug nach Süden

Am 1. November begannen die Fürsten, sich in Antiochia zu versammeln, um die Reise nach Jerusalem zu besprechen. Raimund kam aus Albara, wo er den Großteil seiner Truppen zurückgelassen hatte. Gottfried ritt aus Turbessel herbei; der Graf von Flandern und der Herzog von der Normandie befanden sich bereits in Antiochia; und Bohemund, der in Kilikien krank gelegen hatte, traf zwei Tage später ein. Am 5. November versammelten sich die Fürsten und ihre Berater in der Kathedrale von St. Peter unter dem Vorsitz des romanischen Kommandanten. Es war sofort offenbar, daß zwischen Raimund und Bohemund kein Einvernehmen bestand. Bohemund beanspruchte die Stadt für sich »stellvertretend für den Kaiser«, der ihn mit der Wahrung seiner Interessen betraut habe; und Raimund bestand darauf, als Führer des päpstlichen Zuges und Heerführer des Kaisers die Stadt bis zur Ankunft des Kaisers zu regieren. Da sich beide als treue Gefolgsmänner des Kaiser ausgaben, hatte der romanische Kommandant keinen Grund, sich einzumischen. Die Auseinandersetzung dauerte mehrere Tage.

Inzwischen wurden die Soldaten und Pilger, die draußen auf eine Verlautbarung warteten, ungeduldig; und Gottfrieds Lothringer unterbreiteten den Führern ein Ultimatum. Darin erklärten sie, jene, die sich der Einkünfte Antiochias zu erfreuen wünschten, sollten es nur tun, und jene, denen der Sinn nach Geschenken vom Kaiser stehe, sollten auf ihn warten; sie selbst aber würden gen Jerusalem ziehen. Daraufhin beschlossen die Fürsten, die Truppen beschäftigt zu halten, bis sie nach Jerusalem aufbrächen. So verkündete man, die Festung Ma'arrat-al-Nu'man müsse eingenommen werden, um die Flanke des Heeres zu schützen, sobald es sich südwärts ins Heilige Land in Marsch setzte. Die Frage des Besitzes Antiochias wurde nicht geregelt; aber Bohemund wurde in seinem Besitz der Zitadelle und drei Vierteln der Stadt bestätigt, während Raimund die befestigte Brücke und den Palast Yaghi-Siyans behielt, welche er Wilhelm Ermingar unterstellte.

Am 23. November machten sich Raimund und der Graf von Flandern nach Rugia und Albara auf, und am 27. erreichten sie die Mauern von Ma'arrat-al-Nu'man. Der Sturmangriff auf die Stadt, den sie am nächsten Morgen versuchten, schlug fehl; und als Bohemund mit seinen Truppen am Nachmittag ankam und ein zweiter Angriff ebenfalls fehlschlug, wurde beschlossen, eine regelrechte Belagerung einzuleiten. Gottfried, der noch immer auf den Aufbruch wartete, konnte sich des Eindrucks nicht erwehren, daß die übrigen Fürsten jede erdenkliche Ausrede suchten, um ihr Versprechen, ihn bei der Reise nach Jerusalem zu unterstützen, nicht einzulösen. Alle Aktionen in der Umgegend, sei es die Einnahme von Azaz, Rugia und Albara oder die Belagerung von Ma'arrat-al-Nu'man, dienten der Ausweitung der Besitzungen um Antiochia zu einem Fürstentum Antiochien.

Obwohl die Stadt völlig eingeschlossen war, wurde zwei Wochen lang keinerlei Fortschritt erzielt. Jetzt mußte das umliegende Land nach Holz zum Bau von Belagerungsmaschinen abgesucht werden. Lebensmittel waren knapp; und ganze Abteilungen des Heeres verließen ihre Stellungen, um sich auf die Suche nach Korn und Gemüse zu machen. Schließlich, am 11. Dezember, wurde ein riesiger hölzerner Belagerungsturm auf Rädern, den die romanischen Mechaniker gebaut hatten, unter dem Befehl Wilhelms von Montpellier gegen einen der Stadttürme geschoben. Die Deckung, die das Gerüst gewährte, ermöglichte es den romanischen Technikern, die Mauer auf einer Seite des Stadtturms zu untergraben. Am Abend stürzte die Mauer ein, und eine Anzahl südfranzösischer Soldaten erzwang sich Eintritt in die Stadt und begann sie zu plündern. Am nächsten Morgen strömten die Kaiserlichen in die Stadt, machten jeden nieder, der ihnen in den Weg kam, und erzwangen sich Eintritt in die Häuser, die sie ausplünderten und niederbrannten. Die Männer wurden umgebracht und die Frauen und Kinder als Sklaven verkauft.

Nun begann der Streit zwischen Bohemund und Raimund um den Besitz dieser Stadt, obwohl die Besitzverhältnisse von Antiochia noch nicht entschieden waren. Um den Weihnachtstag teilten Vertreter der Südfranzosen, die »das Kreuz genommen hatten«, Raimund mit, sie würden ihn als Führer nur dann anerkennen, wenn er den Aufbruch des Heeres veranlasse. Bohemund ging aus dem Konflikt abermals als Sieger hervor und verdrängte den Führer des päpstlichen Heiligen Krieges aus dem Gebiet Antiochias, so daß dieser gezwungen war, sich weiter südlich ein Gebiet zu sichern, bei dem Bohemund nicht die Hand im Spiel hatte. Der »Erste Kreuzzug« des Papstes war gescheitert. Hugos »Kreuzzug« war ebenfalls vorerst mißlungen, denn der Kaiser hatte keine Verwendung für ihn; ein zweiter Roussel von Bailleul konnte er demnach nicht werden.

Raimund und Tripolis

Anfang 1099 ließ Raimund verkünden, das Heer sei im Begriff, nach Süden aufzubrechen, und zog von Ma'arrat-al-Nu'man nach Rugia, das jedoch nordwestlich lag. Also mußte Bohemund durch Unfrieden nachhelfen. Da er wußte, daß die Truppen Raimunds darauf drängten, gen Süden zu ziehen, schlug er am 4. Januar vor, den Abmarsch bis Ostern zu verschieben; dann würde er selbst mitziehen. Der romanische Kommandant erklärte, daß seine Befehle lauteten, Antiochia zu sichern und zu halten. Einen Weitermarsch gen Süden müsse man wohl auf eigene Verantwortung durchführen. Das verfehlte seine Wirkung nicht, und eine Meuterei zwang Raimund, am 13. Januar 1099 endgültig aufzubrechen. Er gab sich jedoch als Führer einer Pilgerfahrt aus, daher schritt er barfuß einher. Ihm zur Seite waren alle seine Lehensleute. Der Bischof von Albara und Raimund Pilet, Herr von Tel-Mannas, mußten ihre Städte Bohemund überlassen und Raimund begleiten. Auch die Besatzung, die er unter Wilhelm Ermingar in Antiochia belassen hatte, konnte sich gegen Bohemund nicht halten und eilte ihm nach.

Von den übrigen Fürsten zog Robert von der Normandie sofort aus, um sich ihm anzuschließen, begleitet von Tankred, der von Bohemund den Auftrag hatte, neue Gebiete für die Normannen zu sichern. Gottfried, der mit diesem Zug nichts zu tun haben wollte, wartete noch ein paar Wochen, bevor er Ende Februar *seine* Reise nach Jerusalem aufnahm. Von Balduin konnte er keine Hilfe erwarten, denn dieser mußte seine Grafschaft gegen Unsicherheiten im Innern und Expansionsgelüste Bohemunds von außen sichern.

Bei Kafartab, etwa 20 km südwestlich von Ma'arrat-al-Nu'man, blieb Raimund drei Tage, um seine Truppen neu zu verproviantieren. Hier schlossen sich ihm Robert von der Normandie und Tankred an, dieser mit »40 Rittern und vielen Fußsoldaten«. Dorthin kamen auch Abgesandte des Emirs von Schaizar am Orontes, etwa 25 km weiter südlich, die wegkundige Führer und billige Verpflegung anboten, falls die Pilger versprachen, in Frieden durch des Emirs Land zu ziehen. Raimund nahm das Angebot an, denn er dachte an ein Herrschaftsgebiet an der Küste, um mit dem Abendland in Verbindung bleiben zu können. Am 17. Januar geleiteten die Führer des Emirs die Pilgerschar zwischen Schaizar und Hama über den Orontes und von dort das Sarouttal hinauf. Am 22. erreichte die Pilgerschar – die Kampfstärke der Truppen betrug zu dieser Zeit lediglich eintausend Ritter und fünftausend Mann Fußvolk – die Stadt Masyaf, deren Herr sich beeilte, mit ihnen einen Vertrag zu schließen. Von hier wandte man sich nach Südosten, um das Helou-Bergmassiv zu umgehen. Am nächsten Tag gelangten sie zur Stadt Rafaniya, die von ihren Bewohnern verlassen, aber voll von Vorräten jeglicher Art war. Hier verweilte die Schar drei Tage und stieg dann in die Bukaia-Ebene hinab zwischen den Nosairibergen und dem Libanon.

Die Ebene wurde von der auf der Höhe erbauten mächtigen Festung Hosn al-Akrad (= Burg der Kurden) beherrscht, und Raimund fand sein erstes Ziel. Wer diese Festung besaß, kontrollierte den einzigen ungehinderten Zugang aus dem Inneren Syriens zum Meer. Die Bevölkerung wußte mit der Pilgerschar nichts anzufangen und räumte vorsorglich während der Nacht zum 29. Januar die Burg. Die zurückgelassene Beute war für die Ausgehungerten noch immer beträchtlich, und das Heer ließ sich zu einem dreiwöchigen Aufenthalt nieder. Mariä Lichtmeß wurde in der Burg gefeiert, die später unter dem Namen *Krak des Chevaliers* berühmt werden sollte.

Hier trafen Abgesandte des Emirs von Hama ein, die Geschenke und das Versprechen brachten, der Emir werde die neuen Besitzer nicht angreifen. Ihnen folgten Abgesandte des Emirs von Tripolis. Dieser forderte Raimund auf, Vertreter nach Tripolis zu entsenden, um Maßnahmen für den Durchzug der Pilgerschar bis zur Grenze zum Fatimidenreich nördlich von Beirut zu besprechen. Der Wohlstand Tripolis' machte auf die südfranzösischen Vertreter großen Eindruck; bei ihrer Rückkehr ins Lager erklärten sie Raimund, wenn er gegen eine der Festungen des Emirats einen Scheinangriff unternehme, werde der Emir gewiß eine große Summe zahlen, um sein übriges Gebiet vor Schaden zu behüten.

Raimund war zum Entschluß gekommen, die Gegend zu seiner Grafschaft zu machen; deshalb beauftragte er Raimund Pilet und den Grafen Raimund von Turenne damit, einen Überraschungsangriff auf Tortosa im Nordwesten, den einzigen guten Hafen zwischen Latakia und Tripolis, zu unternehmen. Dann befahl er seinem Heer, die Stadt Arka anzugreifen, die 25 km nordöstlich von Tripolis lag, wo die Bukaia-Ebene sich nach der Küste hin öffnet. Er langte am 14. Februar vor ihren Mauern an. Die beiden Raimund trafen mit einer kleinen Schar Truppen nach Einbruch der Dunkelheit am 16. Februar vor Tortosa ein. Sie zündeten eine Reihe von Lagerfeuern rings um die Stadtwälle an, um eine wesentlich größere Streitmacht vorzutäuschen. Die List hatte Erfolg. Der Statthalter von Tortosa, der dem Emir von Tripolis unterstand, machte sich mit seiner Garnison während der Nacht auf dem Seeweg davon. Am nächsten Morgen wurden den Südfranzosen die Tore der Stadt geöffnet. Auf diese Nachricht hin beeilte sich der Statthalter des 16 km weiter nördlich gelegenen Markiye, Raimunds Oberhoheit anzuerkennen.

DER PILGERZUG NACH JERUSALEM

Gegen Ende Februar machten sich Gottfried von Niederlothringen und Robert von Flandern aus Antiochia nach Latakia auf
den Weg, somit blieben Bohemund und der romanische Kommandant in Antiochia zurück. Gottfried zog an der Küste entlang und hatte keinerlei Absichten, sich dort festzusetzen. In
einem gemächlichen Tempo setzte er seine Reise nach Jerusalem
fort. In Tarsos erfuhr er von den beiden Raimund, daß die Südfranzosen vor Arka lagen. Obwohl er den Weg dorthin ein-
schlug, hatte er nicht vor, an einer Belagerung teilzunehmen,
die ihn nichts anging. Überraschenderweise schlossen sich vor
Arka Tankred und Robert von der Normandie Gottfried an,
nachdem sie erfahren hatten, daß Raimund bei Tripolis bleiben
wollte. Hier erreichten sie Abgesandte der Fatimiden mit der
Botschaft, wenn die Pilger jeglichen Versuch unterließen, mit
Gewalt in fatimidisches Gebiet einzudringen, werde ihnen freier
Zugang zu den heiligen Stätten gewährt werden, und man werde dem Pilgerzug jede Hilfe und Erleichterung zukommen lassen.

Und noch ein Petrus-Banner

Die Nachricht vom Tode seines Legaten Adhémar, Bischofs von
Le Puy, erreichte den Papst Anfang Oktober 1098 und bestätigte
ihm die Einnahme Antiochias durch seinen Heereszug. Der
Heilige Krieg unter dem Petrus-Banner war demnach ein voller
Erfolg, und daran hatten die Genuesen partizipiert. Durch diesen Erfolg ermutigt, plante Urban II. den nächsten Schlag gegen Romania und Alexios, diesmal mit Hilfe der Pisaner. Mit
dem Petrus-Banner und Erzbischof Dagobert (Daimbert) von
Pisa als päpstlichem Legaten startete nun ein Heiliger Krieg ge-

gen die griechischen Inseln. Dagobert war seit Anfang des Jahres sein Legat am Hofe des Königs Alfons VI. von Kastilien gewesen. Dort hatte sich der Pisaner bei seinen Bemühungen, die Kirche in den von den Mauren eroberten Ländern zu organisieren und vom mozarabischen zum lateinischen Ritus zu führen, als überaus eifrig und tüchtig erwiesen. Dagobert reiste vor dem Ende des Jahres 1098 aus Pisa ab. Er wurde von einer pisanischen Flotte begleitet (die dritte italienische Seerepublik nach Amalfi und Genua, die sich nach Osten aufmachte), die von der Kommune von Pisa ausgerüstet worden war; denn der Lohn für ihre Mithilfe waren Niederlassungs-Freibriefe und Handelsmonopole auf den zu erobernden Inseln.

Die Flotte suchte die Inseln Korfu, Leukas, Kephalonia und Zante heim. Nachricht von ihren Ausschreitungen traf bald in Konstantinopel ein, und man hielt sie für eine Piratenflotte. Der Kaiser schickte ihr eine eigene Flotte entgegen, die von Tatikios, der erst vor wenigen Monaten aus Antiochia zurückgekehrt war, und einem aus Italien gebürtigen Seemann namens Landolf befehligt wurde. Die Romanen versuchten, die Pisaner vor Samos abzufangen, trafen aber zu spät ein und erwischten sie auch bei Kos nicht. Schließlich wurden die beiden Flotten einander bei Rhodos ansichtig. Die Romanen versuchten, die Pisaner zum Gefecht zu stellen und erbeuteten eines der pisanischen Schiffe, das einen Verwandten Bohemunds an Bord hatte; aber ein plötzlich heraufziehender Sturm ermöglichte es den Pisanern, zu entwischen. Als nächstes versuchten die Pisaner eine Landung an der Küste von Zypern, wurden aber vom romanischen Statthalter Philokales mit einigen Verlusten abgeschlagen. Sie segelten nun zur syrischen Küste hinüber, während die romanische Flotte in Zypern einlief.

Im Lande der Fatimiden

Die Botschaft der Fatimiden erleichterte Gottfrieds Aufgabe, der eindringlich zur Annahme dieses Angebots riet. Raimund mußte ferner einsehen, daß eine erfolglose drei Monate lange

Belagerung keine Grafschaft begründen konnte; nachdem die übrigen Fürsten ihm den künftigen Anspruch auf dieses Gebiet bestätigt hatten, brach Raimund am Freitag, dem 13. Mai 1099, mit den anderen auf, um die ›Pilgerfahrt‹ nach Jerusalem fortzusetzen. Für den Emir von Tripolis waren sie nach wie vor eine Pilgerschar und keine Söldner des Kaisers von Romania, mit dem er keinen Krieg führte. Gottfrieds Zug verließ Tripolis am Montag, dem 16. Mai; er war von Führern begleitet, die der Emir zur Verfügung gestellt hatte und die ihn wohlbehalten über die gefährliche Straße um das Kap von Ras Schakka geleiteten. Er zog friedfertig, wie es sich für Pilger geziemte, durch des Emirs Städte Batrun und Dschebail und gelangte am 19. Mai beim Hundefluß an die fatimidische Grenze.

Hier erwarteten ihn Führer, die ihn reibungslos zu seinem Ziel geleiten sollten. Die Fatimiden waren große Pilgerzüge gewohnt, auch solche mit mehreren tausend Menschen in Begleitung bewaffneter Mannschaften. Daher erweckte Gottfrieds Zug nicht ihren Argwohn. Als der Zug sich Beirut näherte, eilten die Bewohner mit Proviant herbei, um den Durchzug nicht aufzuhalten; in raschem Marsch wurde der Zug weiter nach Sidon geführt, das er am 20. Mai erreichte. Bei Tyros verweilte er zwei Tage und verließ es am 23. Mai, überquerte ohne Schwierigkeit den als »Leiter von Tyros« bekannten Bergpaß sowie die Höhen von Nakura und langte am 24. vor Akkon an. Auch hier wurde der Pilgerzug mit Verpflegung überhäuft, womit man sich die Weiterreise erkaufte. Von Akkon zog die Pilgerschar nach Haifa und längs der Küste unter dem Berg Karmel vorbei nach Caesarea, wo sie vier Tage verweilte, um das Pfingstfest zu begehen.

Der Weitermarsch folgte der Küste nur bis Arsuf; dort wandte sich der Zug landeinwärts und traf am 3. Juni vor Ramleh ein. Ramleh war vor den türkischen Einfällen die Verwaltungshauptstadt der Provinz gewesen, hatte aber in jüngster Zeit an Bedeutung verloren. Das Herannahen des bewaffneten Pilgerzugs ließ die Einwohner an eine Invasion der Romanen denken. Sie flohen samt und sonders aus ihren Heimstätten gen Südwesten. Als Robert von Flandern und Gaston von Béarn mit der

Vorhut in die Stadt einritten, fanden sie die Straßen leer und die Häuser verlassen. Die Fürsten dachten daran, sich den Hochsommer über hier aufzuhalten und erst im Herbst Jerusalem aufzusuchen. Gottfried wollte davon nichts wissen und stellte es ihnen frei, sich ihm anzuschließen. Am 6. Juni nahm er den Zug nach Jerusalem wieder auf. Die fatimidischen Führer zeigten ihnen den Weg und verabschiedeten sich. Denn der Pilgerzug hatte sich während einer Zeit von achtzehn Tagen als diszipliniert und gut geführt erwiesen. Mit irgendwelchen Ausbrüchen war daher nicht zu rechnen.

Als man durch das Dorf Emmaus zog, trafen Abgesandte der Stadt Bethlehem ein, deren rein rechtgläubige Bevölkerung, von der Kunde angezogen, Romanen seien in großer Zahl ins Land eingedrungen, die Pilgerschar in ihre Stadt umzuleiten suchten, da sie in der Gunst der Pilger stets hinter Jerusalem rangierte. Tankred und Balduin von Le Bourg ritten unverzüglich mit einer kleinen Schar über die Hügel nach Bethlehem. Sie kamen mitten in der Nacht an. Als der Morgen dämmerte, veranstaltete die Stadt die übliche Prozession mit allen ihren Reliquien und den Kreuzen der Geburtskirche, um die Pilger zu begrüßen. Diese jedoch nahmen die Stadt in Besitz.

Vor Jerusalem

Unterdessen drängte Gottfrieds Zug im Eilmarsch den ganzen Tag und die Nacht hindurch nach Jerusalem weiter. Am nächsten Morgen stießen hundert Ritter von Tankreds Schar aus Bethlehem wieder zu ihm. Etwas später am gleichen Morgen erreichte er bei der Moschee des Propheten Samuel, auf der Hügelspitze, welche die Pilger Montjoie nannten, die Höhe der Straße; Jerusalem mit seinen Mauern und Türmen erhob sich vor ihnen in der Ferne. Am Abend jenes Dienstag, 7. Juni 1099, schlug Gottfried vor der Heiligen Stadt sein Feldlager auf. Und die Belagerung begann, die neununddreißig Tage bis zum 15. Juli andauern sollte. Die Kampfstärke der Belagerer – nach Raimund von Aguilers – bestand jetzt aus zwölf- bis dreizehnhundert Rittern und zwölftausend Mann Fußvolk. Hinzu kamen noch viele Pilger, deren Zahl er nicht abzuschätzen versuchte, sowie Männer, die zum Kämpfen zu alt oder zu krank waren, Frauen und Kinder.

Betrachtet man die Geschichte des Ersten Kreuzzugs aus historischer Sicht, ohne auf die nachträgliche Heilsgeschichte der Chronisten der einzelnen Heereszüge Rücksicht zu nehmen, so stellt man fest, daß Gottfried während der ganzen Zeit seit seiner Ankunft in Konstantinopel, ja sogar seit seinem Aufbruch aus Lothringen, keinerlei kriegerische Einzeltaten vollbracht hatte. Die einzige Verwundung, die uns überliefert wird, rührte Anfang August 1098 von einem Bären her, den er gejagt hatte. Seit Ende Februar 1099, als er Antiochia verlassen hatte, führte er zielstrebig einen *Pilgerzug* gen Süden, benahm sich unauffällig und wurde bei allen Städten auf dem Weg mit Verpflegung versorgt. Bis er vor Jerusalem anlangte, gab es nicht eine einzige Kampfhandlung. Weder von einem Heiligen Krieg noch von einem Kreuzzug kann hier also die Rede sein. Endlich stand Gottfried vor dem lang ersehnten Ziel, der Stadt seiner ›Herkunft‹.

Die Mauern, unter denen sich die Abendländer befanden, waren während des Wiederaufbaus der Stadt unter Hadrian angelegt worden; und Romanen, Araber und Fatimiden hatten sie jeweils erweitert und neu instandgesetzt. Im Osten wurde die Stadtmauer durch die Steilhänge der Schlucht von Kedron geschützt. Im Südosten fiel das Gelände nach dem Tal von Gehenna ab. Ein drittes, kaum weniger tiefes Tal lief die Westmauer entlang. Nur im Südwesten, wo die Mauer über den Berg Zion verlief, sowie längs der Nordmauer ermöglichte das Gelände einen Angriff auf die Befestigungen. Die Zitadelle, die Davidsburg, stand auf halber Höhe der Westmauer und beherrschte die Straße, die schräg den Berghang hinauf zum Jaffator lief. Obwohl sich innerhalb der Ringmauern keine Quellen befanden, war die Wasserversorgung durch zahlreiche Zisternen gesichert. Die römische Wasserleitungsanlage bewahrte die Stadt vor Seuchen.

Die Verteidigung lag in den Händen des fatimidischen Statthalters Iftikhâr-al-Daula. Die Mauern waren in gutem Zustand. Er verfügte über eine starke Besatzung aus arabischen und sudanesischen Truppen und hatte nicht erwartet, daß der Pilgerzug, der es in Begleitung von amtlichen Führern bis vor seine Stadt geschafft hatte, sich plötzlich als Wölfe im Schafspelz entpuppen und in Truppenformation aufstellen würde. Freilich betrachtete er sie als Söldner des romanischen Kaisers, denn aus dem Westen hatte der arabische Orient zu keiner Zeit eine Invasion erlebt. Als erste strategische Maßnahme ordnete der Statthalter an, daß sämtliche Christen die Stadt verlassen sollten, denn die meisten Belagerungen wurden durch Verrat von innen entschieden, und der Kaiser war der Schirmherr der Christen der Stadt. Iftikhâr-al-Daula ließ die Vieh- und Schafherden von ihren Weideplätzen rings um die Stadt an sichere Orte treiben. Gleichzeitig sandte er eiligst Boten nach Ägypten, um Waffenhilfe zu erbitten.

Robert von der Normandie stellte sich längs der Nordmauer gegenüber dem Blumentor (Herodestor) auf, und Robert von Flandern auf seiner Rechten gegenüber dem Säulentor (St.-Stephans- oder Damaskustor). Gottfried von Niederlothringen übernahm den Abschnitt gegenüber der Nordwestecke der Stadt bis hinab zum Jaffator. Hier schloß sich ihm Tankred an, der erst aus Bethlehem herangeritten kam, als das Heer bereits Stellung bezogen hatte, und Schafherden mitbrachte, die er unterwegs erbeutet hatte. Südlich von ihm befand sich Raimund von Toulouse, der zwei oder drei Tage später zum Berg Zion hinaufzog, als er festgestellt hatte, daß das Tal ihn zu weit von der Mauer fernhielt. Der östliche und südöstliche Abschnitt blieben ungedeckt. Zunächst machten die Belagerer Sturmleitern und griffen mit Feuereifer die Verteidigungswerke der Nordmauer an, jedoch vergebens.

Im Süden der Stadt erhebt sich der Berg Zion, auf dessen Gipfel sich damals die Ruine einer alten Basilika befand. Hier fand am 15. Juni ein Kriegsrat statt, bei dem beschlossen wurde, keine weiteren Angriffe zu unternehmen, bis man mit Steinschleudern und weiteren Sturmleitern versehen sei. Noch am selben Tag fand hier eine geheime Beratung statt, deren Teilnehmer nicht überliefert sind, an der jedoch Petrus von Amiens und die Mönche der Abtei Orval beteiligt waren. Bei diesem Treffen wurde die Basilika in die Abtei Notre-Dame du Mont de Sion umbenannt. Die Mönche von Orval nahmen den Doppelnamen ›Sainte-Marie du Mont Syon et du Saint-Esprit‹ an. Petrus von Amiens wurde damit beauftragt, die Bräuche und Gepflogenheiten des neuen Ordens zu formulieren. Und hier gründete Gottfried den Ritterorden ›Chevaliers de l'Ordre de Notre-Dame de Sion‹.

Am 17. Juni liefen sechs Schiffe in den Hafen von Jaffa ein, die zum genuesischen Geschwader gehörten, das seinerzeit vom Kaiser angeheuert worden war, um Baumaterial nach Antiochia zu bringen. Auch diesmal waren sie im Auftrag des Kaisers unterwegs und führten geeignetes Material für die Belagerung von Jerusalem an Bord, darunter Seile, Nägel und Bolzen sowie Mechaniker, die für den Bau von Belagerungsmaschinen benötigt wurden. Allein diese Tatsache zeigt, daß der Kaiser die Belagerung von Jerusalem durch Gottfrieds Heer als seinen Vasallen gutgeheißen und gefördert hatte. Freilich mußte er nach außen hin die Vereinbarung mit den Fatimiden auf Nichteinmischung südlich des Hundeflusses respektieren, deshalb bediente er sich des genuesischen Geschwaders statt der romanischen Flotte. Bis die Fracht an Land gebracht wurde, war die ägyptische Flotte auf die Schiffe aufmerksam geworden und hatte Jaffa versperrt. Eines der Schiffe schlüpfte durch die Sperre hindurch und segelte zurück nach Latakia, die übrigen wurden von ihren Besatzungen aufgegeben. Die Mechaniker und Matrosen zogen unter dem Geleit Raimund Pilets zum Feldlager vor Jerusalem, wo sie hochwillkommen waren.

Nun galt es, Holz zum Bau der Maschinen aufzutreiben. Auf den kahlen Hügeln rings um Jerusalem war nur wenig zu finden; die Belagerer mußten meilenweit im Umkreis zusammensuchen, was sie brauchten. Erst als Tankred und Robert von Flandern bis in die Wälder rund um Samaria vordrangen und schwer beladen mit Stämmen und Brettern zurückkehrten, die von Kamelen oder Gefangenen geschleppt wurden, konnte die Arbeit beginnen. Sturmleitern wurden gezimmert; Raimund und Gottfried begannen ein jeder mit dem Bau eines hölzernen

Belagerungsturms, der mit Rädern und Schleudern versehen war. Gaston von Béarn beaufsichtigte den Bau von Gottfrieds Turm, und Wilhelm Ricou den Raimunds. Am Freitag, dem 8. Juli, zog eine feierliche Prozession barfuß um die Stadt zum Ölberg hinan. Hier predigte ihr Petrus von Amiens und hernach Raimunds Feldprediger, Raimund von Aguilers, und der Feldkaplan Roberts von der Normandie, Arnulf von Rohes. Am 10. Juli waren die hölzernen Bauwerke fertig und wurden an die ihnen bestimmten Plätze gerollt, der eine Turm gegen die Nordmauer, der andere gegen den Berg Zion.

Am Abend des 14. Juli gelang es Raimunds Leuten, ihren Turm über den tags zuvor ausgefüllten Graben an die Mauer heranzuschieben. Aber Raimund konnte auf der Mauer selbst nicht Fuß fassen. Am nächsten Morgen schob sich Gottfrieds Turm in der Nähe des Blumentors gegen die Nordmauer. Gottfried und sein Bruder Eustachius von Boulogne befehligten den Angriff vom obersten Stockwerk des Turmes aus. Um die Mittagsstunde gelang es ihnen, eine Brücke vom Turm zum Mauerrand hinüberzuschlagen; und zwei flämische Ritter aus Boulogne, Litold und Gilbert von Tournai, führten die erprobtesten Einheiten des lothringischen Heeres hinüber, denen Gottfried bald darauf selbst folgte. Jetzt, da ein Abschnitt der Mauer genommen war, vermochten die Angreifer in großer Zahl über Sturmleitern in die Stadt einzusteigen.

Während Gottfried auf der Mauer blieb, die Nachkommenden anfeuerte und Leute ausschickte, um das Säulentor der Hauptmacht des Heeres zu öffnen, drangen Tankred und seine Leute, die dicht hinter den Lothringern über die Mauer gekommen waren, tief in die Straßen der Stadt ein. Die Bewohner flohen zum Tempelplatz, wo der Felsendom und die al-Aksa-Moschee standen; während sie in die Moschee hinein und auf das Dach drängten, fiel Tankred über sie her. Sie ergaben sich ihm unverzüglich, versprachen schweres Lösegeld und nahmen sein Banner entgegen, um es auf der Moschee aufzupflanzen. Er hatte den Felsendom bereits entweiht und ausgeplündert.

Inzwischen flohen die Bewohner der Stadt in höchster Verwirrung in die südlichen Viertel, wo Iftikhâr-al-Daula noch gegen Raimund aushielt. Am frühen Nachmittag erkannte er, daß alles verloren war. Er zog sich in die Davidsburg zurück und bot an, sie zusammen mit einer großen Summe Goldes an Raimund zu übergeben, wenn man ihm und seiner Leibwache dafür das Leben ließ. Raimund nahm die Bedingungen an und besetzte die Burg. Der Statthalter und seine Leute wurden wohlbehalten aus der Stadt hinausgeleitet, und man erlaubte ihnen, sich mit der Garnison von Askalon zu vereinigen. Die ›Soldaten Christi‹ waren wie von Sinnen über ihren Sieg, rasten wie besessen durch Straßen, Häuser und Moscheen und machten jeden nieder, der ihnen in den Weg kam, Männer, Frauen und Kinder ohne Unterschied. Da die christlichen Bewohner die Stadt verlassen hatten, waren ihre Opfer Muslime und Juden. Der Massenmord währte den ganzen Nachmittag und die folgende Nacht hindurch. Tankreds Banner bot den Flüchtlingen in der al-Aksa-Moschee keinen Schutz. Früh am nächsten Morgen erzwang sich eine Rotte Eintritt in die Moschee und erschlug sie samt und sonders. Die Juden hatten sich geschlossen in ihre Hauptsynagoge geflüchtet, aber es gab kein Mitleid für sie. Das Gebäude wurde in Brand gesteckt; in seinem Innern fanden alle den Feuertod. Als keiner mehr übrig war, den man hätte erschlagen können, begaben sich die Fürsten in feierlichem Zug durch die verödeten christlichen Viertel zum Dankgottesdienst in die Heilige Grabeskirche.

Gottfried König von Jerusalem

Sodann traten sie am 17. Juli zusammen, wo Gottfried wie selbstverständlich von den Mönchen von Orval als Wahlmännern die Krone angeboten wurde. Schließlich war er aufgebrochen, nachdem er alles verkauft hatte, was er besaß, um sein ›rechtmäßiges‹ Erbe als Nachkomme des Hauses David anzutreten. Zwar lehnte er den Königstitel ab, dennoch regierte er als Fürst *(princeps)*. Ob er den Titel *Advocatus Sancti Sepulchri* (Verteidiger/Vogt des Heiligen Grabes) geführt hat, ist aus den zeitgenössischen Quellen nicht klar erkennbar. Es bleibt dahingestellt, ob Gottfried dem Papst eine Mitteilung von der Eroberung der Heiligen Stadt gemacht hat oder nicht, denn er hatte dazu keine Veranlassung. Er hatte sein Ziel erreicht und die Stadt seiner ›Ahnen‹ zurückerobert. Selbst wenn er eine Botschaft nach Rom geschickt hätte, wäre sie zu spät angekommen, denn Papst Urban II. starb am 29. Juli 1099 in Rom, noch ehe die Nachricht ihn hätte erreichen können.

Am 1. August wählte man den Feldgeistlichen Roberts von der Normandie, Arnulf Malecorne von Rohes, zum Patriarchen. Arnulf war Hauslehrer der Tochter Wilhelms des Eroberers, der Nonne Cäcilia, gewesen, und sie hatte ihren Bruder Robert veranlaßt, ihn in seine Dienste zu nehmen und ihm ein Bistum zu versprechen. Nun machte er sich daran, das Bistum zu latinisieren. Mit Gottfrieds Billigung setzte er zwanzig Domherren unter dem Namen »Kanoniker der Kirche des glorreichen Grabes des Herrn« am Heiligen Grab ein (später hießen sie bei den Chronisten »Kanoniker der Kirche der Auferstehung des Herrn«, um die offensichtliche Beziehung zum von Gottfried angenommenen Titel zu verschleiern, da er ihnen vorgestanden hatte), die täglich Gottesdienste abzuhalten hatten, stellte ihnen Glocken zur Verfügung, um das Volk zum Gebet zu rufen, und stattete sie mit reichen Pfründen aus. Die Ritter und Mönche, die sich in der Grabeskirche einrichteten, schlossen sich mit Billigung Gottfrieds (also noch vor dessen Tod am 18. Juli 1100) zu einem Orden zusammen: dem Ritterorden vom Heiligen Grab. Als nächsten Schritt verbannte er die Priester der östlichen Riten, die bisher in der Kirche Gottesdienste abgehalten hatten, aus der Grabeskirche; diese hatte bis dahin Altäre sämtlicher Sekten der östlichen Christenheit, nicht nur der rechtgläubigen Griechen und Georgier, sondern auch der Armenier, Jakobiten und Kopten beherbergt.

Die arabische Stadt Nablus, die von Christen bewohnt war, schickte Abgesandte nach Jerusalem und unterstellte sich den neuen Herren. Daraufhin machte sich Tankred dorthin auf den Weg, Gottfried schickte seinen Bruder Eustachius mit ihm, um zu verhindern, daß Tankred wie in Bethlehem die Stadt für sich in Besitz nahm. Kurz danach erschien eine ägyptische Gesandtschaft in Jerusalem, um den Eroberern wegen ihres Vertrauensbruchs Vorhaltungen zu machen und ihnen zu befehlen, das Heilige Land zu räumen. Ihr folgte die Nachricht, daß das ägyptische Heer unter dem persönlichen Befehl des Reichskanzlers al-Afdal die palästinensische Grenze überschritten habe und gegen Askalon vordringe. Am 9. August brachen Gottfried und Robert von Flandern mit ihrem gesamten Heer von Jerusalem auf, um das Land an sich zu bringen. Nur eine winzige Besatzung blieb in der Stadt zurück. Als Statthalter Gottfrieds in Jerusalem fungierte niemand anderer als Petrus von Amiens. War der Heilige Krieg des Papstes auch gescheitert, Gottfrieds Reise nach Jerusalem war ein voller Erfolg.

EPILOG

Aus unserer ausführlichen Betrachtung geht eindeutig hervor,
- daß der erste Kreuzzug gar kein Kreuzzug war, sondern ein Heiliger Krieg mit Petrus-Banner und päpstlichem Legaten;
- daß der erste Heilige Krieg mit Petrus-Banner und päpstlichem Legaten bereits 1024 stattgefunden hat mit dem Ziel, das Land Polen sowie seine Kirche der Oberhoheit der römisch-lateinischen Kirche unterzuordnen;
- daß der zweite Heilige Krieg mit Petrus-Banner und päpstlichem Legaten 1059 gegen Süditalien gerichtet war mit dem Ziel, die romanischen Gebiete und die dortige griechische Kirche der Oberhoheit der römisch-lateinischen Kirche unterzuordnen;
- daß der dritte Heilige Krieg mit Petrus-Banner und päpstlichem Legaten 1063 Kastilien gegolten hat mit dem Ziel, das Land und seine mozarabische Kirche der Oberhoheit der römisch-lateinischen Kirche unterzuordnen;
- daß der vierte Heilige Krieg mit Petrus-Banner und päpstlichem Legaten 1063 gegen Ostsizilien geführt worden ist mit dem Ziel, das romanische Gebiet und seine griechische Kirche der Oberhoheit der römisch-lateinischen Kirche unterzuordnen;
- daß der fünfte Heilige Krieg mit Petrus-Banner und päpstlichem Legaten 1064 Aragón gegolten hat mit dem Ziel, das Land und seine mozarabische Kirche der Oberhoheit der römisch-lateinischen Kirche unterzuordnen;
- daß der sechste Heilige Krieg mit Petrus-Banner und päpstlichem Legaten 1066 gegen England gerichtet war mit dem Ziel, das Land und seine keltische Kirche der Oberhoheit der römisch-lateinischen Kirche unterzuordnen;
- daß der siebente Heilige Krieg mit Petrus-Banner und päpstlichem Legaten 1069 Kleinasien (der Provinz Galatien) gegolten hat mit dem Ziel, das romanische Gebiet und seine griechische Kirche der Oberhoheit der römisch-lateinischen Kirche unter-

zuordnen, wobei man sich der List bediente, den Beauftragten als Söldner in den Dienst des romanischen Kaisers einzuschleusen;

• daß der achte Heilige Krieg mit Petrus-Banner und päpstlichem Legaten 1074 dem normannischen Herzog von Apulien und vormaligen Vasallen des Papstes gegolten hat mit dem Ziel, das Gebiet und dessen für ketzerisch erklärte Kirche der unmittelbaren Oberhoheit der römisch-lateinischen Kirche unterzuordnen;

• daß noch drei oder vier weitere Heilige Kriege mit Petrus-Banner und päpstlichem Legaten gefolgt sind, bevor Papst Urban II. 1095 zum Heiligen Krieg mit Petrus-Banner und päpstlichem Legaten gegen Antiochia aufrief mit dem Ziel, das griechische Patriarchat von Antiochia durch einen Patriarchen der römisch-lateinischen Kirche zu ersetzen sowie Stadt und Kirche der Oberhoheit der römisch-lateinischen Kirche unterzuordnen;

• daß Hugo von Vermandois 1096 zu einem Heiligen Krieg mit Petrus-Banner und päpstlichem Segen ausgestattet wurde, um – als Söldner im Dienste des romanischen Kaisers – diesem Kappadokien in Kleinasien zu entreißen und es mit seiner griechischen Kirche der Oberhoheit der römisch-lateinischen Kirche unterzuordnen;

• daß der Papst noch 1098 einen weiteren Heiligen Krieg mit Petrus-Banner und päpstlichem Legaten gegen die griechischen Inseln im Romanenreich geschickt hat mit dem Ziel, diese dem romanischen Kaiser zu entreißen und sie nebst ihrer griechischen Kirche der Oberhoheit der römisch-lateinischen Kirche unterzuordnen;

• und daß der Höhepunkt dieser Heiligen Kriege gegen Romania und seine Kirche mit dem sogenannten vierten Kreuzzug 1204 dazu geführt hat, den Kaiser aus Konstantinopel zu vertreiben, das Patriarchat zu übernehmen und einen ›lateinischen‹ Kaiser einzusetzen.

Wohl waren diese Unternehmungen als Heilige Kriege deklariert, jedoch nicht gegen den Islam oder das Judentum, sondern ausschließlich – so schmerzlich dies für unser ererbtes

Empfinden auch sein mag – gegen für ketzerisch oder irrgläubig erklärte christliche Kirchen. Und sie alle waren vom sogenannten Reformpapsttum initiiert worden. Dabei waren die Reformpäpste im Grunde genommen Oppositionelle, Gegenpäpste, da sie gegen ihre bisherige Ernennung durch den Kaiser opponiert haben. Ihre Ideologie stammte aus der Symbiose der weltlich-exoterischen Kirche im Westen mit der esoterisch-keltischen Kirche in Bobbio (Norditalien) durch Romuald von Ravenna, den Gründer des Kamaldulenserordens (auch Romualdiner genannt); sie wurde durch den Kirchenlehrer Petrus Damiani und den Zögling der Kamaldulenser, Hildebrand, den Architekten des Reformpapsttums, vertreten. Diese Päpste waren derart von ihrer Sendung und ihrem Anspruch überzeugt, die gesamte Christenheit zu führen, daß man sie getrost als radikal-orthodox bezeichnen kann. Sie wollten und konnten niemand neben sich dulden; sie waren von der Unfehlbarkeit ihres Ritus völlig überzeugt, und bis zur Unfehlbarkeit des Papstes fehlte nur noch ein Schritt.

Unter diesen Umständen verwundert es nicht, daß der ›Gegenpapst‹ den deutsch-römischen Kaiser nicht eingeladen hat, am ›Kreuzzug‹ teilzunehmen; das Gegenteil hätte uns wundern müssen, denn Heinrich IV. war bis 1097 in Norditalien mit dem Kampf gegen diesen ›Gegenpapst‹ beschäftigt. Gottfried von Niederlothringen war zwar ein Reichsfürst, sein Kriegszug nach Jerusalem war jedoch weder vom Papst aufgerufen, noch von diesem bestätigt worden. Er hatte ihn als Nachkomme der Merowinger und des Hauses David unternommen, nicht als Vasall des deutsch-römischen Reiches.

Die Bezeichnung ›Kreuzzug‹ kam erst im 15. Jahrhundert auf, und das allein ist interessant genug: 1341 spaltete sich das Romanenreich und wurde durch äußere Gegner (Serben, Türken) und innere Unruhen mehr und mehr geschwächt. Gegen das neue mit Bulgarien verbündete Großreich der Serben, dessen Herrscher Stefan Duschan sich zum Kaiser (von Romania) hatte krönen lassen, rief der romanische Gegenkaiser 1353 die in Kleinasien siegreichen Türken zu Hilfe. Diese setzten nach Europa über, eroberten 1361 Adrianopel und machten es 1366 zu ihrer

Hauptstadt. In der Schlacht auf dem Amselfeld schlugen die Türken 1389 die vereinigten Serbenfürsten und eroberten Serbien. Romania war bereits 1390 in starker politischer Abhängigkeit von den Türken. 1393 wurde Bulgarien türkische Provinz. Das von Sigismund, dem römisch-deutschen Kaiser und ungarischen König, geführte Heer wurde 1396 bei Nikopolis von der überlegenen Militärmacht der Osmanen vernichtet. 1422 belagerten die Türken Konstantinopel und eroberten 1430 Saloniki. Bei alledem war der Papst nicht bereit, sich zur ›Rettung‹ der irrgläubigen Christen von Romania, Bulgarien und Serbien zu verwenden; auch als der Kaiser Johannes VIII. von Romania 1439 keinen anderen Weg mehr wußte, als sich auf dem Konzil zu Florenz zur kirchlichen Unterwerfung unter Rom bereitzuerklären, blieb die westliche Hilfe gegen die Türken aus. Erst als die römisch-lateinischen Gebiete Kroatien und Ungarn bedroht wurden, predigte Papst Eugen IV. 1440 den *Kreuzzug* gegen die Türken.

Vier Jahre später erklärte ein albanischer Fürst namens Skander-Beg (= Herr Alexander) den Türken den Krieg, und sein Oberlehnsherr, der orthodoxe König Georg von Serbien, schloß sich ihm an. Der Papst selbst und der König von Aragón versprachen, je zehn Galeeren nach Osten zu schicken. König Sigismunds Bastardsohn Johannes Corvinus, genannt Hunyadi, der Woiwode des katholischen Königs Wladislaw von Polen in Siebenbürgen, schickte sich an, das ungarische Heer über die Donau zu führen. Aber mit dem vollständigen Sieg der Osmanen bei Varna (10. November 1444) brach der Feldzug zusammen.

Erst bei dieser Schlacht wurde der Begriff Kreuzzug im Kampf gegen die Türken kreiert. Das bestätigt, daß die früheren Heiligen Kriege, die noch nicht Kreuzzüge hießen, nicht gegen z. B. die Türken gerichtet waren. Seit 1083 eroberten nordspanische Könige Gebiete Spaniens von den Arabern zurück, ohne daß dies als Heiliger Krieg oder Kreuzzug bezeichnet wurde: 1083 eroberte Kastilien Madrid, 1085 Toledo, 1118 eroberte Aragón Saragossa, 1147 eroberte Portugal Lissabon, 1229 gewann Aragón die Balearen, 1236 übernahm Kastilien Córdoba,

1238 ging Valencia an Aragón verloren, 1248 eroberte Kastilien Sevilla, die Hauptstadt des arabischen Spanien; 1251 eroberte Portugal Algarve und erreichte seine heutige Größe. Cadiz ging 1262 und Algeciras 1344 an Kastilien und Granada schließlich 1492. Dennoch nennt man diese Kriege *Reconquista* (Rückeroberung) und glorifiziert sie nicht als Kriege des Christentums gegen den Islam. Selbst als die Normannen 1090 Malta eroberten und sich 1146 in Tunis (Tunesien) und Tripolis (Libyen) festsetzten, sprach man nicht von Religionskrieg bzw. Kreuzzug.

Auch hießen die Kreuzfahrer des ersten Kreuzzugs nicht Franken, da sie keine waren. Für die Romanen waren sie Kelten, die Grafschaft von Edessa und das Königreich von Jerusalem wurden von Lothringern gegründet, das Fürstentum Antiochien gar von Normannen. Erst der zweite Kreuzzug 1147 wurde vom französischen König geführt und scheiterte 1148 vor Damaskus, seitdem heißen die Europäer im Orient Franken (arabisiert frandschi).

Von 1098 bis 1291 unterhielten die Abendländer nahezu zwei Jahrhunderte lang eigene Staaten in der Levante, jenseits des Meeres (französisch *outremer*), dennoch verstanden sie diese nicht als Kolonien. Erst der Kolonialgeist der erwachenden europäischen Nationen des 19. Jahrhunderts glorifizierte plötzlich diese Unternehmungen gegen den Osten zum ersten Kolonialschlag Europas gegen den Orient (Frankreich bezeichnete gar Algerien als ›France outremer‹!), und die erstarkende katholische und evangelische Missionstätigkeit im selben Zeitraum stilisierte sie zu Kreuzzügen des Christentums gegen den Islam hoch. Dieser Trend hält leider noch heute an, wenn wir im Zusammenhang vom Bürgerkrieg im ehemaligen Jugoslawien von Kroaten, Serben und *Muslimen* statt Bosniern sprechen; oder wenn wir bei den Kämpfen um Israel von Arabern und *Juden* statt Israelis sprechen. In Israel gibt es schließlich arabische Juden, arabische Christen und arabische Muslime!

Jetzt, zu einer Zeit, da wir den Nationalismus zu überwinden trachten und uns säkular und aufgeklärt geben, laufen wir erneut Gefahr, die Bewegung der ›Kreuzzüge‹ in einer radikalen Form zu idealisieren und als Bollwerk gegen den fundamentalistischen

Islam aufzurichten. Die englisch-preußische Judenmission im Heiligen Land in den Vierzigern des vergangenen Jahrhunderts spricht eine andere Sprache. Das Ziel des ersten Kreuzzugs war zu keiner Zeit die Befreiung der Christen im Heiligen Land vom Joch des Islam. Erinnern wir uns:

In Jerusalem enthielt die Grabeskirche Altäre sämtlicher Sekten der östlichen Christenheit – die Christen, wie auch die Juden, lebten dort unter Führung ihres jeweiligen Oberhaupts nach dem Kanon ihrer Religion und hatten autonome Befugnisse über Eheschließung, Scheidung, Taufe, Erbschaft und lokale Gerichtsbarkeit, welche die jeweilige Gemeinde betraf. Von einer Unterdrückung konnte daher keine Rede sein. Daß der Statthalter angesichts der Belagerung Jerusalems durch ›Söldner des romanischen Kaisers‹ als Sicherheitsmaßnahme befohlen hatte, die gesamte christliche Bevölkerung möge sich außerhalb der Stadtmauern begeben, ist militärtechnisch nachvollziehbar: Nahezu jede belagerte Stadt wurde durch Verrat von innen den Belagerern zugespielt. Da der christliche Kaiser die Stadt belagerte, lag es auf der Hand, daß dieser Verrat durch einen Christen aus der Bevölkerung hätte verübt werden können. Die Maßnahme kann daher schwerlich als Bedrückung oder Diskriminierung der Christen verstanden werden. Aber sobald man einen lateinischen Patriarchen für Jerusalem gewählt hatte, verbot dieser sämtlichen östlichen Christen den Gottesdienst in der Grabeskirche! Mehr noch: Er hatte die rechtgläubigen Priester in Verdacht, bei ihrer Ausweisung durch den Statthalter die heiligste Reliquie der Kirche von Jerusalem, nämlich das Hauptstück des echten Kreuzes, mitgenommen zu haben. Sie waren nicht gewillt, sie jetzt einem Patriarchen auszuhändigen, der sich über ihre Rechte hinwegsetzte. Erst als dieser zur Folter griff, konnte er die Hüter der Reliquie zwingen, ihr Versteck preiszugeben! Bedürfen wir eines deutlicheren Beweises?

Viele Autoren sind davon ausgegangen, daß der Erste Kreuzzug nicht Romania selbst gegolten habe, daß der Papst und die Ostkirche sich versöhnt und das Schisma aufgehoben hätten. Doch diese Meinung zeigt Mangel an Verständnis für das Anliegen des Papstes:

Nach dem Tode Robert Guiskards im Jahr 1085 war dessen Bruder Roger von Sizilien als der Mächtigste unter den Normannen hervorgegangen; und Roger hegte keinen Wunsch, Romania weiterhin vor den Kopf zu stoßen. Mit seinem wohlwollenden Einverständnis leitete Urban Verhandlungen mit dem romanischen Hof ein. Auf dem Konzil zu Melfi, im September 1089, hob er im Beisein der Botschafter des Kaisers den Bann gegen Alexios auf. Alexios ging auf diese Geste ein, indem er im gleichen Monat eine Synode zu Konstantinopel abhielt; diese befand, daß der Name des Papstes aus den Registern »nicht auf Grund eines kanonischen Beschlusses, sondern gleichsam aus Achtlosigkeit« fortgelassen worden war, und schlug vor, die Eintragung sofort nach Erhalt eines Empfehlungsschreibens vom Papst wiederherzustellen. Es bestehe, so erklärte die Synode, kein wirklicher Grund für irgendeinen Zwist zwischen den Kirchen, und sie empfahl, Rat und Meinung der Patriarchen von Alexandria und Jerusalem hierzu einzuholen. Der Patriarch von Antiochia war in Person zugegen.

Der Patriarch Nikolaus III. von Konstantinopel schrieb an Urban, um ihn von diesen Beschlüssen zu unterrichten und ihn zu bitten, binnen achtzehn Monaten seinen Empfehlungsbrief zu senden. Er versicherte ihm, daß die lateinischen Kirchen Konstantinopels völlige Freiheit genössen, ihren eigenen Bräuchen zu folgen. Theologische Streitfragen wurden überhaupt nicht erwähnt.

Der offizielle romanische Standpunkt wurde in einer vom Erzbischof Theophylaktos von Bulgarien verfaßten Abhandlung dargelegt. Der Verfasser ersuchte seine Leser, die Bedeutung der Einheitlichkeit der Kirchenbräuche nicht zu übertreiben. Er hielt die Einfügung des Wortes *filioque* in das apostolische Glaubensbekenntnis für bedauerlich, erklärte jedoch erläuternd, die Armut der lateinischen Sprache an theologischen Fachausdrücken sei geeignet, Mißverständnisse hervorzurufen. Den Anspruch des Papsttums auf Oberhoheit über die Kirchen des Ostens nahm er nicht ernst. In der Tat bestehe keinerlei Grund, so erklärte er, warum sich überhaupt je eine Kirchenspaltung entwickeln solle.

Dies mißfiel den Botschaftern des Kaisers in Italien, dem Metropoliten Basilios von Trani und Erzbischof Romanos von Rossano; sie waren griechische Kleriker, die durch päpstliche Übergriffe auf ihr Gebiet bedrängt waren und sich darüber empört hatten, daß der Papst mit angeblicher historischer Berechtigung behauptete, seine Diözese müsse rechtens auch Saloniki umfassen, da die Stadt durch die normannische Eroberung im Jahr 1082 ihm unterstellt worden sei. Ihnen wäre es lieber gewesen, wenn Alexios den Gegenpapst unterstützt hätte. Aber Alexios war sich darüber im klaren, wer der stärkere Mann war, und besaß genug Wirklichkeitssinn, um den Verlust des romanischen Italien hinzunehmen; der Gegenpapst Clemens seinerseits verärgerte bald darauf seine griechischen Freunde, indem er auf einem Konzil zu Rom die Eheschließung der Geistlichen verurteilte.

Tatsächlich sandte Urban nie einen Empfehlungsbrief, da er die vom Reformpapsttum herbeigeführte Spaltung der Weltkirche aufrechterhalten wollte, die ihm den Anspruch auf Wiedervereinigung unter der Oberhoheit des Papstes lieferte; sein Name wurde auch nie in die Kirchenregister von Konstantinopel eingetragen. Andere Theologen des Ostens fuhren fort, die Unterschiede in den kirchlichen Bräuchen zu erörtern; aber ihre Polemiken waren in mildem Ton gehalten. Unter diesen Schriftgelehrten befand sich auch der Patriarch Symeon II. von Jerusalem, der die Verwendung ungesäuerten Brotes (Azymen) beim Abendmahl durch die Lateiner mißbilligte; aber seiner Kritik haftete keinerlei zänkische Schärfe an.

Wie man sieht, hielt der Papst an dem künstlich herbeigeführten Schisma fest. Auch wenn das päpstliche Unternehmen gegen Antiochia ein Fehlschlag war (statt des päpstlichen Heerführers Raimund hat der nicht vom Papst beauftragte Normanne Bohemund die Stadt an sich gebracht), wußte sich die päpstliche Politik über alle Fehlschläge hinweg durchzusetzen: Der päpstliche Legat Dagobert von Pisa, dem das eigentliche Ziel, die griechischen Inseln als päpstliches Lehen zu sichern, nicht gelungen war, landete an der syrischen Küste in Latakia, das Bohemund inzwischen seinem Fürstentum ›eingemeindet‹ hatte, und forderte den Normannen auf, ihn als Pilger nach Jerusalem zu begleiten, wenn er die päpstliche Bestätigung seiner Eroberungen gewinnen wolle. Gemeinsam verbrachten die Pilger Weihnachten 1099 in Bethlehem. Sobald die Festtage vorüber waren, gab Dagobert sich als päpstlicher Legat *für das Heilige Land* und höchster lateinischer Kirchenfürst im Osten zu erkennen, setzte den ›unrechtmäßig‹ gewählten Patriarchen Arnulf von Jerusalem ab und erklärte sich an seiner Stelle zum Patriarchen von Jerusalem *und* Antiochia, forderte Bohemund und Gottfried auf, vor ihm niederzuknien, und belehnte sie mit den Gebieten Jerusalem und Antiochia. So wurde nachträglich aus der Reise nach Jerusalem ein päpstliches Unternehmen!

LITERATURVERZEICHNIS

ALBERT VON AACHEN: Geschichte des ersten Kreuzzuges, hrsg. H. HE-
FELE, 2 Bde., Jena 1923

ATIYA, AZIZ S.: The Crusades in the Late Middle Ages, London 1938

ATIYA, AZIZ S.: Kreuzfahrer und Kaufleute – Die Begegnung von Christentum und Islam, Stuttgart 1964

BAKER, DEREK (Hrsg.): Relations between East and West in the Middle
Ages, Edinburgh 1973

BARRET, PIERRE/GURGAND, JEAN-NOËL: Si je t'oublie Jerusalem, Paris
1982 (dt. »Gott will es!« – Die Geschichte des ersten Kreuzzuges
1095–1099. Hamburg 1983)

BECK, HANS G.: Das byzantinische Jahrtausend, München 1978, 1983

BECK, MARCEL: Finsteres romantisches Mittelalter, Zürich 1950

BEHR, HANS GEORG: Söhne der Wüste – Kalifen, Händler und Gelehrte, Wien–Düsseldorf 1975 (Tb Bergisch Gladbach 1978)

BENVENISTI, MERON: The Crusaders in the Holy Land, Jerusalem 1970

BORST, ARNO: Lebensformen im Mittelalter, Frankfurt–Berlin 1973

BRENTJES, BURCHARD: Die Söhne Ismails – Geschichte und Kultur der
Araber, Leipzig 1971

BROWN, R. ALLEN: The Normans, Woodbridge, Suffolk 1984 (dt. Die
Normannen, München–Zürich 1988, Tb München 1991)

BÜHLER, JOHANNES: Die Kultur des Mittelalters, Stuttgart 1958

CAMPBELL, G. A.: Die Tempelritter – Aufstieg und Verfall, Stuttgart o. J.

CARTELLIERI, ALEXANDER: Der Vorrang des Papsttums zur Zeit der
ersten Kreuzzüge 1095–1150, München 1941

CHAMBERLIN, E. R.: The Bad Popes, New York 1969 (dt. Unheilige
Päpste, Tübingen o. J.)

CHAUNU, P.: European Expansion in the Late Middle Ages, Amster-
dam–New York–Oxford 1979

COWDREY, H. E. J.: Popes, Monks und Crusaders, London 1984

DELBRÜCK, HANS: Geschichte der Kriegskunst, Berlin 1907

DICKERHOF, H.: Über die Staatsgründung des ersten Kreuzzuges, in:
Historisches Jahrbuch 100 (1980)

DIEHL, CHARLES: Figures byzantines, Paris o. J. (dt.in Auswahl: Kaiserinnen von Byzanz, Stuttgart 1956)

DURANT, WILL: Das Zeitalter des Glaubens – Eine Kulturgeschichte des christlichen, islamischen und jüdischen Mittelalters von Konstantin bis Dante, Bern 1952

EICKHOFF, EKKEHARD: Seekrieg und Seepolitik zwischen Islam und Abendland, Berlin 1966

ERBSTÖSSER, MARTIN: Die Kreuzzüge, Leipzig 1977

ERDMANN, CARL: Die Entstehung des Kreuzzugsgedankens, Darmstadt 1935

FABER, GUSTAV: Die Normannen – Piraten, Entdecker, Staatengründer, München–Gütersloh–Wien 1976

FABER, GUSTAV: Das erste Reich der Deutschen – Geschichte der Merowinger und Karolinger, München 1980

FALCO, GIORGIO: Geist des Mittelalters – Kirche, Kultur, Staat, Frankfurt am Main 1958

FINK, HUMBERT: Der Weg nach Jerusalem – Die unglaubliche Geschichte des Ersten Kreuzzugs, München 1984

FUHRMANN, MANFRED: Rom in der Spätantike, München/Zürich, 1994

GABRIELI, FRANCESCO: Die Kreuzzüge aus arabischer Sicht – aus den arabischen Quellen ausgewählt und übersetzt von F. GABRIELI, Zürich 1973 (Tb München 1975)

GIBBON, EDWARD: The History of the Decline and Fall of the Roman Empire. 6 Bde., London 1776–1788 (dt. Gibbon's Geschichte des Verfalles und Unterganges des Römischen Weltreiches, Leipzig 1837; gekürzte Fassung New York 1952, dt. Verfall und Untergang des Römischen Reiches, Nördlingen 1987)

GOLINELLI, PAOLO: Mathilde und der Gang nach Canossa, Düsseldorf/Zürich 1998

GONTARD, FRIEDRICH: Die Päpste – Regenten zwischen Himmel und Hölle, München–Wien–Basel 1959

GRABAR, ANDRÉ: Byzanz – Die byzantinische Kunst des Mittelalters (vom 8. bis zum 15. Jahrhundert), Baden-Baden 1964

GREGOROVIUS, FERDINAND: Geschichte der Stadt Rom im Mittelalter, Stuttgart 1859–1872; Darmstadt 1953–1957 (Tb München 1978)

GROUSSET, RENÉ: Das Heldenlied der Kreuzzüge, Stuttgart 1951

GRUNDMANN, HERBERT: Religiöse Bewegungen im Mittelalter, Hildesheim 1961

GURJEWITSCH, AARON J.: Das Weltbild des mittelalterlichen Menschen, München 1980

HAGENMEYER, HEINRICH: Peter der Eremit – ein kritischer Beitrag zur Geschichte des Ersten Kreuzzuges, Leipzig 1879

HAGENMEYER, HEINRICH: Die Kreuzzugsbriefe aus den Jahren 1088–1100 – eine Quellensammlung zur Geschichte des Ersten Kreuzzuges, Innsbruck 1901

HAGSPIEL, GEREON H.: Die Führerpersönlichkeit im Kreuzzug, Zürich 1963

HALLER, JOHANNES: Das Papsttum – Idee und Wirklichkeit, Hamburg 1965

HAUPT, THEA: Wallfahrt in Waffen, Stuttgart 1982

HAUSSIG, HANS WILHELM: Kulturgeschichte von Byzanz, Stuttgart 1959

HAUSSIG, HANS WILHELM: Byzantinische Geschichte, Berlin 1969

HEER, FRIEDRICH: Mittelalter, Zürich 1961

HEER, FRIEDRICH: Kreuzzüge – gestern, heute, morgen?, Luzern–Frankfurt am Main 1969

HEER, FRIEDRICH (Hrsg.): Kindlers Kulturgeschichte des Abendlandes, 22 Bde., München 1974; Bd. 9: HEER, FRIEDRICH, Frühes Mittelalter; Bd. 10: HEER, FRIEDRICH, Hoch- und Spätmittelalter

HENNE AM RHYN, OTTO: Die Kreuzzüge – und die Kultur ihrer Zeit, Leipzig 1884

HERM, GERHARD: Das Zweite Rom – Konstantinopel, Drehscheibe zwischen Ost und West. Düsseldorf–Wien 1968; 2. Aufl.: Strahlend in Purpur und Gold. Das heilige Reich von Konstantinopel, Düsseldorf–Wien 1979

HEYCK, EDUARD: Die Kreuzzüge und das Heilige Land, Bielefeld 1900

HEYER, F.: Kirchengeschichte des Heiligen Landes, Stuttgart 1984

HOENERBACH, WILHELM: Islamische Geschichte Spaniens, München–Zürich 1970

HOLTZMANN, ROBERT: Geschichte der sächsischen Kaiserzeit 900–1024, München 1941

HOLTZMANN, WALTER: Studien zur Orientpolitik des Reformpapsttums und zur Entstehung des Ersten Kreuzzuges, Historische Vierteljahrsschrift 22 (1924/25)

HOTZELT, W.: Kirchengeschichte Palästinas im Zeitalter der Kreuzzüge, Köln 1940

HUNKE, SIGRID: Allahs Sonne über dem Abendland – unser arabisches Erbe, Stuttgart 1960

JACOB, GEORG: Der Einfluß des Morgenlandes auf das Abendland, Hannover 1924

JELLINEK, ADOLPH (Hrsg.): Zur Geschichte der Kreuzzüge nach handschriftlichen hebräischen Quellen, Leipzig 1854

KEEN, MAURICE: Chivalry, New Haven–London 1984 (dt. Das Rittertum, München/Zürich, 1987; PB Düsseldorf/Zürich 1999)

KELLY, JOHN NORMAN DAVIDSON: The Oxford Dictionary of Popes, Oxford 1986 (dt. Reclams Lexikon der Päpste, Stuttgart 1988)

KNOCH, PETER: Studien zu Albert von Aachen, Bonn 1966

KUGLER, BERNHARD: Geschichte der Kreuzzüge, Berlin 1880

KUGLER, BERNHARD: Albert von Aachen, Stuttgart 1885

KUGLER, BERNHARD: Gottfried von Bouillon, Leipzig 1887

KÜHNER, HANS: Das Imperium der Päpste – Kirchengeschichte/Weltgeschichte/Zeitgeschichte von Petrus bis heute, Zürich 1977 (Tb Frankfurt am Main 1980)

LACANAU, ERIC/PAOLO LUCA: Die sündigen Päpste – Dolce Vita am Hof des Vatikans in Mittelalter und Renaissance, Bergisch Gladbach 1990

LANGE, REINHOLD: Imperium zwischen Abend und Morgen – Die Geschichte von Byzanz in Dokumenten, Recklinghausen 1972

LE GOFF, JACQUES: Das Hochmittelalter, Frankfurt am Main 1965

LE GOFF, JACQUES: Kultur des europäischen Mittelalters, Zürich 1970

LEHMANN, JOHANNES: Die Kreuzfahrer – Abenteurer Gottes, München 1976

Lexikon des Mittelalters, 9 Bde., München/Zürich 1977–1998, mit zahlreichen Beitr., u. a. RILEY-SMITH, JONATHAN, Kreuzzüge, Bd. V, Sp. 1508–1519

LILIE, RALPH JOHANNES, Byzanz und die Kreuzfahrerstaaten (1096–1204), München 1981

LILIE, RALPH JOHANNES, Byzanz. Geschichte des oströmischen Reiches (326–1453), München 1999

LINCOLN, HENRY/BAIGENT, MICHAEL/LEIGH, RICHARD: The Holy Blood and the Holy Grail, London 1982 (dt. Der Heilige Gral und seine Erben, Bergisch Gladbach 1984)

LUEDERS, ANNELIESE: Die Kreuzzüge im Urteil syrischer und armenischer Quellen, Berlin (DDR) 1964

MAIER, FRANZ GEORG: Die Verwandlung der Mittelmeerwelt. Fischer Weltgeschichte 9 (Tb Frankfurt am Main 1968)

MAIER, FRANZ GEORG: (Hrsg.): Byzanz. Fischer Weltgeschichte 13 (Tb Frankfurt am Main 1973)

MAYER, HANS EBERHARD: Bibliographie zur Geschichte der Kreuzzüge, Hannover 1960, Stuttgart 1965

MAYER, HANS EBERHARD: Das Itinerarium Peregrinorum, Stuttgart 1962

MAYER, HANS EBERHARD: Geschichte der Kreuzzüge, Stuttgart 1965

MAYER, HANS EBERHARD: Idee und Wirklichkeit der Kreuzzüge, Germering 1965

MAYER, HANS EBERHARD: Bistümer, Klöster und Stifte im Königreich Jerusalem, Stuttgart 1977

MAYER, HANS EBERHARD: Das Siegelwesen in den Kreuzfahrerstaaten, München 1978

MAYER, HANS EBERHARD: Kreuzzüge und lateinischer Osten, London 1983

MAYER, HANS EBERHARD: Probleme des lateinischen Königreichs Jerusalem, London 1983

MAZAL, OTTO: Handbuch der Byzantinistik – Geschichte. Religion. Sprache. Kunst, Graz o. J.

MOHR, H./WAADE, W.: Byzanz und arabisches Kalifat, Berlin (DDR) 1973

MÜHLBACHER, ENGELBERT: Deutsche Geschichte unter den Karolingern in 2 Bänden, Stuttgart 1896 (Nachdr. Darmstadt 1954)

MÜHR, ALFRED: Die deutschen Kaiser – Traum und Wirklichkeit des Reiches, Frankfurt am Main 1971

MÜLLER, ULRICH (Hrsg.): Kreuzzugsdichtung, Tübingen 1969

NICHOLS, PETER: The Politics of the Vatican, London 1968 (dt. Die Politik des Vatikan, Bergisch Gladbach 1969)

NORDEN, W.: Das Papsttum und Byzanz, Berlin 1903

NORWICH, JOHN JULIUS: The Normans in the South 1016–1130, London 1967 (dt. Die Wikinger im Mittelmeer – Das Südreich der Normannen 1016–1130, Wiesbaden 1974)

NORWICH, JOHN JULIUS: Byzantium. The Early Centuries, London 1988; The Apogee, ebd. 1991; The Decline and Fall, ebd. 1995 (dt. Byzanz. Der Aufstieg des Oströmischen Reiches, Düsseldorf–Wien–New York–Moskau 1993; Auf dem Höhepunkt der Macht, ebd. 1994; Verfall und Untergang, ebd. 1996)

NOTH, ALBRECHT: Heiliger Krieg und Heiliger Kampf in Islam und Christentum, (Ost) Berlin 1966

OLDENBOURG, ZOË: Die Kreuzzüge, Frankfurt am Main 1967

OSLO, ALLAN: Freimaurer – Humanisten? Häretiker? Hochverräter?, Frankfurt am Main 1988

OSLO, ALLAN: Die Geheimlehre der Tempelritter – Geschichte und Legende, Düsseldorf 1998

OSTROGORSKY, GEORG: Geschichte des byzantinischen Staates, München 1965

PALM, ROLF: Die Sarazenen – Weltreich aus Glaube und Schwert, Düsseldorf–Wien 1976 (Tb München 1980)

PERNOUD, RÉGINE (Hrsg.): Die Kreuzzüge in Augenzeugenberichten, Berlin–Darmstadt–Wien 1961 (Tb München 1971)

PÖRTNER, RUDOLF: Die Wikinger-Saga, Düsseldorf–Wien 1971

PÖRTNER, RUDOLF: Operation Heiliges Grab – Legende und Wirklichkeit der Kreuzzüge, Düsseldorf 1977 (Tb München 1979)

PRAWER, JOSHUA: Die Welt der Kreuzfahrer, Wiesbaden 1974

PRINZ, FRIEDRICH: Klerus und Krieg im frühen Mittelalter, Stuttgart 1971

PRUTZ, HANS: Kulturgeschichte der Kreuzzüge, Berlin–Hannover 1883

VON RANKE, LEOPOLD: Das Zeitalter der Kreuzzüge und das späte Mittelalter, Leipzig 1887

RILEY-SMITH, JONATHAN: What were the Crusades?, London 1977

RILEY-SMITH, L. UND JONATHAN: The Crusades, London 1981

RILEY-SMITH, JONATHAN (Hrsg.): The Atlas of the Crusades, London 1991

RÖHRICHT, REINHOLD: Die Deutschen im Heiligen Land, Innsbruck 1894

RÖHRICHT, REINHOLD: Geschichte des Königreichs Jerusalem, Innsbruck 1898

RÖHRICHT, REINHOLD: Geschichte der Kreuzzüge im Umriß, Innsbruck 1898

RÖHRICHT, REINHOLD: Geschichte des ersten Kreuzzugs, Innsbruck 1901

ROLL, EUGEN: Ketzer zwischen Orient und Okzident – Patarener. Paulikianer. Bogomilen, Stuttgart 1978

DE ROSA, PETER: Vicars of Christ, London 1988 (dt. Gottes erste Diener – Die dunkle Seite des Papsttums, München 1989)

ROTTER, EKKEHART: Abendland und Sarazenen, Berlin–New York 1986

RUNCIMAN, STEVEN: A History of the Crusades. Cambridge 1950–1954 (dt. Geschichte der Kreuzzüge, München 1957–1960)

RUNCIMAN, STEVEN: Der erste Kreuzzug, München 1981

RUNCIMAN, STEVEN: Kunst und Kultur in Byzanz – Ein Überblick, München 1978

SCHMUGGE, LUDWIG: Die Kreuzzüge aus der Sicht humanistischer Geschichtsschreiber, Basel–Frankfurt 1987

SCHNEIDER, CARL: Kulturgeschichte des Hellenismus. 2 Bde., München 1967, 1969 (in Auswahl: Die Welt des Hellenismus – Lebensformen in der spätgriechischen Antike, München 1975)

SCHREIBER, HERMANN: Geschichte der Päpste, Düsseldorf–Wien 1985

SCHREINER, PETER: Byzanz. 2. überarb. Auflage (Oldenbourg. Grundriß der Geschichte, 22), München 1994

SCHWERIN, URSULA: Die Aufrufe der Päpste zur Befreiung des Heiligen Landes – von den Anfängen bis zum Ausgang Innozenz IV. Ein Beitrag zur Geschichte der kurialen Kreuzzugspropaganda und der päpstlichen Epistographie, Berlin 1937

SEPPELT, FRANZ XAVER / LÖFFLER, KLEMENS: Papstgeschichte – Von den Anfängen bis zur Gegenwart, München 1933

SETTON, KENNETH M.: A History of the Crusades, Philadelphia 1955

VON DEN STEINEN, WOLFRAM: Der Kosmos des Mittelalters, München–Bern 1959

TAESCHNER, FRANZ: Geschichte der arabischen Welt, Stuttgart 1964

TREECE, H.: The Crusades, New York 1963

TUCHMAN, BARBARA: Bible and Sword. How the British came to Palestine, New York 1956 (dt. Bibel und Schwert – Palästina und der Westen, Frankfurt am Main 1983)

VAILLANT, BERNARD: Traditions initiatiques de, Paris 1983 (dt. Westliche Einweihungslehren – Die Lehren der abendländischen Weisheit: Druiden, Gral, Templer, Katharer, Rosenkreuzer, Freimaurer, Alchimisten, München 1986 [Tb München 1992])

VERNET, JUAN: La cultura hispanoárabe en oriente y occidente, Barcelona 1978 (dt. Die spanisch-arabische Kultur in Orient und Okzident, Zürich–München 1984)

VONES, LUDWIG: Geschichte der Iberischen Halbinsel im Mittelalter, Sigmaringen 1993

WAAS, ADOLF: Das Rätsel der Kreuzzüge, in: Zeitschrift für Deutsche Geisteswissenschaft 6. Jahr, 1943

WAAS, ADOLF: Geschichte der Kreuzzüge 2, Freiburg im Brsg. 1956

WAEGER, G.: Gottfried von Bouillon in der Historiographie, Zürich 1969

WENTZLAFF-EGGEBERT, F. W.: Kreuzzugsdichtung des Mittelalters, Berlin 1960

WIES, ERNST WILHELM: Otto der Große – Kämpfer und Beter, Esslingen–München 1989

WOLLSCHLÄGER, HANS: Die bewaffneten Wallfahrten gen Jerusalem – Geschichte der Kreuzzüge, Zürich 1973

ZÖLLNER, WALTER: Geschichte der Kreuzzüge, Berlin 1977

39.80
20,-